わかりやすい
労働衛生管理

元労働基準監督官・労働衛生コンサルタント
角森 洋子 著

改訂版

経営書院

は　じ　め　に

　労働安全衛生法は難解だとよくいわれています。その理由の一つとして、条文には何をしなければならないのか具体的に書かれていないということがあります。同法22条には、「事業者は、次の健康障害を防止するため必要な措置を講じなければならない。」として、「原材料、ガス、蒸気、粉じん、酸素欠乏空気、病原体等による健康障害」を始め4つの有害な環境による健康障害が書かれています。しかし、それらの健康障害を防止する措置はすべて労働安全衛生規則以下12の規則に規定されており、条文の数は膨大です。さらに、例えば特定化学物質とは何かについては労働安全衛生法施行令の別表3に規定されているのですが、粉じん作業に該当するのはどのような作業なのかは労働安全衛生法施行令ではなく粉じん障害防止規則の別表1に規定されています。このように法令集のあっちこっちをめくっているうちにわけがわからなくなることがあります。

　二つ目の理由として労働安全衛生規則等の条文を読んでもわからないことは施行通達（規則施行時に留意事項について発出された行政内部の通達）等の通達に書かれていることがあるので、それらを探して読んでみなければならないこともあります。

　三つ目の理由として、近年は自主的な安全衛生管理が推奨されており、その助けになるものとして多数の指針・ガイドラインが策定されています。例えば、騒音作業については労働安全衛生規則で騒音の測定や騒音伝ぱの防止措置等を義務付けていますが、さらに事業者が自主的に講ずることが望ましい騒音障害防止対策を体系化した「騒音障害防止のためのガイドライン」（平4.10.1 基発546)が示されているので、その内容も確認する必要があります。

　四つ目の理由として、規則が頻繁に改正されるので改正情報に気を付けなければならないことです。とりわけ最近は化学物質に関する法の規定や特定化学物質障害防止規則の改正がよく行われています。

　このようにわかりにくい労働安全衛生法の全体像をご理解いただくために、第1章では労働安全衛生法の体系について解説しました。また、具体的な措置が法令・指針・通達のどこに規定されているかを確認していただくために根拠条文・通達番号を示し、多くの指針・ガイドラインについてはインターネットで確認できるようにURLを掲載しましたので、できる限り条文

や通達の原文をご確認ください。実際に寄せられた多くの質問をQ&Aとして紹介したこと、実務のポイントを配することにより、少しでもわかりやすくすることを心掛けました。

　2015年出版の「わかりやすい労働安全衛生管理」から6年が経過する間に、2018年に労働安全衛生法等の改正（産業医制度の強化、労働時間の状況の把握義務、労働者の心身の状態に関する情報の取扱い等）がありました。省令の改正等としては、2014年特定化学物質障害予防規則の改正（クロロホルムほか9物質を有機溶剤から特定化学物質へ移行し、発がん性を踏まえた措置の義務づけ）、2015年高気圧作業安全衛生規則改正（新たな減圧方法に対応）、2020年労働安全衛生規則の改正（化学物質取扱業務従事者に係る特殊健康診断の項目の見直し）、2020年石綿障害予防規則改正（石綿解体・改修工事の事前調査の規制等の強化）、2021年作業環境測定法施行規則と作業環境測定基準の改正（個人サンプリング法による作業環境測定の追加）等がありました。ガイドラインについては、2018年の健康増進法の改正に伴い2019年「職場における受動喫煙防止のためのガイドライン」、2019年「情報機器作業における労働衛生管理のためのガイドライン」、そして2020年「高年齢労働者の安全と健康確保のためのガイドライン」（通称：エイジフレンドリーガイドライン）等が策定されました。労働安全衛生法ではありませんが、2015年の個人情報保護法改正により健康情報は要配慮個人情報として慎重な取扱いが求められ、2020年の労働施策総合推進法改正によるパワハラ対策の措置の義務付けがありました。2020年からは新型コロナウイルス感染症対策も求められています。

　改訂にあたっては、紙数の許す限りこれらの改正内容を書き加えました。それにより、第1章労働安全衛生法とは、第19章派遣労働者の安全衛生管理、第20章安全配慮義務とは何か、を除いては全面的な改訂となりました。その結果、労働衛生に関するページ数が増えたことにより、安全についての記述を2015年版に書き加えることができず、中途半端な記述は心苦しいので省き表題も「わかりやすい労働衛生管理」としました。

　衛生管理者、安全衛生推進者（衛生推進者）、産業保健師など職場で労働衛生管理に携わっておられる皆さん、あるいは労働衛生コンサルタントや社会保険労務士の皆さんの日々の業務に少しでも参考になれば幸いに存じます。

2021年7月

目　　次

はじめに

第1章　労働安全衛生法とは

1　労働安全衛生法の制定……………………………………………1
2　労働安全衛生法の体系……………………………………………2
3　告示、公示、指針等………………………………………………5
4　労働安全衛生法の基本……………………………………………6

第2章　安全衛生管理体制

1　50人以上の事業場で設けるべき体制…………………………13
2　50人未満の事業場の体制………………………………………28
3　作業主任者…………………………………………………………31
4　産業保健スタッフの職務………………………………………33
5　安全委員会・衛生委員会………………………………………36

第3章　自主的な安全衛生活動

1　規制から自律的労働安全活動へ………………………………53
2　法令遵守だけでは防げない労働災害…………………………53
3　安全衛生マネジメントシステム………………………………54
4　リスクアセスメントの実施……………………………………56
5　日常的な安全衛生活動…………………………………………63

第4章　安全衛生教育

1　安全衛生教育の重要性…………………………………………69

2 雇入れ時、作業内容変更時の教育	72
3 特別教育	73
4 職長等教育	78
5 能力向上教育	80
6 作業手順	81

第5章　健康診断

1 労働安全衛生法に基づく健康診断とその目的	83
2 一般健康診断	83
3 有害業務の健康診断	93
4 行政指導による健康診断（指導勧奨）	102
5 都道府県労働局長が指示する臨時の健康診断	108
6 労働者の受診義務	108
7 労働者の自己保健義務	111
8 二次健康診断	112
9 健康診断後の実務	112
10 健康管理手帳	120
11 健康診断の費用と賃金	123
12 特定健康診査と安衛法の健康診断	125

第6章　過重労働対策

1 過重労働と健康	127
2 過重労働対策	129
3 過重労働による脳・心臓疾患の労災認定基準	140

第7章　メンタルヘルス対策

1 メンタルヘルス対策	147
2 心の健康問題により休業した労働者の職場復帰支援の手引き	155
3 ストレスチェックと面接指導	157

| 4 | 職場環境の改善としての長時間労働対策 | 158 |

第8章　病者の就業禁止

1	病者の就業禁止の意味	161
2	全業種に適用される疾病（安衛則61条）	161
3	就業を禁止すべき特定の業務従事者	163
4	職場における大規模な感染拡大防止等の対策（新型コロナウイルス）	165

第9章　受動喫煙対策

1	喫煙・受動喫煙の健康への影響	171
2	健康増進法の措置義務	171
3	受動喫煙防止措置（努力義務）	173
4	受動喫煙と安全配慮義務	179
5	喫煙者に対する禁煙指導	182

第10章　情報機器作業における労働衛生管理

1	対象となる作業と対象者	183
2	対策の検討および進め方に当たっての留意事項	184
3	労働衛生管理	184

第11章　高年齢労働者の安全と健康確保対策

1	安全衛生管理体制の確立	193
2	職場環境の改善	195
3	高年齢労働者の健康や体力の状況の把握	197
4	高年齢労働者の健康や体力の状況に応じた対応	200
5	安全衛生教育	202
6	労働者に求められる取組	203

第12章 職業性疾病1

1　労働安全衛生関係法令における主な化学物質管理の体系 ……………207
2　製造等禁止の物質（安衛法55条、安衛令16条）……………………211
3　製造の許可を必要とする物質（安衛法56条、安衛令17条）………211
4　特別規則による規制 ………………………………………………………212
5　労働安全衛生規則の一般規制 ……………………………………………225
6　労働安全衛生法に基づく規制（自主的取組）…………………………225
7　指針・通達による指導 ……………………………………………………239
8　新規化学物質の有害性調査（安衛法57条の4）………………………242
9　既存の化学物質の有害性の調査 …………………………………………242

第13章 職業性疾病2

1　鉛 ………………………………………………………………………………245
2　高気圧による健康障害防止 ………………………………………………249
3　電離放射線障害の防止対策 ………………………………………………253
4　酸素欠乏症等の防止対策 …………………………………………………256
5　粉じん障害の防止対策 ……………………………………………………259
6　石綿による健康障害の防止 ………………………………………………263
7　騒音障害の防止対策 ………………………………………………………272
8　有害な作業環境管理（一般規則）………………………………………276
9　熱中症の予防対策 …………………………………………………………281

第14章 安衛則衛生基準、事務所則

1　安衛則衛生基準 ……………………………………………………………285
2　事務所衛生基準規則 ………………………………………………………292

第15章　作業環境測定・保護具

1　作業環境測定 ……………………………………………………297
2　保護具 ……………………………………………………………302

第16章　健康情報の管理

1　労働安全衛生法と健康情報 ……………………………………309
2　健康情報に関する法規制 ………………………………………310
3　健康情報の取扱いについての留意事項 ………………………311
4　健康情報の収集について ………………………………………313
5　健康情報の漏洩、滅失、毀損のための安全管理措置（個人情報保護法20条、21条） …319
6　保有個人データの開示請求（個人情報保護法33条） ………320
7　苦情処理（個人情報保護法40条） ……………………………321
8　健康情報の収集制限 ……………………………………………321
9　保管について ……………………………………………………324
10　健康情報等の取扱規程 …………………………………………324

第17章　パワーハラスメント対策

1　企業のパワハラ対策義務 ………………………………………329
2　パワハラ指針 ……………………………………………………329
3　パワハラと企業の法的責任 ……………………………………341
4　パワハラ指針の問題点 …………………………………………342

第18章　精神障害による労災請求

1　精神障害による労災請求の仕組 ………………………………347
2　精神障害による労災請求と会社の対応 ………………………355

第19章　派遣労働者の安全衛生管理

1　労働安全衛生法の適用関係と安全衛生対策措置義務 ……………359
2　安全衛生管理体制 ……………………………………………362
3　安全衛生教育 …………………………………………………362
4　健康診断 ………………………………………………………363
5　長時間労働の医師による面接指導と労働時間管理 …………364
6　ストレスチェック ……………………………………………366
7　労働者死傷病報告 ……………………………………………367
8　派遣労働者に対する安全配慮義務 …………………………367
9　苦情の処理 ……………………………………………………369

第20章　安全配慮義務とは何か

1　業務上災害の補償 ……………………………………………371
2　民事上の損害賠償責任 ………………………………………371
3　安全配慮義務とは何か ………………………………………375

第1章 労働安全衛生法とは

1 労働安全衛生法の制定

　日本国憲法27条2項の「賃金、就業時間、休息その他の勤労条件に関する基準は、法律でこれを定める。」を受けて、1947年に制定された労働基準法には、その第5章安全および衛生に14箇条にわたり危害防止のための規定、すなわち、危害の防止（第42条〜第45条）、安全装置（第46条）、性能検査（第47条）、有害物の製造禁止（第48条）、安全衛生教育（第50条）、健康診断（第52条）などが設けられていました。そして、同法に基づく労働安全衛生規則が定められていました。

　その後、ボイラー及び圧力容器安全規則を始めとする規則が制定され、さらに法律としては、1960年にじん肺法、1964年に労働災害防止団体等に関する法律（1972年改正により、労働災害防止団体法）が制定されています。

1959年：ボイラー及び圧力容器安全規則、電離放射線障害防止規則および労働基準法第48条（製造禁止）の有害物を指定する省令
1960年：高気圧障害防止規則
1962年：クレーン等安全規則
1967年：鉛中毒予防規則
1968年：四アルキル鉛中毒予防規則
1971年：特定化学物質障害予防規則
1972年：酸素欠乏症等予防規則、事務所衛生基準規則

　1955〜73年の20年近くの間、国民総生産が対前年比10％も増加するというように急速に発展した日本経済の高度成長は、公害問題を引き起こしただけでなく、労働災害の面でも災害の大型化※1や新工法・新技術による災害※2、新たな職業病※3を発生させました。

　当時の労働基準法とそれに基づく規則による安全衛生対策は、急激に変化する産業社会の実態に対応できるものではないとして、1972年に労働安全衛生法が制定、施行されました。この法律は、最低基準の遵守確保の施策に加

—1—

えて、事業場内における安全衛生責任体制の明確化、安全衛生に関する企業の自主的活動の促進の措置を講ずる等労働災害の防止に関する総合的、計画的な対策を推進することにより職場における労働者の安全と健康を確保し、また、快適な作業環境の形成を促進することを目的としています（労働安全衛生法の施行について　昭47.9.18　発基91）。

※１：三井ポリケミカル千葉工場でエチレンガスが爆発し、工場建屋の屋根が吹っ飛び、24人が重軽傷を負った。
　　　大阪の地下鉄工事現場のガス爆発や長崎の蒸気タービンロータの破裂事故により一般市民を巻き込んだ多数の死者が出た。
※２：新工法のリングビームが崩壊して８人が死亡した東京・荒川の橋脚工事における事故
※３：チェーンソーによる白ろう病、キーパンチャーやレジ作業の頸肩腕症候群、不凍爆薬の増大によるニトログリコール中毒、染料の中間体として使用されるベンジジン中毒

　労働安全衛生法において、改正前の労働基準法に比べて強化された事項は以下のとおりです。
① 　主たる義務者が「事業者」とされた。
② 　総括安全衛生管理者制度が設けられた。
③ 　安全衛生委員会制度が省令から法律へ格上げ、強化された。
④ 　安全衛生教育規定が強化された。
⑤ 　製造流通段階における規制が強化された。
⑥ 　健康管理手帳制度が創設された。
⑦ 　検査代行機関等の制度が整備された。
⑧ 　産業安全専門官と労働衛生専門官の制度が創設された。
⑨ 　安全・衛生コンサルタント制度が創設された。

2　労働安全衛生法の体系

　本来、契約というものは、その内容についてももともと当事者の自由に委ねられていますが、経済的弱者である労働者に本来の意味での契約の自由などはなく、労働契約において労働者は常に弱い立場に置かれ、歴史的に低賃金

や長時間労働などの不利な条件を強いられてきました。

　前述の憲法27条2項は、こうした歴史的経緯をふまえて、契約自由の原則を修正し、労働条件の設定に国が関与し、労働者の立場を保護しようとする趣旨に基づく規定です。本条の趣旨は、労働基準法、労働安全衛生法など多くの法律によって具体化されています。

　労働安全衛生法の制定・改正には国会の議決が必要です（憲法59条）。法律のすぐ下位のものとして政令があり、労働安全衛生法施行令がこれに該当しますが、これは内閣が制定します（憲法73条6号）。政令の下には省令があり、労働安全衛生規則等がこれに該当しますが、大臣が制定します（国家行政組織法12条1項）。

　その他に、告示、公示があります。さらに、法、政令、規則等の解釈や事業場の具体的な指導方法についての多数の通達があります。

憲法（27条）	
法　律	法律－労働基準法 　労働安全衛生法、じん肺法、作業環境測定法、労働災害防止団体法、炭鉱災害による一酸化中毒症に関する特別措置法（国会が定める）
命　令	政令－労働安全衛生法施行令、作業環境測定法施行令（内閣の閣議の決定により制定：憲法第73条第6号）
	省令－労働安全衛生規則、ボイラー則、クレーン則、ゴンドラ則、有機則、鉛則、四鉛則、特化則、高圧則、電離則、除染則、酸欠則、事務所則、粉じん則、石綿則、じん肺法施行規則、作業環境測定法施行規則（各省の大臣が定める命令）
	告示 各種特別教育規程、構造規格、技術指針、指針
	公示 労働災害防止計画、指針等 通達 大臣などが、所管する機関や職員に対して出した示達（法令の解釈や運用方針を示している）指針、ガイドライン

労働安全衛生法では概括的なことを規定し、措置の対象、内容などの詳しいことは命令（政令、省令、告示）に委任されます。

例えば、特殊健康診断を例に挙げると以下のように規定されています。

労働安全衛生法66条2項

「事業者は、有害な業務で、**政令**で定めるものに従事する労働者に対し、**厚生労働省令**で定めるところにより、医師による特別の項目についての健康診断を行なわなければならない。」

政令：労働安全衛生法施行令22条（健康診断を行うべき有害な業務）

「法第66条第2項　前段の政令で定める有害な業務は、次のとおりとする。」と、特殊健康診断を行うべき有害な業務とは何かを定めています。

厚生労働省令の一つ……有機溶剤中毒予防規則第6章

健康診断の項目等を定めています。

告示はない。

通達……「労働安全衛生法および同法施行令の施行について」（昭47.9.18 基発602）

健康診断の費用は事業者が負担すべきであることなどが示されている。

　　通達、告示、公示は以下のホームページで公表されています（全部ではない）。

厚生労働省　法令等データベースサービス　―通知検索―

　https://www.mhlw.go.jp/hourei/html/tsuchi/contents.html

安全衛生情報センターホームページ：通達一覧

　http://www.jaish.gr.jp/user/anzen/hor/tsutatsu.html

通達の番号の見方（発基、基発など）

厚生労働事務次官が発した通達：令和○年○月○日　発基第○○号

厚生労働省労働基準局長が発した通達：令和○年○月○日　基発第○○号

照会に対して厚生労働省労働基準局長が発した通達：令和○年○月○日 基収第○○号

厚生労働省労働基準局安全衛生部化学物質対策課長：基安化発第○○号

厚生労働省労働基準局安全衛生部労働衛生課長：基安労発第○○号

第1章　労働安全衛生法とは

厚生労働省労働基準局の組織

労働基準局	総務課、監督課、労働保険徴収課
安全衛生部	計画課、安全課、労働衛生課、化学物質対策課
労災補償部	労災管理課、補償課、労災保険業務室
勤労者生活部	企画課、勤労者生活課

Q1-1　有機溶剤中毒予防規則29条は有機溶剤健康診断の実施を義務付けていますが、罰則の記載がありません。罰則はないと考えていいのでしょうか。

A　労働安全衛生法の条文は概括的な規定とし、その内容を具体化する権限を労働安全衛生規則等の下位の法令に委任しています。下位の法令の内容は元の条文の中身となり、それと同等の効力を持ちます。罰則も元の条文によるので、有機溶剤中毒予防規則の条文の元の条文の罰則が適用されます。有機溶剤中毒予防規則29条の元の条文は労働安全衛生法66条2項であり、その罰則は同法120条（50万円以下の罰金）になります。

3　告示、公示、指針等

告示　法令を補充するためのもの（定義的な内容や細目的な基準に関して、地域や時期によって相違や変更の余地がある場合に、告示で定めるよう規定されることが多いようです）、事実の通知によって一定の法律効果を発生させるもの、単に事実を通知するもの、とがあります。法律を補完する場合の「告示」は大臣が発します。

公示　一定の事柄を周知させるため、公衆が知ることのできる状態に置くこと。法令用語としては、「公告」あるいは「公示」というのは基本的に「公布」や「告示」や「（狭義の）公告」や「（狭義の）公示」

—5—

等の通知公表行為を指す一般的な名称であるそうです。

指針 法律、政令あるいは省令にも該当しません。例えば、「事業場における労働者の健康保持増進のための指針」は、労働安全衛生法70条の2第1項の規定に基づいて厚生労働大臣が公表したものです。そこには厚生労働大臣は、同法69条1項の事業者が講ずべき健康の保持増進のための措置に関して、その適切かつ有効な実施を図るため必要な指針を公表するものとする、と規定されています。このように厚生労働大臣が指針を公表できるという条文は労働安全衛生法には9つ（19条の2、28条、45条、60条の2、65条、66条の5、70条の2、71条の3）あります。これらの指針は、労働基準局長通達として出される各要綱やガイドラインと同様に罰則がありません。

要綱やガイドライン 指揮監督権のある厚生労働省労働基準局長が、その指揮監督下にある都道府県労働局長に対して、要綱やガイドラインの内容によって関係者を指導することを命令した文書です。したがって、その文書の拘束を受けるのは、指揮監督下にある都道府県労働局長以下に限られます。指針は、労働安全衛生法の適用される事業者が対象です。

4　労働安全衛生法の基本

（1）労働基準法との関係

　労働安全衛生法は、形式的には労働基準法から分離独立したものとなっていますが、安全衛生に関する事項は労働者の労働条件の重要な一端を占めるものであり、第1条（目的）、第3条第1項（事業者の責務）、附則第4条による改正後の労働基準法第42条等の規定により、労働安全衛生法と労働条件についての一般法である労働基準法とは、一体としての関係に立つものであることが明らかにされています。

（2）法の目的

　この法律は、労働災害の防止のための危害防止基準の確立、責任体制の明

—6—

第1章　労働安全衛生法とは

確化および自主的活動の促進の措置を講ずる等その防止に関する総合的計画的な対策を推進することにより職場における労働者の安全と健康を確保するとともに、快適な職場環境の形成を促進することを目的とすると定められています（安衛法1条）。

（3）法の適用単位

事業場※とは、主として場所的概念により決まります。この考え方は労働基準法と同じです。

・同一場所にあるものは原則として一つの事業場
・場所的に分散しているものは、場所毎に別の事業場とする。
　　製鉄所は製造業、その製鉄所の本社は「その他の業種」
・複数の店舗を持っているが、どこも2〜3人の規模で直近上位の事業場で管理している……直近上位の事業場と一体にして一つの事業場
・同じ場所でも業態が違う場合は別の業種、別の事業場
　　パン工場（小売店に卸す）の横に直営パン屋……工場は製造業、パン屋は小売業
　　（町のパン屋……作ってその場で売るのは小売業）
※事業場の定義については、労働安全衛生法においても労働基準法と同様の考え方で、一定の相関連する組織下において継続的に行われる作業の一体をいうものです。そして、事業場の業種はその企業全体の事業内容によるものではなく、当該事業場における事業内容で判断されることになります。また、規模とは常時使用する労働者数をいいますが、労働者には正社員のみならず、契約社員、パートタイム労働者、アルバイト等の臨時労働者や、派遣社員、出向社員も含めることとされています。

（4）事業者の責務

ア　事業者

事業者とは、法人企業であれば当該法人（法人の代表者ではない）、個人企業であれば事業経営者を指しています。労働基準法上の義務主体である「使用者」（法人、社長、部長、課長など）と異なり、事業経営の利益の帰属主体そのものを義務主体としてとらえ、その安全衛生上の責任を明確にしています。

—7—

イ　事業者の特例
①　建設業のジョイントベンチャー（共同企業体）の特例（安衛法5条）
　ジョイントベンチャー（共同企業体）の代表者を選任し、その代表が当該事業の事業者とみなされます。

②　派遣法による特例
　派遣法45条　労働安全衛生法の適用に関する特例が規定されており、安衛法の各条文について、派遣元、派遣先またはその両者のうち、最も適当なものを「事業者」としてこれらの条文を適用することとされています。
　特に、派遣先を「事業者」とみなす場合には、労働契約関係ではなく、指揮命令関係のみを有するものを事業者とみなし、労働安全衛生法の規定を適用することとしています。

Q1-2　労働安全衛生規則には、しばしば、「その他、厚生労働大臣が定めるもの」などという記述があります。定めてあるのかないのかよくわからないのですが、何を見れば書いてあるのでしょうか。

A　たとえば、専属産業医の選任について、労働安全衛生規則13条1項3号のカで、「その他厚生労働大臣が定める業務」と規定されています。これについては、現在のところ定められていません。一方、元方安全衛生管理者の資格について、労働安全衛生規則18条の4第3号に「その他厚生労働大臣が定める者」とあり、これについては、昭和55年労働省告示82号により定められています。
　これらの違いは、条文の記載内容を見ただけではわかりません。法令集で調べてもわからない場合は労働基準監督署で聞いていただくのがよいと思います。

（5）法令用語
ア　又は・若しくは
　AかB、AかBかC、というように単純に横ならび的につないでいく選択的列挙の場合は、「又は」が使われます。

—8—

第1章　労働安全衛生法とは

　選択の列挙が2段階になる場合は、小さい列挙について「若しくは」が用いられ、大きい列挙について「又は」が用いられます。つまり、まずAとBのどちらかを選択し、それとCとが選択になる場合は、「A若しくはB又はC」となります。

（保健指導等）

安衛法66条の7　事業者は、**第66条第1項の規定による健康診断**若しくは当該健康診断に係る**同条ただし書の規定による健康診断**（自分の選んだ医師による健康診断）又は**第66条の2の規定による健康診断**（深夜業の自発的健康診断）の結果、特に健康の保持に努める必要があると認める労働者に対し、医師、又は保健師による保健指導を行うように努めなければならない。

イ　及び・並びに

　A、Bが並列の場合は、「A及びB」、A、B、Cが並列の場合は、「A、B及びC」というように、単純な並列の場合は「及び」が用いられます。

　並列の接続関係が2段階になる場合は、小さい接続について「及び」が用いられ、大きい接続について「並びに」が用いられます。つまり、まずAとBが並列になり、それらとCとが並列になる場合は、「A及びB並びにC」となります。

安衛法23条　事業者は、労働者を就業させる建設物その他の作業場について、**通路、床面、階段等の保全**並びに**換気、採光、照明、保温、防湿、休養、避難**及び**清潔に必要な措置その他労働者の健康、風紀**及び**生命の保持のため必要な措置**を講じなければならない。

ウ　超える、以上

　超えるという場合には、基準となる数値を含みません。例えば、労働基準法で「8時間を超える」という場合には、8時間を含みません。以上という場合には、基準となる数値を含みます。例えば、「25％以上」という場合には、25％を含みます。

—9—

エ　直ちに、すみやかに、遅滞なく

「直ちに」とは、言い換えれば、「すぐに」で即時性が高いものです。次が、「すみやかに」、最後に、「遅滞なく」とだんだん即時性が薄められます。

「速やかに」とはおおむね２週間以内をいうものであること。（平30.9.7基発0907第２号）

面接指導の実施方法等（安衛則第52条の３関係）で、「第２項の「遅滞なく」とは、概ね１月以内をいうこと。オ　第３項の「遅滞なく」とは、申出後、概ね１月以内をいうこと。」（平成18.2.24　基発224003）。

安衛法25条　事業者は、労働災害発生の急迫した危険があるときは、*直ちに*作業を中止し、労働者を作業場から退避させる等必要な措置を講じなければならない。

銃砲刀剣類等所持取締法違反被告事件（大阪高裁　昭和37.12.10判決判例タイムズ141号59頁）

…「すみやかに」は、「直ちに」「遅滞なく」という用語とともに時間的即時性を表わすものとして用いられるが、これらは区別して用いられており、その即時性は、最も強いものが「直ちに」であり、ついで「すみやかに」、さらに「遅滞なく」の順に弱まっており、「遅滞なく」は正当な又は合理的な理由による遅滞は許容されるものと解されている。

オ　臨時、常時

粉じん障害防止規則７条に「臨時の粉じん作業を行う場合等の適用除外」の条文が存在し、その解釈をしている昭和54年７月26日付け基発第382号で次のように示されております。

① 「臨時」とは１期間をもって終了し、くり返されない作業であって、かつ当該作業を行う期間が概ね３月を超えない場合
② 「作業を行う期間が短い場合」とは作業を行う期間が１月を超えず、かつ、当該作業の日から６月以内の間に次の作業が行われないことが明らかな場合
③ 「作業を行う時間が短い場合」とは、連日に行われる場合にあっては、

１日当たり当該作業時間が最大１時間以内である時をいい、連日行われない場合にあっては当該作業時間の１日当たりの平均が概ね１時間以内である場合

参考　安全衛生情報センターの法令改正一覧
　　　　　https://www.jaish.gr.jp/information/horei.html
　　　安全衛生情報センターの通達一覧
　　　　　https://www.jaish.gr.jp/user/anzen/hor/tsutatsu.html
　　　厚生労働省　新着情報配信サービス
　　　　　http://www.mhlw.go.jp/mailmagazine/shinchaku.html

第2章 安全衛生管理体制

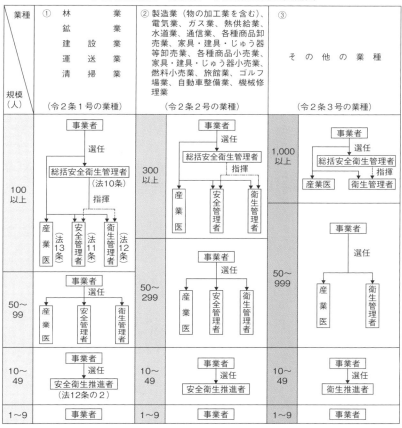

(注)「令」：労働安全衛生法施行令、「法」：労働安全衛生法

1　50人以上の事業場で設けるべき体制

　労働安全衛生法は、「労働災害の防止のための危害防止基準の確立、責任体制の明確化および自主的活動の促進の措置を講ずる等その防止に関する総

合的計画的な対策を推進することにより職場における労働者の安全と健康を確保するとともに、快適な職場環境の形成を促進する」ことを目的としています（安衛法1条）。この目的にあるように、自主的安全衛生管理活動を的確に推進するために、全業種で安全衛生管理組織を設置し（安衛法10条から14条）、これら労働災害防止に従事する者の業務に関する能力向上を図るための教育、講習を実施するよう努めなければならないとされています。

（1）総括安全衛生管理者

安全衛生管理は生産ラインと一体的に行われることが有効なので、以下の業種、規模の事業場において、当該事業の実施を統括する者※を総括安全衛生管理者に選任して、安全衛生管理を統括管理させなければならないことを明確にしています（安衛法10条）。

統括安全衛生管理者は、その選任すべき事由が発生した日から14日以内に選任し、遅滞なく所轄労働基準監督署長へ報告する必要があります（安衛則2条）。

※当該事業場において、その事業の実施を実質的統括管理する権限および責任を有する者（工場長など）

規模別、業種別、総括安全衛生管理者の選任義務（安衛令2条）

林業、鉱業、建設業、運送業、清掃業	100人
製造業（物の加工業を含む。）、電気業、ガス業、熱供給業、水道業、通信業、各種商品卸売業、家具・建具・じゅう器等卸売業、各種商品小売業、家具・建具・じゅう器小売業、燃料小売業、旅館業、ゴルフ場業、自動車整備業、機械修理業	300人
その他の業種	1,000人

総括安全衛生管理者の職務は、安全管理者、衛生管理者などを指揮するとともに、次の業務を統括管理することとされています。

1　労働者の危険または健康障害を防止するための措置に関すること
2　労働者の安全または衛生のための教育の実施に関すること
3　健康診断の実施その他健康の保持増進のための措置に関すること
4　労働災害の原因の調査および再発防止対策に関すること

5　その他労働災害を防止するため必要な業務
・安全衛生に関する方針の表明に関すること
・危険性または有害性等に調査およびその結果に基づき講ずる措置に関すること
・安全衛生計画の作成、実施、評価および改善に関すること

(2) 安全管理者

　工業的業種の規模50人以上の事業場では、総括安全衛生管理者の業務のうち安全に係る技術的事項を管理する者として安全管理者を選任する義務があります（安衛法11条）。

　安全管理者は、その選任すべき事由が発生した日から14日以内に選任し、遅滞なく所轄労働基準監督署長へ報告する必要があります。（安衛則4条）

ア　安全管理者の人数

　安全管理者の人数については法令に規定されていませんが、事業場の規模、作業の態様等の実態に則し、必要な場合には2人以上の安全管理者を選任するように努めなければならないとされています（昭41.1.22　基発46）。

　化学設備（安衛令9条の3第1号）のうち、発熱反応が行われる反応器等異常化学反応またはこれに類する異常な事態により爆発、火災等を生ずるおそれのあるもの（配管を除く。）を設置する事業場であって、所轄都道府県労働局長が指定するものにあっては、指定された生産施設の単位について、操業中、常時、安全に係る技術的事項を管理するのに必要な数の安全管理者を選任しなければなりません（安衛則4条1項3号）。

　次に該当する事業場については、安全管理者のうち1人を専任（専ら安全管理を行う者）の安全管理者とすることとなっています。

安全管理者の内少なくとも1名を専任としなければならない事業場

業　　　種	事業場の規模 （常時使用する労働者数）
①建設業、有機化学工業製品製造業、石油製品製造業	300人以上

②無機化学工業製品製造業、化学肥料製造業、道路貨物運送業、港湾運送業	500人以上
③紙・パルプ製造業、鉄鋼業、造船業	1,000人以上
④上記以外の業種で過去3年間の労働災害による休業1日以上の死傷者数の合計が100人を超えてる場合	2,000人以上

イ 安全管理者の資格（安衛則5条）

① 下表の年数以上産業安全の実務（安全関係専門の業務に限定する趣旨ではなく、生産ラインにおける管理業務等も含む。）に従事した経験を有し、かつ「安全管理者選任時研修」（労働安全衛生規則第5条第1号の規定に基づき厚生労働大臣が定める研修平18.2.16　厚生労働省告示第24号）を修了したもの。

	大学卒 専門学校卒	高校卒	その他
理 科 系 統	2年	4年	7年
理科系統以外	4年	6年	7年

② 労働衛生コンサルタント

③ 平成18年10月1日時点において安全管理者としての経験が2年以上ある者（平18.1.5　附則2条　経過措置）

ウ 安全管理者の職務

　安全管理者には、総括安全衛生管理者の職務のうち安全に関する技術的事項を管理させなければなりません。安全管理者は、作業場等を巡視し、設備、作業方法等に危険のおそれがあるときは、直ちに、その危険を防止するため必要な措置を講じなければなりません（安衛則6条1項）。

　このような職務を行うために、事業者は、安全管理者に対し、安全に関する措置をなし得る権限を与えなければなりません（安衛則6条2項）。

　安全管理者は、主に次の業務を行うことになっています（昭47.9.18　基発601号の1）。

第2章　安全衛生管理体制

1　建設物、設備、作業場所または作業方法に危険がある場合における
　応急措置または適当な防止の措置
2　安全装置、保護具その他危険防止のための設備・器具の定期的点検
　および整備
3　作業の安全についての教育および訓練
4　発生した災害原因の調査および対策の検討
5　消防および避難の訓練
6　作業主任者その他安全に関する補助者の監督
7　安全に関する資料の作成、収集および重要事項の記録
8　その事業の労働者が行なう作業が他の事業の労働者が行なう作業と
　同一の場所において行なわれる場合における安全に関し、必要な措置

---

(3) 衛生管理者

　全ての業種で、常時50人以上の労働者を使用している事業場では、選任事由が発生してから14日以内に衛生管理者を選任し、その者に衛生に関する技術的事項について管理させなければなりません（安衛法12条）。

　衛生管理者を選任したときは、遅滞なく、「衛生管理者選任報告」を所轄労働基準監督署長に提出しなければなりません（安衛則7条2項）

　衛生管理者が旅行、疾病、事故その他やむを得ない事由によって職務を行なうことができないときは代理者を選任しなければなりません（安衛則7条2項）。

衛生管理者の選任数 （安衛則7条1項4号）

事業場の規模 （常時使用する労働者数）	衛生管理者数
50人以上200人以下	1人
200人を超え500人以下	2人
500人を超え1,000以下	3人
1,000人を超え2,000人以下	4人

2,000人を超え3,000人以下	5人
3,000人を超える場合	6人

○衛生管理者のうち少なくとも1人を専任（通常の勤務時間を専ら衛生管理者の業務に費やすもの）の衛生管理者としなければならない事業場
① 常時1,000人を超える労働者を使用する事業場
② 常時500人を超える労働者を使用する事業場で、坑内労働または以下の有害な業務（労基則18条）に常時30人以上の労働者を従事させるもの
　[1] 多量の高熱物体を取り扱う業務および著しく暑熱な場所における業務
　[2] 多量の低温物体を取り扱う業務および著しく寒冷な場所における業務
　[3] ラジウム放射線、エックス線その他の有害放射線にさらされる業務
　[4] 土石、獣毛等のじんあいまたは粉末を著しく飛散する場所における業務
　[5] 異常気圧下における業務
　[6] 削岩機、鋲打機等の使用によって身体に著しい振動を与える業務
　[7] 重量物の取扱い等重激なる業務
　[8] ボイラー製造等強烈な騒音を発する場所における業務
　[9] 鉛、水銀、クロム、砒素、黄りん、弗素、塩素、塩酸、硝酸、亜硫酸、硫酸、一酸化炭素、二硫化炭素、青酸、ベンゼン、アニリン、その他これに準ずる有害物の粉じん、蒸気またはガスを発散する場所における業務

○衛生管理者のうち少なくとも1人を衛生工学衛生管理者免許所持者から選任しなければならない事業場（安衛則7条1項6号）
　・常時500人を超える労働者を使用する事業場で、坑内労働または労働基準法施行規則18条1号、3号から5号まで若しくは9号に掲げる業務に常時30人以上の労働者を従事させるもの

ア　衛生管理者の資格要件

衛生管理者の資格要件

業　　種	資　　格
農林水産業、鉱業、建設業、製造業	第一種衛生管理者免許もしくは衛生工

（物の加工業を含む。）、電気業、ガス業、水道業、熱供給業、運送業、自動車整備業、機械修理業、医療業および清掃業	学衛生管理者免許を有する者または医師、歯科医師、労働衛生コンサルタントなど
その他の業種	上記のほか、第二種衛生管理者免許を有する者

イ　衛生管理者の職務（昭47.9.18　基発601号の１）。

　衛生管理者は統括安全衛生管理者の職務のうち技術的事項とされており、具体的には次の業務を行うこととなっています。

　1　健康に異常のある者の発見および処置
　2　作業環境の衛生上の調査
　3　作業条件、施設等の衛生上の改善
　4　労働衛生保護具、救急用具等の点検および整備
　5　衛生教育、健康相談その他労働者の健康保持に必要な事項
　6　労働者の負傷および疾病、それによる死亡、欠勤および移動に関する統計の作成
　7　その事業の労働者が行う作業が、他の事業の労働者が行う作業と同一の場所において行われる場合における衛生に関し必要な措置
　8　その他衛生日誌の記載等職務上の記録の整備等

　なお、これらの事項は昭和47年に示されたもので、その後の労働安全衛生法の改正によって、次の事項が総括安全衛生管理者の職務として追加されているので、衛生管理者の職務もこれらに関する事項も含まれることになります。
①　安全衛生に関する方針の表明に関すること。
②　労働安全衛生法28条の２第１項または57条の３第１項および第２項の危険性または有害性等の調査およびその結果に基づき講ずる措置に関すること。
③　安全衛生に関する計画の作成、実施、評価および改善に関すること。
　　　　　　　　　（厚生労働省「職場のあんぜんサイト」安全衛生キーワード）

ウ　衛生工学衛生管理者の職務（安衛則12条）

　衛生工学衛生管理者の職務については、総括安全衛生管理者の行うべき業務のうち、衛生に係る技術的事項で衛生工学に関するものの管理と規定されており、具体的事項は以下のとおりです（昭47.9.18　基発601号の1）。

1　作業環境の測定およびその評価に関すること
2　作業環境内の労働衛生関係施設の設計、施工、点検、改善に関すること
3　作業方法の衛生工学的改善に関すること
4　その他職務上の記録の整備に関すること　等

エ　定期巡視と権限の付与（安衛則11条）

　衛生管理者は、少なくとも毎週一回作業場等を巡視し、設備、作業方法または衛生状態に有害のおそれがあるときは、直ちに、労働者の健康障害を防止するため必要な措置を講じなければなりません（安衛則11条1項）。

　事業者は衛生管理者に、衛生に関する措置をなしうる権限を与えなければなりません（安衛則11条2項）。

（4）産業医

ア　産業医の選任

　常時50人以上の労働者を使用するすべての事業場で、選任事由が発生してから14日以内に産業医を選任しなければなりません（安衛法13条1項、安衛令5条）。選任事由が発生した日とは、労働安全衛生法施行令5条で定める事業場の規模に達した日、産業医に欠員が生じた日を指します（昭47.9.18基発601の1）。

　常時3,000人を超える労働者を使用する事業場では、2人以上の産業医を選任することとなっています（安衛則13条1項3号）。

　次に該当する事業場にあっては、専属の産業医を選任することとなっています（安衛則13条1項）。

① 　常時1,000人以上の労働者を使用する事業場
② 　一定の有害な業務※に常時500人以上の労働者を従事させる事業場

第 2 章　安全衛生管理体制

※有害業務（安衛則13条 1 項第 3 号）

---

① 多量の高熱物体を取り扱う業務および著しく暑熱な場所における業務

② 多量の低温物体を取り扱う業務および著しく寒冷な場所における業務

③ ラジウム放射線、エックス線その他の有害放射線にさらされる業務

④ 土石、獣毛等のじんあいまたは粉末を著しく飛散する場所における業務

⑤ 異常気圧下における業務

⑥ さく岩機、鋲打機等の使用によって、身体に著しい振動を与える業務

⑦ 重量物の取扱い等重激な業務

⑧ ボイラー製造等強烈な騒音を発する場所※ 1 における業務

⑨ 坑内における業務

⑩ 深夜業を含む業務

⑪ 水銀、砒素、黄りん、弗化水素酸、塩酸、硝酸、硫酸、青酸、か性アルカリ、石炭酸その他これらに準ずる有害物を取り扱う業務

⑫ 鉛、水銀、クロム、砒素、黄りん、弗化水素、塩素、塩酸、硝酸、亜硫酸、硫酸、一酸化炭素、二硫化炭素、青酸、ベンゼン、アニリンその他これらに準ずる有害物※ 2 のガス、蒸気または粉じんを発散する場所における業務

⑬ 病原体によって汚染のおそれが著しい業務

⑭ その他厚生労働大臣が定める業務：現在のところ定められていない。

※ 1 「強烈な騒音を発する屋内作業」とは、等価騒音レベルが90デシベル以上の屋内作業場をいう（平 4.8.24　基発480）。

※ 2 　エチレンオキシド等は「これらに準ずる有害物」に該当する（平13.4.27　基発413）。ホルムアルデヒド等は「これらに準ずる有害物」に該当する（平20.2.29　基発0229001）。

　次に掲げる者（①および②については、事業場の運営について利害関係を有しない者を除く）を産業医に選任してはなりません（安衛則13条 1 項 2 号）。

① 事業者が法人の場合は当該法人の代表者

② 事業者が法人でない場合は事業を営む個人

③ 事業場においてその事業の実施を統括管理する者

産業医の選任義務の内容

	50～499人	500人～999人で※の事業場	1,000人～3,000人	3,001人以上
産業医の選任義務の内容	産業医（嘱託可）	産業医（専属）	産業医（専属）	2人以上の産業医（専属）

※特定業務（前記有害業務（安衛則13条1項3号））に常時500人以上の労働者を従事させる事業場

イ　産業医の選任報告

　産業医を選任した場合は、遅滞なく所轄労働基準監督署長に選任報告書（安衛則様式3号）を提出しなければなりません。選任報告書には、医師免許証の写しおよび後述ウの資格を有することを証する書面（または写し）を添付する必要があります。

　学校において、学校保健安全法23条の規定により任命し、または委嘱された学校医で、当該学校において産業医の職務を行うこととされているものについては、所轄労働基準監督署長への選任報告は必要ありません（安衛則13条2項ただし書き）。

ウ　産業医の資格要件（安衛則14条2項）

医師であって、次のいずれかの要件を備えた者

① 　厚生労働大臣の定める研修（日本医師会の産業医学基礎研修、産業医科大学の産業医学基本講座）の修了者

② 　産業医の養成課程を設置している産業医科大学その他の大学で、厚生労働大臣が指定するものにおいて当該過程を修めて卒業し、その大学が行う実習を履修した者

③ 　労働衛生コンサルタント試験に合格した者で、その試験区分が保健衛生であるもの

④ 　大学において労働衛生に関する科目を担当する教授、准教授または常勤講師の経験のある者

⑤ 　平成10年9月末時点において、産業医としての経験が3年以上である者（経過措置）

第2章　安全衛生管理体制

エ　産業医の独立性・中立性の強化
（ア）必要な医学的知識に基づく誠実な職務遂行（安衛法13条3項）

　産業医が、産業医学の専門的立場から、独立性をもって職務を行うことができるよう、産業医は、産業医学に関する知識に基づいて、誠実にその職務を行わなければなりません。

（イ）産業医の知識・能力の向上（安衛則14条7項）

　産業医は、産業医学に関する知識・能力の維持向上に努めなければなりません。

（ウ）辞任・解任時の衛生委員会等への報告（安衛則13条4項）

　産業医が離任した場合には、事業者は遅滞なく（概ね1月以内）その旨・その理由を衛生委員会または安全衛生委員会に報告しなければなりません。

　産業医の辞任や解任の理由が産業医自身の健康上の問題であるなど場合には、産業医の意向を確認した上で、「一身上の都合により」、「契約期間満了により」などと報告しても差し支えないとされています（平30.12.28　基発1228第16号）。

オ　産業医の権限の充実・強化
（ア）産業医の権限の具体化（安衛則14条の4第1項、第2項）

① 　事業者または総括安全衛生管理者に対して意見を述べること。

② 　労働者の健康管理等を実施するために必要な情報を労働者から収集すること。

　　〇作業場等を巡視する際などに、対面により労働者から必要な情報を収集する方法

　　〇事業者から提供された労働時間に関する情報、労働者の業務に関する情報等を勘案して選定した労働者を対象に、職場や業務の状況に関するアンケート調査を実施するなど文書による方法等

③ 　労働者の健康を確保するため緊急の必要がある場合において、労働者に対して必要な措置をとるべきことを指示すること。

　　〇保護具等を使用せずに、有害な化学物質を取り扱うことにより、労働災害が発生する危険のある場合のほか、熱中症等の徴候があり、健康を確保するため緊急の措置が必要と考えられる場合など

（イ）労働者からの情報収集の際の配慮

　産業医は、情報の収集対象となった労働者に人事上の評価・処遇等において、事業者が不利益を生じさせないようにしなければなりません。

　事業者は、産業医が情報を収集する際の情報の具体的な取扱い（対象労働者の選定方法、情報の収集方法、情報を取り扱う者の範囲、提供された情報の取扱い等）について、あらかじめ衛生委員会等において審議し、決定しておくことが望ましいとされています。

カ　産業医に対する情報提供（安衛則14条の2第1項、2項）

　産業医が産業医学の専門的立場から労働者の健康確保のためにより一層効果的な活動を行いやすい環境を整備するため、事業者は、産業医に対して、以下の情報を提供しなければなりません。

産業医に対する情報提供とその時期

産業医等に提供する情報	情報提供の時期
①健康診断、②長時間労働者に対する面接指導、③ストレスチェックに基づく面接指導実施後の既に講じた措置または講じようとする措置の内容に関する情報（措置を講じない場合は、その旨・その理由）	①～③の結果についての医師または歯科医師からの意見聴取を行った後、遅滞なく提供すること。
時間外・休日労働時間が1月当たり80時間を超えた労働者の氏名・当該労働者に係る当該超えた時間に関する情報（高度プロフェッショナル制度対象労働者については、1週間当たりの健康管理時間が40時間を超えた場合におけるその超えた時間（健康管理時間の超過時間））	当該超えた時間の算定を行った後、速やかに※提供すること。
労働者の業務に関する情報であって産業医が労働者の健康管理等を適切に行うために必要と認めるもの ①労働者の作業環境、②労働時間 ③作業態様、④作業負荷の状況 ⑤深夜業の回数・時間数などのうち産業医が労働者の健康管理等を適切に行うために必要とされるもの 　（平30.12.28　基発1228第16号）	産業医から当該情報の提供を求められた後、速やかに提供すること。

※「速やかに」とは、おおむね2週間以内をいいます。

第2章　安全衛生管理体制

キ　産業医の職務

　事業者は、産業医に、以下の労働者の健康管理その他の労働安全衛生規則
14条で定める事項を行わせなければなりません（安衛法13条１項、安衛則14
条１項、３項）。

　1　健康診断の実施およびその結果に基づく労働者の健康を保持するた
　　めの措置に関すること
　2　長時間労働者の面接指導と事後措置に関すること
　3　ストレスチェックの実施および面接指導と事後措置に関すること
　4　作業環境の維持管理に関すること
　5　作業の管理に関すること
　6　１から５に掲げるもののほか、労働者の健康管理に関すること
　7　健康教育、健康相談その他労働者の健康の保持増進を図るための措
　　置に関すること
　8　衛生教育に関すること
　9　労働者の健康障害の原因の調査および再発防止のための措置に関す
　　ること

ク　事業者等への勧告

　産業医は、労働者の健康を確保するため必要があると認めるときは、事業
者に対し、労働者の健康管理等について必要な勧告をすることができるとさ
れ、事業者は、産業医の勧告を受けたときは、これを尊重しなければなりま
せん（安衛法13条５項）。

　事業者は勧告を受けたときは、勧告の内容と勧告を踏まえて講じた措置ま
たは講じようとする措置の内容（措置を講じない場合は、その旨およびその
理由）を衛生委員会等に報告するとともに、記録を３年間保存しなければな
りません（安衛法13条６項、安衛則14条の３第４項）。

　産業医は、上記の各号の職務について、総括安全衛生管理者に対して勧告
し、また、衛生管理者に対して指導し、若しくは助言することができます
（安衛則14条３項）。

　事業者は、産業医が事業者に労働安全衛生法13条５項の規定による勧告を

— 25 —

したことまたは総括安全衛生管理者に勧告し、衛生管理者に指導・助言をしたことを理由として、解任その他不利益な取扱いをすることが禁止されています（安衛則14条4項）。

　事業者は、産業医に対し、その職務を（下記の事項を含む。）をなし得る権限を与えなければなりません（安衛則14条の4）。

・事業者または総括安全衛生管理者に対して意見を述べること。

・職務を行うために必要な情報を労働者から収集すること。

・労働者の健康を確保するため緊急の必要がある場合に、労働者に対して必要な措置をとるべきことを指示すること。

ケ　産業医による職場巡視（安衛則15条）

　産業医は、少なくとも毎月1回（産業医が、事業者から、毎月一回以上、次に掲げる情報の提供を受けている場合であつて、事業者の同意を得ているときは、少なくとも2月に1回）、作業場等を巡視し、作業方法または衛生状態に有害のおそれがあるときは、直ちに、労働者の健康障害を防止するため必要な措置を講じなければなりません。

①　衛生管理者が行う巡視の結果

②　①のほか、労働者の健康障害を防止し、または労働者の健康を保持するために必要な情報であって、衛生委員会または安全衛生委員会における調査審議を経て事業者が産業医に提供することとしたもの

③　休憩時間を除き1週間当たり40時間を超えて労働させた場合におけるその超えた時間が1か月当たり80時間を超えた労働者の氏名及び当該労働者に係る超えた時間に関する情報（該当する労働者がいない場合はいないという情報）

産業医の言動に対する損害賠償請求事件（大阪地裁　平成23. 10. 25判決）
〈事件の概要〉

　自律神経失調症により休職中であった労働者が、勤務先の産業医である被告との面談時に、詰問口調で非難されるなどしたため、病状が悪化し、このことによって復職時期が遅れるとともに、精神的苦痛を被ったとして、不法行為による損害賠償請求を求めた。

第2章　安全衛生管理体制

〈判決の内容〉

　労働者は、自律神経失調症で勤務先を休職していたが、本件面談のころには、職場復帰に向けての話合いが行われるほど、症状は回復しつつあり、主治医は2009年年1月ころの職場復帰を想定していた。

　ところが、本件面談後、原告は、心身のバランスを崩し、精神安定剤を服用することが増え、一時は首をつることまで具体的に考えるほどの精神状態に陥り、復職の時期も2009年4月27日にずれ込んだ。

　原告の病状悪化は、本件面談により引き起こされたものであるといえ、休業損害について、2009年1月の仕事始めには復職できる高度の蓋然性があったにもかかわらず、本件面談時の被告の言動により、自律神経失調症が悪化し、同年4月27日まで復職が遅れることとなった。この間、原告は給与を減額されていた（合計42万4,575円）ところ、うち少なくとも30万円については、被告の面談における言動と相当因果関係のある損害に当たる。

Q2−1　　当社の嘱託産業医は法定の職務を行っていないのですが、どうすればよいでしょうか。（労務担当者）

A　　法定の職務をやってもらうために、以下のことを実施してみてください。

① **嘱託産業医への情報提供**

　安全衛生委員会に産業医が欠席する場合は、調査審議する項目について事前に衛生管理者等に意見を述べてもらい委員会で伝達させる。

　嘱託産業医が欠席した場合には議事録等を送付して必要な意見を聴取し、次回の安全衛生委員会に反映する。

② **産業医の予定の考慮**

　嘱託産業医は診療業務があるので、安全衛生委員会の日程調整についても産業医の予定も考慮して決める。年間計画を立てる時に、産業医の予定を考慮して職場巡視などを決める。

　しかし、産業医の委嘱時は、安全衛生委員会への出席が義務付けられていなかったなど当時の契約内容と現在の仕事の内容が変わっている、

企業が成長して仕事が増えている、それに伴い報酬を上げないと職務の遂行は難しいなどの事情があれば、契約内容を見直す必要もあると思います。

　契約内容の見直しをしても産業医の職務遂行が困難ならば、産業医を変えることも考えなければなりません。

2　50人未満の事業場の体制

（1）安全衛生推進者・衛生推進者の選任（安衛法12条の2）

　10人以上50人未満の事業場においては、下表の業種の区分によって安全衛生推進者または衛生推進者を選任すべき事由が発生した日から14日以内に選任しなければなりません（安衛法12条の2）。

　安全衛生推進者、衛生推進者はその事業場に専属の者でなければなりません。ただし、労働安全コンサルタント、労働衛生コンサルタント等一定の者※を選任したときはこの限りでありません。

　※　安全管理者または衛生管理者で、資格取得後5年以上安全衛生の実務
　　（衛生推進者にあつては、衛生の実務）に従事した経験を有するもの等
　　（労働安全衛生規則第12条の3第1項第2号の規定に基づき厚生労働
　　大臣が定める者　平21.3.30　厚生労働省告示第122号）

　安全衛生推進者、衛生推進者を選任したときは、その氏名を作業場の見やすい箇所に掲示する等により関係労働者に周知させなければなりません（安衛則12条の4）。見やすい箇所に掲示する等の等について、当該安全衛生推進者等に腕章をつけさせる、特別の帽子を着用させる等の方法でもよいとされています（昭63.9.16　基発602）。

選任すべき推進者の種類と業種

安全衛生推進者	林業、鉱業、建設業、運送業、清掃業、製造業（物の加工業を含む。）、電気業、ガス業、熱供給業、水道業、通信業、各種商品卸売業、家具・建具・じゅう器等卸売業、各種商品小売業、家具・建具・じゅう器小売業、燃料小売業、旅館業、ゴルフ場業、自動車整備業、機械修理業

衛 生 推 進 者	上記以外の業種

（2）安全衛生推進者、衛生推進者の資格（安衛則12条の３）

　安全衛生推進者、衛生推進者は以下の者から選任しなければなりません。

①　都道府県労働局長の登録を受けた者が行う講習を修了した者

②　大学または高等専門学校を卒業した者等で、その後１年以上安全衛生の実務（衛生推進者にあっては、衛生の実務に従事した経験を有するもの）に従事した経験を有する者

③　高等学校または中等教育学校を卒業した者で、その後３年以上安全衛生の実務に従事した経験を有するもの

④　５年以上安全衛生の実務に従事した経験を有する者

⑤　②～④と同等以上の能力を有すると認められる者

　（②から⑤は「安全衛生推進者等の選任に関する基準」平30.2.16　厚生労働省告示第27号による。）

（3）安全衛生推進者、衛生推進者の職務（安衛法12条の２、10条１項、安衛則３条の２）

安全衛生推進者	1	労働者の危険または健康障害を防止するための措置に関すること
	2	労働者の安全または衛生のための教育の実施に関すること
	3	健康診断の実施その他健康の保持増進のための措置に関すること
	4	労働災害の原因の調査および再発防止対策に関すること
	5	安全衛生に関する方針の表明に関すること
	6	危険性または有害性等の調査およびその結果に基づき講ずる措置に関すること
	7	安全衛生に関する計画の作成、実施、評価及び改善に関すること
衛 生 推 進 者	上記の業務のうち衛生に係る業務	

　なお、通達により、安全衛生推進者または衛生推進者の職務は具体的には、次のようなものであることが示されています（昭63.9.16　基発602）。

1 施設、設備等（安全装置、労働衛生関係設備、保護具等を含む。）の点検および使用状況の確認並びにこれらの結果に基づく必要な措置に関すること
2 作業環境の点検（作業環境測定を含む。）および作業方法の点検並びにこれらの結果に基づく必要な措置に関すること
3 健康診断および健康の保持増進のための措置に関すること
4 安全衛生教育に関すること
5 異常な事態における応急措置に関すること
6 労働災害の原因の調査および再発防止対策に関すること
7 安全衛生情報の収集および労働災害、疾病・休業等の統計に関すること
8 関係行政機関に対する安全衛生に係る各種報告、届出等に関すること

　安全衛生推進者または衛生推進者は、安全管理者または衛生管理者が安全衛生業務の技術的事項を管理する者であるのに対して、安全衛生業務について権限と責任を有する者の指揮を受けて当該業務を担当する者であることとされています。

（4）50人未満の事業場の産業医（安衛法13条の2）

　常時使用する労働者数が50人未満の事業場においては、労働者の健康管理等を行うのに必要な医学に関する知識を有する医師その他厚生労働省令で定める者に労働者の健康管理等の全部または一部を行わせるように努めなければなりません（安衛法13条の2）。その他厚生労働省で定める者とは労働者の健康管理等を行うのに必要な知識を有する保健師と定められています（安衛則15条の2）。

　これを受けて、国は、労働者の健康管理等に関する相談、情報の提供その他の必要な援助を行うように努めることとされています（安衛法19条の3）。

《実務のポイント〜地域産業保健センターの利用》

　地域窓口（地域産業保健センター）は、労働者数50人未満の小規模事

業場の事業者や労働者に対して、次の事業を原則として無料で提供しています。ほぼ、労働基準監督署の管轄ごとに設置されています。

（1）　長時間労働者への医師による面接指導の相談
　地域窓口（地域産業保健センター）を活用するなどして、面接指導または面接指導に準ずる必要な措置を講ずることができます。
（2）　健康相談窓口の開設
　健康診断結果に基づいた健康管理、作業関連疾患の予防方法、メンタルヘルスに関すること、日常生活における健康保持増進の方法などについて医師や保健師が健康相談に応じてくれます。
　なお、一部のセンター（各都道府県1〜4か所程度）では、休日・夜間にも利用できるよう窓口の開設等を行っています。
（3）　個別訪問による産業保健指導の実施
　医師等が、訪問指導を希望する事業場を個別に訪問し、健康診断結果に基づいた健康管理等に関して指導、助言をしてくれます。
　また、医師が作業場の巡視を行い、改善が必要な場合には助言を行うとともに、労働者から寄せられる健康診断の結果評価等の健康問題に関する相談にも応じています。
　さらに、事業主からの相談内容や要望に応じて、産業保健総合支援センターと連携し、専門スタッフが事業場を訪問し、メンタルヘルス対策、作業環境管理、作業管理等状況に即した労働衛生管理の総合的な助言・指導を行っています。
（4）　産業保健情報の提供
　産業医としての要件を満たす医師、労働衛生コンサルタント、医療機関、労働衛生機関等の名簿を作成し、希望する事業場に情報提供しています。

3　作業主任者

　危険有害業務等の労働災害を防止するための管理を必要とする作業については、免許・技能講習を修了した者のうちから、作業の区分に応じて作業主

任者を選任して作業の指揮その他の厚生労働省令で定められた事項を行わせなければなりません（安衛法14条）。作業主任者は資格を必要とし、作業ごとに選任しなければならず、その職務についてもそれぞれ労働安全衛生規則等の規則で具体的に決められています。作業主任者を選任しなければならない作業（安衛令6条）は下表のとおりです。

作業主任者一覧表（安衛令6条）

作業主任者名	資格	規　　則
1　高圧室内作業主任者	免許	高圧則10条
2　ガス溶接作業主任者	免許	安衛則314条
3　林業架線作業主任者	免許	安衛則151条の126
4　ボイラー取扱作業主任者	技能講習	ボイラー則24条
5　エックス線作業主任者	免許	電離則46条
5の2　ガンマ線透過写真撮影作業主任者	免許	電離則52条の2
6　木材加工用機械作業主任者	技能講習	安衛則129条
7　プレス機械作業主任者	技能講習	安衛則133条
8　乾燥設備作業主任者	技能講習	安衛則297条
8の2　コンクリート破砕器作業主任者	技能講習	安衛則321条の3
9　地山の掘削作業主任者	技能講習	安衛則359条
10　土止め支保工作業主任者	技能講習	安衛則374条
10の2　ずい道等の掘削等作業主任者	技能講習	安衛則383条の2
10の3　ずい道等の覆工作業主任者	技能講習	安衛則383条の4
11　採石のための掘削作業主任者	技能講習	安衛則403条
12　はい作業主任者	技能講習	安衛則428条
13　船内荷役作業主任者	技能講習	安衛則450条
14　型わく支保工組立て等作業主任者	技能講習	安衛則246条
15　足場の組立て等作業主任者	技能講習	安衛則565条
15の2　鉄骨の組立て等作業主任者	技能講習	安衛則517条の4

15の3　鋼橋架設等作業主任者	技能講習	安衛則517条の8
15の4　木造建築物の組立て等作業主任者	技能講習	安衛則517条の12
15の5　コンクリート造の工作物の解体等作業主任者	技能講習	安衛則517条の17
16　コンクリート橋架設等作業主任者	技能講習	安衛則517条の22
17　第一種圧力容器取扱作業主任者 　　［1］化学設備に係る第一種圧力容器の取扱いの作業 　　［2］［1］以外のもの	技能講習	ボイラー則62条
18　特定化学物質等作業主任者	技能講習	特化則27条
19　鉛作業主任者	技能講習	鉛則33条
20　四アルキル鉛作業主任者	技能講習	四鉛則14条
21　第一種、第二種酸素欠乏危険作業主任者	技能講習	酸欠則11条
22　有機溶剤作業主任者	技能講習	有機則19条
23　石綿作業主任者	技能講習	石綿則19条

4　産業保健スタッフの職務

（1）衛生管理者による職場巡視

ア　職場巡視の目的

　健康に異常のある者の発見および措置、作業環境の衛生上の調査、作業条件、施設等の衛生上の改善などの衛生管理者の職務を遂行するためには職場の実態を知ることが不可欠なので、少なくとも週1回作業場を巡視し、設備、作業方法または衛生状態を点検し、その結果有害のおそれがあるときには、労働者の健康障害を防止するための応急措置を講じなければならないとされています（安衛則11条1項）。

イ　職場巡視の時期

　時間や曜日によって作業内容が違うこともあるので、時間や曜日を変えて巡視します。また、深夜勤務がある職場では、夜間の巡視もしなければなり

ませんし、平常勤務の職場で遅くまで残業している場合には過重労働やサービス残業などの実態が無いか調査する必要があります。労働災害は非定常作業（設備点検、清掃、修理等）に発生することが多いので、非定常作業が行われる時間外にも行います。

ウ　職場巡視の準備
①　チェックリストの作成
　チェックリストを作成し、それを持って巡視します。評価が低い原因を討議するためにチェックリストは５点法などにより数量化します。

〈参考〉
茨城産業保健推進センターの「職場の衛生管理チェックリスト集」
　https://ibarakis.johas.go.jp/wp/wp-content/uploads/2018/05/001all.pdf

②　職場巡視に必要な情報
以下の情報を得ておきます。

1　職場の組織：職制組織、安全衛生組織、作業主任者等
2　主な工程、設備の状況特に局所排気装置等の換気設備の性能、レイアウト図を用意して記入しておく。
3　原材料の種類、毒性、使用量等（SDS）
4　関連する法令、指針、通達
5　災害事例：自社、他社
6　安全衛生管理規程、作業手順
7　作業環境測定結果
8　健康診断結果：定期健康診断、特殊健康診断の有所見者の有無
9　労働衛生教育実施状況
10　非定常作業

厚生労働省「職場のあんぜんサイト」災害事例
　https://anzeninfo.mhlw.go.jp/anzen/sai/saigai_index.html

③ 用意する道具

温度計や湿度計、照度計、風速計、騒音計等の測定器具、カメラ、服装、衛生管理者であることを示す腕章など、ヘルメットや安全靴などが義務付けられている職場であれば必要な保護具を用意します。

エ 職場巡視の実際

巡視の際は視覚だけではなく、聴覚や嗅覚も使います。また、労働災害は定常作業よりも点検、修理、清掃、異常処理などの非定常作業時に多く発生するので、非定常作業を想定した観点で巡視することも必要です。

局所排気装置については、スモークテスターや風速計を利用して制御風速が維持できているかなどの点検も必要です。

呼吸用保護具（防じんマスク、防毒マスクなど）、保護衣類（手袋や防護服）、保護眼鏡および保護面などの使用状況や保管状態の確認もチェック項目の一つです。

食堂やトイレ、休憩室、更衣室等についても、労働安全衛生規則の規定を満たしているか確認します。

オ 事後措置

巡視後は巡視記録を作成し、（安全）衛生委員会および総括安全衛生管理者あるいは事業者へ報告します。（安全）衛生委員会では対策の検討を行い、対策の実施計画をたてて、改善をします。

（2）産業保健師の職務

企業に勤める保健師のことを産業保健師といいます。事業所規模別の保健師・看護師の配置状況は、労働者が1,000人以上の事業所では90％近い統計が出ています。

一方、50人未満の事業場については、前記2（4）のように、労働安全衛生法13条の2で、労働者の健康管理等を行うのに必要な医学に関する知識を有する医師または保健師に労働者の健康管理等の全部または一部を行わせるように努めなければならないと定めています。

また、厚生労働省の通達の中でも、保健師の役割に言及されているものがあり、事業場における労働衛生管理において重要な役割を担っています。

○労働安全衛生法66条の9の必要な措置として労働安全衛生規則52条の8第
　1項の「面接指導に準ずる措置」には、労働者に対して保健師等による保
　健指導を行うこと（平18.2.24　基発0224003）。
○「労働者の心の健康の保持増進のための指針」
　　産業医等の助言、指導等を得ながら事業場のメンタルヘルスケアの推進
　の実務を担当する事業場内メンタルヘルス推進担当者を、事業場内産業保
　健スタッフ等の中から選任するよう努めること。事業場内メンタルヘルス
　推進担当者としては、衛生管理者等や常勤の保健師等から選任することが
　望ましいこと。
　　一定規模以上の事業場にあっては、事業場内にまたは企業内に、心の健
　康づくり専門スタッフや保健師等を確保し、活用することが望ましいこと。

5　安全委員会・衛生委員会

（1）安全委員会・衛生委員会の設置

　事業者が負っている、労働災害防止のための措置を講じ、快適な職場環境
の実現と労働条件の改善を行うという責務（安衛法3条1項）を果たすにあ
たっては、労働者の意見を聴き、労働者の関心を高め、労使一体となって行
う必要があります。そのために、安全委員会や衛生委員会、あるいは職場懇
談会等において、労働者の危険または健康障害を防止するための基本となる
べき対策（労働災害の原因および再発防止対策等）などの重要事項について
十分な調査審議を行わなければなりません。
　下表のように、一定の規模、業種に応じて安全委員会、衛生委員会の設
置、運営が義務付けられています(安衛法17条、18条、安衛令8条、9条)。
安全委員会と衛生委員会を設けなければならない事業場ではそれぞれの委員
会の設置に代えて安全衛生委員会を設けることができます（安衛法19条）。
　常時使用する労働者数には、パートタイマーや派遣労働者も含まれます。

安全委員会または衛生委員会を設置しなければならない事業場

安全委員会	①　常時使用する労働者が50人以上の事業場で、	林業、鉱業、建設業、製造業の一部の業種（木材・木製品製造業、化学工業、鉄鋼業、金属製品製造業、輸送用機器具製造業）、運送業の

第2章　安全衛生管理体制

	右の業種に該当するもの	一部の業種（道路貨物運送業、港湾運送業）、自動車整備業、機械修理業、清掃業
	② 常時使用する労働者が100人以上の事業場で、右の業種に該当するもの	製造業のうち①以外の業種、運送業のうち①以外の業種、電気業、ガス業、熱供給業、水道業、通信業、各種商品卸売業・小売業、家具・建具・じゅう器等卸売業・小売業、燃料小売業、旅館業、ゴルフ場業
衛生委員会	常時使用する労働者が50人以上の事業場（全業種）	

注：「事業場」とは、工場や事務所、店舗など一定の場所で組織的に作業のまとまりのことで、労働基準法の「事業場」と同じ

(2) 労働者の意見を聴く機会

　労働者数が50人未満の事業者は、安全または衛生に関する事項について、関係労働者の意見を聴くための機会を設けるようにしなければなりません（安衛則23条の2）。「関係労働者の意見を聴くための機会を設ける」とは、安全衛生の委員会、労働者の常会、職場懇談会等労働者の意見を聴くための措置を講ずることをいいます（昭47.9.18　基発601号の2）。

(3) 安全・衛生委員会の基本的な機能

　安全・衛生委員会の機能は、労働者の危険または健康障害を防止するための基本となるべき対策（労働災害の原因および再発防止対策等）などの重要事項について調査審議を行い、事業者に意見を述べること、そして、安全・衛生委員会の合意事項について実施状況をチェックすることであり、決定機関ではありませんし、労使交渉の場でもありません。具体的には、①安全衛生管理計画の策定の審議、②安全衛生管理計画による安全衛生に関する施策の審議、③安全衛生に関する施策の実施結果に対する点検です。安全・衛生委員会が審議し、合意したことを決定・実行するのは事業者の責務です。安全・衛生委員会に決定権を持たせると、事業者の労働災害防止責任があいまいになってしまうというおそれがあります。

　討議の進め方も、労使の意見の合致を前提としていますので、労使で意見が異なるときに過半数により決定することはふさわしくありません。問題のある事項については、労使が納得のいくまで話し合い、一致した意見に基づ

— 37 —

いて行動することが望ましいとされています（昭47.9.18　基発91）。

（4）安全・衛生委員会の構成員と人数

　安全・衛生委員会の構成員は以下のとおりです（安衛法19条2項）。

安全・衛生委員会の構成

	安全委員会	衛生委員会
委員の構成	1　総括安全衛生管理者または総括管理者以外の者で当該事業場においてその実施を統括管理する者若しくはこれに準ずる者のうちから事業主が指名した者（1名） 2　安全管理者 3　労働者（安全に関する経験を有する者）	1　総括安全衛生管理者または総括管理者以外の者で事業の実施を統括管理する者若しくはこれに準ずる者のうちから事業主が指名した者（1名） 2　衛生管理者 3　産業医 4　労働者（衛生に関する経験を有する者）

　「総括安全衛生管理者または総括管理者以外の者で当該事業場においてその実施を統括管理する者等」以外の委員については、事業者が委員を指名することとされています。この内の半数については、労働者の過半数で組織する労働組合がある場合はその労働組合（過半数で組織する労働組合がない場合は労働者の過半数を代表する者）の推薦に基づき指名しなければなりません。

　「総括管理者以外の者で事業の実施を統括管理する者」とは、労働安全衛生法10条の総括安全衛生管理者の選任を必要としない事業場について規定されたものです。「これに準ずる者」とは、事業の実施を統括管理する者以外の者で、その者に準じた地位にある者を意味しており、たとえば副所長、副工場長を指します（昭47.9.18　基発602）。

　安全・衛生委員の人数については、事業場の規模、作業の実態に即し、適宜に決定することができるとされています（昭41.1.22　基発46）。労働者の意見を十分に聴くことができるように、各職場から指名されることが望ましいとされています。

第2章　安全衛生管理体制

　産業医は必ず衛生委員会（安全衛生委員会）の委員に選任されなければなりません（安衛法18条）。嘱託産業医も例外ではありません（昭和63.9.16 基発601の1）。

Q2－2　　約70人の従業員のいる会社ですが、衛生委員会の委員構成が議長、会社側3名、労働側3名の7名です。課長や部長達が会社側委員で、産業医、衛生管理者、総務人事担当が労働側委員となっております。今回、会社側委員の1名が定年退職します。安全衛生委員の補充は必要ですか。会社側2名、労働側3名で委員会を構成しても構わないでしょうか。

A　　労働者代表の推薦に基づき指名された委員が半数を超えても差し支えない（平17.1.26　基安計発0126002）という通達があるので、人数のことだけを考えると会社側2名、労働側3名で委員会を構成しても問題はありません。その理由は、50人から100人程度の小規模事業場などにおいては、労働者数に比べて管理職が少ないため、労働者側の委員の数が会社側委員の数を超える場合があっても可ということにしているのです。

　しかし、ご質問の場合の委員の構成を見ると、産業医、衛生管理者、総務人事担当が労働者側委員ということですが、産業医、衛生管理者、総務人事担当は労働者側委員としてふさわしくないので、会社側委員に変更する必要があります。そうすると、会社側委員は5名、労働者側委員が0名になるので、新たに労働者側委員を5名選任する必要があります。

（5）安全・衛生委員会の審議事項

ア　安全委員会の調査審議事項（安衛法17条1項、安衛則21条）

① 　労働者の危険を防止するための基本となるべき対策に関すること
② 　労働災害の原因および再発防止対策で、安全に係るものに関すること
③ 　その他労働者の危険の防止に関する重要事項
　［1］安全に関する規程の作成に関すること。

— 39 —

［2］危険性または有害性等の調査およびその結果に基づき講ずる措置の
うち、安全に係るものに関すること。（リスクアセスメント）

［3］安全に関する計画の作成、実施、評価および改善に関すること。

［4］安全教育の実施計画の作成に関すること。

［5］厚生労働大臣、都道府県労働局長、労働基準監督署長、労働基準監
督官または産業安全専門官から文書※により、命令、指示、勧告また
は指導を受けた事項のうち、労働者の危害の防止に関すること。

※「文書」とは、勧告書、指導表等をいう（昭53.2.10　基発78）。

イ　衛生委員会の調査審議事項（安衛法18条１項および安衛則22条）

①　労働者の健康障害を防止するための基本となるべき対策に関すること

②　労働者の健康の保持増進を図るための基本となるべき対策に関すること

③　労働災害の原因および再発防止対策で、衛生に係るものに関すること

④　その他労働者の健康障害の防止および健康の保持増進に関する重要事項

［1］衛生に関する規程の作成に関すること。

［2］危険性または有害性等の調査およびその結果に基づき講ずる措置の
うち衛生に関すること。（リスクアセスメント）

［3］安全衛生に関する計画（衛生に関する部分に限る。）の作成、実施、
評価および改善に関すること。

［4］衛生教育の実施計画の作成に関すること。

［5］安衛法57条の４第１項および安衛法57条の５第１項の規定により行
われる有害性の調査並びにその結果に対する対策の樹立に関すること

［6］作業環境測定の結果およびその結果の評価に基づく対策の樹立に関
すること。

［7］各種健康診断の結果に対する対策の樹立に関すること。

［8］労働者の健康保持増進を図るための必要な措置の実施計画の作成に
関すること。

［9］長時間にわたる労働による労働者の健康障害の防止を図るための対
策の樹立に関すること。（長時間労働者に対する面接指導の実施に関
すること。）

［10］労働者の精神的健康の保持増進を図るための対策の樹立に関する
こと。（メンタルヘルス対策）

第2章　安全衛生管理体制

　［11］厚生労働大臣、都道府県労働局長、労働基準監督署長、労働基準
　　　監督官または労働衛生専門官から文書※により、命令、指示、勧告ま
　　　たは指導を受けた事項のうち、労働者の健康障害の防止に関すること。
　※「文書」とは、勧告書、指導表等をいう（昭53.2.10　基発78）。
⑤　産業医から求められた調査審議事項（安衛則23条5項）

ウ　労働時間についての議題

　労働者が健康に働き、高い生産性を発揮することが、企業経営にどれほど
のメリットになるか計りしれません。言い換えれば、安全衛生活動は企業の
経営に密接に関わる重要な管理活動であるとともに、リスクマネジメントに
とって欠かすことが出来ないものだといえるでしょう。最近では、生活習慣
病の予防、メンタルヘルス不調者への適切な対応、過重労働に関係する疾病
の予防などを効果的に行うことは、事業経営上も極めて重要な活動であると
いうことが、経営者にもだんだんと認識されてきています。

　長時間労働により、脳・心臓疾患やうつ病などの精神疾患の発症は続いて
います。安全衛生委員会においては、安全対策だけでなく、過重労働やメン
タルヘルスについて調査審議することが必要です。

　なお、長時間にわたる労働による労働者の健康障害の防止を図るための対
策の樹立に関することについては、次の項目が審議事項として改正労働安全
衛生法施行通達（平18.2.24　基発0224003）で追記されています。

①　長時間にわたる労働による労働者の健康障害の防止対策の実施計画の策
　定等に関すること
②　面接指導等の実施方法および実施体制に関すること
③　面接指導等の労働者の申出が適切に行われるための環境整備に関するこ
　と
④　面接指導等の申出を行ったことにより当該労働者に対して不利益な取扱
　いが行われることがないようにするための対策に関すること
⑤　面接指導等について事業場で定める必要な措置に係る基準の策定に関す
　ること
⑥　事業場における長時間労働による健康障害の防止対策の労働者への周知
　に関すること

安全衛生委員会を見直そう！

三田労働基準監督署

　安全衛生委員会等の運営に関することは、労働安全衛生法令で定めていますが、当署において事業場の調査を実施すると、法令に基づいて運営していないところが多数あります。

　このため、調査時に不備等が認められた事項を以下に示すのでチェックし、不備事項は自主的に改善してください。

［不備事項］

☐　安全衛生委員会等の規程が作成されていない（作成例は裏面参照）

☐　平成17年に一部改正した労働安全衛生法令の事項が規程に定められていない（裏面赤色部）

　参照　裏面　安全衛生委員会規程作成例

　https://jsite.mhlw.go.jp/tokyo-roudoukyoku/library/tokyo-roudoukyoku/notice/kantokusyo/mita/pdf/minaoshi.pdf

☐　総括安全衛生管理者、安全管理者、衛生管理者、産業医が委員となっていない（安衛法第17条他）

☐　議長（委員長）を総括安全衛生管理者又は総括安全衛生管理者の選任を必要としない事業場は、事業の実施を統括管理する者（事業場の長又は同等の権限と責任を持つ事業場の副長）となっていない（安衛法第17条他）

☐　議長以外の委員の半数が労働者側となっていない（安衛法第17条他）

☐　委員会を毎月１回以上開催していない（安衛則第23条）

☐　議事録を作成して３年間保存していない（安衛則第23条）

☐　委員会の開催の都度、議事の概要を掲示する等により、全労働者に周知していない（安衛則第23条）

☐　法令で定める調査審議事項について、調査審議していない（安衛法第17条他）

　※特に、健康診断、リスクアセスメント、過重労働、メンタルヘルスが審議されていない

☐　委員会を労働時間外に開催しているにもかかわらず、労働者に対して割増賃金を支払っていない（通達）

第 2 章　安全衛生管理体制

□　労使の構成員が一覧表等により明確になっていない（指導）
□　産業医が欠席した場合に議事内容を提供していない（指導）
□　委員以外の労働者の意見要望が委員会の調査審議に反映されていない（指導）
□　委員が主要部署から選出されていない（指導）
　※主要部署から選出することにより、各部署における問題点の把握や労働者からの意見要望等が委員会に反映されやすくなる
□　労働者数50人未満の事業場において、安全又は衛生に関する事項について、関係労働者の意見を聴くための機会（委員会、職場懇談会等）を設けていない（安衛則第23条の２）

エ　メンタルヘルス対策

　衛生委員会等の付議事項には、「労働者の精神的健康の保持増進を図るための対策の樹立に関すること」が規定されています。この対策の樹立に関することには、以下の項目があります（平18.2.24　基発0224003）。

①　事業場におけるメンタルヘルス対策の実施計画の策定等に関すること
②　事業場におけるメンタルヘルス対策の実施体制の整備に関すること
③　労働者の精神的健康の状況を事業者が把握したことにより当該労働者に対して不利益な取扱いが行われるようなことがないようにするための対策に関すること
④　労働者の精神的健康の状況に係る健康情報の保護に関すること
⑤　事業場におけるメンタルヘルス対策の労働者への周知に関すること

オ　ガイドラインによる調査審議事項

①　交通労働災害防止対策

　陸上貨物運送事業、商業、通信業、建設業等交通労働災害の多い業種では安全衛生委員会において交通労働災害防止に関する事項を調査審議することが求められています（「交通労働災害防止ガイドライン」（平6.2.18　基発83））。

②　受動喫煙対策

　事業者に対して：衛生委員会等において、労働者の受動喫煙防止対策につ

いての意識・意見を十分に把握し、事業場の実情を把握した上で適切な措置を決定すること。

　労働者に対して：事業者が決定した措置や基本方針を理解しつつ、衛生委員会等の代表者を通じる等により、必要な対策について積極的に意見を述べることが望ましいこと。

（「職場における受動喫煙防止のためのガイドライン」（令元.7.1　基発0701第1号））

Q2−3　　各月の議題はどうやって決めればいいのでしょうか。当社では半年前に衛生委員会の設置をしたばかりです。インターネットなどで議題を探したのですが、早くもネタが切れてしまいました。年に2回産業医が来るときは、巡回報告などがあり格好がつくのですが、それ以外では30分ほどで終わってしまいます。

A　　インターネットで紹介されている議題は個々の事業場に合ったものではないので、毎月インターネット検索により議題を決めているのでは長続きしません。衛生委員会の議題はそれぞれの事業場の実情にあったものとしなければなりません。以下は、衛生委員会の議題の参考になるものです。

（1）年間計画の策定

　事業場では毎年安全衛生管理計画を策定し、目標を定めて計画的に安全衛生管理を実行していかなければなりません。安全衛生管理計画の策定にあたっては、労働者の意見を聴き、労働者の関心を高め、労使一体となって行わなければならないので、安全衛生管理計画の策定も安全衛生委員会の審議事項となります。

　また、産業医の年間計画（職場巡視、健康診断、保健指導、衛生管理講話、特定作業者教育）も安全衛生委員会で発表し、産業医活動を安全衛生管理計画の一環として位置づけます。

　安全衛生委員会は安全衛生管理計画に定められた安全衛生活動が効果的に実行されるために審議し、活動結果を評価する役割をもっています。また、安全衛生委員による職場巡視、広報活動、安全衛生大会開催などの独自の行事を行うこともあります。

— 44 —

第2章　安全衛生管理体制

　事業場の安全衛生計画と安全衛生委員会の独自の行事を併せて、安全衛生委員会の年間活動計画を立て、それに基づいて運営していくことが必要です。年度末には一年の成果を総括し、その結果を次年度の計画へと発展させていきます。

（2）議題

　安全衛生委員会の議題には報告事項と審議事項があり、これらを明確に分けて審議すると効率的に進行できます。

　ア　審議事項

　①安全衛生管理計画に基づくもの（安全衛生管理計画の具体化、予測される問題点や解決策など）、②安全衛生委員会の行事、③新たに発生した問題（労働災害、あるいは流行している感染症、健康診断の事後措置や作業環境測定の結果に基づく事後措置など）、④各委員からの提案事項、⑤事務局からの提案などがあります。

　厚生労働省は、安全委員会の活性化をはかるために、「大規模製造業における安全管理の強化に係る緊急対策要綱」（平16.3.16　基発0316001）を策定し、

○安全委員会で活発な意見交換を行うことが労働災害防止上有効であるため、委員を適切に選任するとともに、事業場の安全体制の検証、作業マニュアルの作成・改訂、設備新設・変更時の安全に係る事前評価等について調査審議するなど、その活性化を図ること。

○災害が発生した場合には、作業標準からの逸脱や指示違反といったヒューマンエラーとして片づけるのではなく、人員配置、教育訓練の有無、納期の設定など、そこに至った背景要因や設備の状態等の物的要因についても掘り下げ、再発防止に繋げるための調査審議等を実施すること。

を指導しています。

　また、同業他社や関連する労働災害の状況の報告も議題として取り上げ、同様の災害が発生しないように対策を話し合うことも大切です。

　イ　定例の報告事項

・前月の審議結果　・安全衛生管理計画の進捗状況　・各職場の安全衛生活動状況　・衛生管理者、産業医巡視結果　・作業環境測定結果　・局所排気装置の点検結果　・健康診断結果、事後措置　・面接指導の

－45－

状況と事後措置　・ストレスチェック　・毎月の労働時間の状況　・年次有給休暇の取得状況　・疾病休業統計　・災害統計　・ヒヤリ、ハット　・法令の改正予定

　なお、健康診断結果については、職場の健康管理対策に資することができる内容のものであればよく、個人の病名等プライバシーに関する事項は含みません（昭23.2.10　基発78）

　　ウ　非製造業の衛生委員会の議題

　非製造業では、以下のような議題が考えられます。これらについては厚生労働省から指針が示されているものがあります。また、卸・小売業の、「転倒」「切れ・こすれ」「はさまれ・巻き込まれ」対策など、非製造業においても安全管理対策の調査審議も忘れてはいけません。

・事務所衛生基準規則による職場点検　・情報機器作業管理　・腰痛対策　・喫煙対策　・快適職場の形成　・健康保持増進対策　・交通災害対策

（6）安全・衛生委員会の議事録

　安全・衛生委員会の議事内容の内重要なものに関しては記録を作成し、3年間保存しなければなりません（安衛則23条4項）。それにより、労働者に議事内容をすぐに知らせることができます。後日、決定した事項が確実に実行されたか否かの確認をすることもできます。

　議事録に記載すべき内容について特に定めがなく、その様式も任意です。後日、合意事項の実施を確認するために、報告事項と合意事項を明確に記録しておく必要があります。補助的に録音機器を使用すると記録漏れがありません。

記載項目（参考）

　①開催日時、②場所、③出席者、遅刻者、欠席者、③議題（報告事項と審議事項を明確に分ける）、④議事の概要、⑤合意事項、担当部署、実施時期、⑥その他（関係資料の一覧を含む）

（7）議事録の周知とその方法

　安全・衛生委員会等の透明性を確保するため、事業者は、安全・衛生委員

第2章　安全衛生管理体制

会等の開催の都度、遅滞なく、その議事の概要を周知させなければなりません（安衛則23条3項）。議事の概要を周知することにより、合意事項を共有し、確実に実施され、安全・衛生委員会がさらに活性化することになります。

　労働者の意見の反映に関することについては、快適職場の形成について、「安全衛生委員会を活用する等により、その場で働く労働者の意見ができるだけ反映されるよう必要な措置を講ずること。」とされています（「事業者が講ずべき快適な職場環境の形成のための措置に関する指針」（改正平9.9.25労働省告示第104号）。周知の方法は以下のとおりです（安衛則23条3項）

---

① 　常時各作業場の見やすい場所に掲示し、または備え付ける

② 　書面を労働者に交付する

③ 　磁気テープ、磁気ディスクその他これらに準ずる物に記録し、かつ、各作業場に労働者が当該記録の内容を常時確認できる機器を設置する

Q2-4　　議事録の作成と保存、周知について教えてください。

1　安全衛生委員会議事録の書式はありませんか。

2　議事録の周知するために社内のホームページにアップしておりますが、書面での掲示をしないといけないのでしょうか。

A　　議事録の書式について定めはありません。任意の書式を示します。労働者への周知の方法としては、①常時各作業場の見やすい場所に掲示し、または備え付ける、②書面を労働者に交付する、③磁気テープ、磁気ディスクその他これらに準ずる物に記録し、かつ、各作業場に労働者が当該記録の内容を常時確認できる機器を設置すると定められています（安衛則23条3項）。ホームページは③のその他これに準ずる物に該当すると考えられるので問題ありません。

年度　第　　回　安全衛生委員会議事録（任意の様式）

日　時	年　　月　　日　曜日　　時　　分〜　時　　分
場　所	
出席者	会社側
	労働者代表
欠席者	
議事の概要	
合意事項	
備　考	

（8）調査審議結果の尊重

　調査審議事項の結果については、「衛生委員会等において調査審議を行った結果一定の事項について結論を得た場合においては、これに基づいて着実に対策を実施するなど、事業者はこの結論を当然に尊重すべきものであること。」が示されています（平18.2.24　基発0224003）。

（9）嘱託産業医への周知

　嘱託産業医は企業の外部にいるので、情報から隔絶される傾向があります。そこで、嘱託産業医が欠席した場合には議事録等を送付して必要な意見を聴取し、次回の（安全）衛生委員会に反映するとさらに委員会の活性化につながります。

Q2−5　　当店はパートタイマーを含めて従業員数は約150人で、嘱

— 48 —

託産業医をお願いしております。医師は開業医であり、他社の産業医も
しているので大変忙しく、衛生委員会には年に２、３回ぐらいしか出席
してもらえません。これではいけないと思いますが、どうすればよいの
でしょうか。（衛生管理者）

A 　産業医は衛生委員会（安全衛生委員会）の委員に選任されなけれ
ばなりません（安衛法18条２項）。産業医の出席を衛生委員会の開催要
件とするかどうかは、安衛則23条２項の「委員会運営について必要な事
項」に該当するので、衛生委員会で検討して決めることができます。
　しかし、産業医の出席を衛生委員会の開催要件としないという取り決
めをしたとしても、産業医が年に２、３回ぐらいしか出席しないという
ことでは、産業医の職務をはたしているとはいえません。衛生委員会の
出席回数を増やすために、年間計画の中で産業医が出席できる日時をあ
らかじめ決めておくこと、そして、出席できない時を含めて議事録を産
業医に渡し、コメントを求めるようにすることが望まれます。もし、現
在の産業医が、忙しくてこれ以上衛生委員会への出席回数を増やせない
というのであれば、他の医師に委嘱することを検討しなければならない
でしょう。

（10）安全・衛生委員会活性化のためのポイント

　安全・衛生委員会を活性化するためには多くの事業場で様々な工夫が行わ
れています。それらをまとめると以下のようになります。

・経営トップが安全衛生管理に対する責任を認識し、高い意識を持つ。
・安全・衛生委員会の意見を得て、事業者が決定した事項が確実に実行
　される。
・安全・衛生委員が職場の意見を集約し、全員が参加する意識を持つ。
・安全・衛生委員の資質向上のために、安全衛生管理に関する講習会へ
　の参加を勧奨する。
・安全・衛生委員が、自由に意見を述べることができるようにする。
・ラインから出される意見を重視する。

・年間計画を策定し、毎月の活動や議題を決めておき、事業場の状況に応じて適宜に時宜に応じた議題も取り上げる。
・安全・衛生委員会の構成員で職場を巡視する。
・出席状況を良くするために、開催日時は毎月決まった日と時間にする。
・運営の効率化と労働者の意見集約のため、安全・衛生委員会の資料を事前配布し、安全・衛生委員には事前準備を要請する。

（11）労働者の意見の反映
ア　委員選任のポイント

　安全・衛生委員が選出されていない職場があると、その職場からは意見が上げられにくい上に、安全・衛生委員会での合意事項も徹底されないおそれがあります。主要部署からもれなく選出することにより、各部署における問題点の把握や労働者からの意見要望等が委員会に反映されやすくなります。
　安全・衛生委員の安全衛生についての知識・経験が高ければ、発言や提案も多く出され、委員会の討議は活発になります。また、知識・経験が少なくても関心が高ければ、研修によりその知識は増え、能力は高まり、会議の活性化は期待できます。また、男女どちらかに偏った構成や正社員だけの構成では、職場の労働者の意見が反映されにくくなります。安全・衛生委員の選任にあたっては、委員の知識・経験や関心の程度、男女比や年齢構成のバランス、派遣労働者やパートタイマーの選任についても配慮する必要があります。

イ　会議資料の事前配付

　開催の都度事前に議題を全社に知らせ、安全・衛生委員には資料を事前に配付します。これは、安全・衛生委員が各職場から、予定された議題に関する具体的内容と新たな提案を集めるために欠かせないことです。

ウ　委員の発言を促す

　マンネリ化現象を避けるためには、会社側、労働組合側ともトップばかり発言せず、他の委員が発言するように促し、発言のかたよりを防ぐような運

第2章　安全衛生管理体制

営を心がけることが必要です。

エ　産業医の活用

　月1日程度の産業医契約をしているような場合、産業医の巡視をする上に安全衛生委員会の出席をするのは難しいということならば、契約内容の見直しも必要となります。

　嘱託産業医の場合は、会議の日程調整にあたって産業医の予定も考慮しなければなりません。産業医が欠席する場合は、調査審議する項目について事前に意見を述べてもらい委員会で伝達する、あるいは事後に審議結果等を報告し必要に応じて次回の委員会で意見提言してもらう等の対応が望まれます。

　衛生委員会の調査審議の付議事項に過重労働・メンタルヘルス対策の樹立等があり、衛生委員会活動における産業医の役割が大きくなっています。産業医から以下の事項について助言を得るのが望ましいでしょう。

・年間安全衛生活動計画の作成に意見を述べる。特に、衛生教育や健康診断などのスケジュールや内容について、産業医の意見を聴いて年度初めに立案する。

・健康診断や健康管理（健康診断事後措置や長時間労働者の面接指導なども含む）の具体的実施方法について、指導・助言を求める。

・健康診断結果のまとめや健康管理の状況についての報告と課題について説明してもらう。

・事業場の衛生統計などについて意見を聞く。

・年間安全衛生活動計画の実施状況、評価など衛生管理水準の向上に関する意見を聞く。

オ　小委員会の活用

　安全・衛生委員会は事業場全体の安全衛生管理を取り上げて審議する場であるため、個々の問題について掘り下げて審議することは時間的に無理な場合があります。その欠点を補うために、メンタルヘルス委員会、交通労働災害防止部会、喫煙対策委員会などの下部組織を設け設置することも一つの方

法です。厚生労働省の通達でも、「安全衛生委員会を設けた場合において、必要に応じ、安全または衛生に関する特定の事項に係る委員会を別個に設けても差し支えない。」(昭41.1.22　基発46) としています。下部組織は独自に活動し、その検討内容や決議事項を定期的に安全・衛生委員会に報告し、あるいは事業場全体としての取組方針等の決定が必要な場合には安全・衛生委員会に依頼議題を提出するようにします。

(12) 安全・衛生委員会規程の整備

　安全・衛生委員会の機能を十分に発揮させるためには、労働安全衛生法と同規則および就業規則の安全衛生に関する規定だけでは足りないので、それぞれの企業の独自性を織り込んだ安全・衛生委員会規程を作成する必要があります。

東京労働局安全衛生委員会規程作成例
安全衛生関係のパンフレット等（東京労働局版）
　https://jsite.mhlw.go.jp/tokyo-roudoukyoku/jirei_toukei/pamphlet_leaflet/anzen_eisei/leaflet1.html

(13) 会議時間の設定と賃金保障

　安全・衛生委員会の会議は労働時間内に開催されるのが原則です。安全衛生委員会の会議の開催に要する時間は労働時間であり、会議が法定時間外に行われた場合には、参加した労働者に対し、当然割増賃金が支払われなければなりません（昭47.9.18　基発602、昭63.9.16　基発601号の１）。

第3章 自主的な安全衛生活動

1 規制から自律的労働安全活動へ

　1960年代、イギリスの人口は約5,200万人でしたが、毎年1,000人の労働災害による死者が出ていました。そこで抜本的な対策が、ローベンス卿を委員長とする労働安全衛生に関する委員会で検討され、①対処療法的に造られてきた法律、規則が多数でかつ複雑になりすぎた、②それらを遵守しても労働災害は減少しない、③これらの規則は、技術や社会情勢の変化についていけない、という分析により、労働安全衛生対策は「技術の進展などに即応するためには法律では一般原則を定め、具体的、詳細な規定は自主的な実践コード（基準）やガイダンスに委ねることが適当」とする報告（ローベンス報告）がなされました。この報告を基に、1974年に新しい労働安全衛生法が制定され、さらに後述のOSHMS（Occupational Safety & Health Management System）の原型と言われるBS8000の規格（安全衛生管理システム規格）を制定しました。それらの改革の結果、2009年4月から2010年3月までの労働災害による死亡者が151人と大幅に低下しているということです。

　このような労働安全衛生活動の規制から自律への流れは、米国OSHA（労働安全衛生局）規則などでも取り入れられ、2001年にILOからは「労働安全マネジメントシステムに関するガイドライン」が公表され、国際的なものとなっています。

2 法令遵守だけでは防げない労働災害

　日本では、1961年の6,712人をピークに、長期的には減少傾向にあった労働災害による死亡者数は、1998年に1,844件と、2,000件を割り込み、2011年は東日本大震災で2,336人（震災関連を除き1,024人）と増加し、2020年の802人と過去最少となっています。しかし、休業4日以上の死傷者数は131,156人と2002年以降で最多となりました。

　労災保険受給者数は、1999年に60万人台を下回って以来大きな減少はなく、2019年度の新規受給者数60万5,228人と前年比0.9%増加しています。

2006年当時、労働災害の減少が停滞あるいは増加した原因として、ベテランの安全衛生管理の担当者が定年等で退職していくなど、安全衛生管理のノウハウの的確な継承が行われていない、また、就業形態の多様化等により、事業場において指揮命令系統が異なる労働者の混在が高まる中で、的確な安全衛生管理を進める仕組みが確立されていないという問題などがあると言われていました。

　さらに、労働災害の減少に労働安全衛生法の制定とその遵守が果たした役割は大きいのですが、同法は過去における労働災害をもとに規定が整備されているものなので、後追いとなる傾向があり、同法を遵守しているだけでは新たな機械・設備、増大する化学物質の危険性や有害性には対応することができないと言われています。

3　安全衛生マネジメントシステム

　厚生労働省は1999年に、OSHMSの導入と普及定着に向け、労働安全衛生規則24条の2に基づき「労働安全衛生マネジメントシステムに関する指針」（改正令1.7.1　厚労告示54）（以下「指針」という）を策定しました。指針は、事業者がPDCAサイクルにより継続的に行う自主的な安全衛生活動を促進するための仕組を定めるものです。

　2018年3月に労働安全衛生マネジメントシステム（以下「システム」という）の国際規格であるISO45001が発行されました。ISO45001を翻訳した日本産業規格（JIS Q 45001）が2018年9月に制定され、また、同時に制定されたJIS Q 45100には、従来の指針において取組が求められている事項を含め、安全衛生計画の作成などに当たって参考とできる安全衛生活動、健康確保の取組等の具体的項目が明示されました。このような国際的な動きや近年の安全衛生上の課題を踏まえて指針の内容を一部見直し、2019年7月に指針の改正が行われました。

　主な改正点

・小売業や飲食店など多店舗展開する業種での導入を促すために、従来は事業場ごとの運用が基本とされていたが、同一法人の複数事業場を一つの単位として運用できるように明記された。

・安全衛生計画に盛り込む実施事項として、「健康の保持増進のための活

動の実施に関する事項」と「健康教育の内容および実施時期に関する事項」が新たに追加された。

(1) 全社的な推進体制

OSHMSでは、経営トップによる安全衛生方針の表明、次いでシステム管理を担当する各級管理者の指名とそれらの者の役割、責任及び権限を定めてシステムを適正に実施、運用する体制を整備することとされています。また、事業者による定期的なシステムの見直しがなされることとなっており、安全衛生を経営と一体化する仕組みが組み込まれて経営トップの指揮のもとに全社的な安全衛生が推進されるものとなっています。

(2) PDCAサイクル構造の自立的システム

OSHMSとは、事業者が労働災害防止のための安全衛生方針の表明・安全衛生目標の設定・安全衛生計画（Plan）の作成→その実施および運用（Do）→安全衛生計画の実施状況等の日常的な点検（Check）→改善（Act）のPDCAサイクルをらせん状の階段を上るように、連続的かつ継続的な活動として自主的に行い、顕在あるいは潜在する危険性を低減させていくという安全衛生管理のしくみです。

基本的には安全衛生計画が適切に実施・運用されるためのシステムですが、これに加えて従来のわが国の安全衛生管理ではなじみの薄かったシステム監査の実施によりチェック機能が働くことになります。したがって、OSHMSが効果的に運用されれば、安全衛生目標の達成を通じて事業場全体の安全衛生水準がスパイラル状に向上することが期待できる自立的システムです。

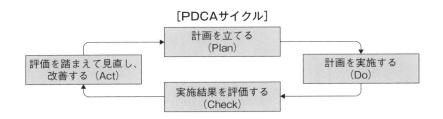

（3）手順化、明文化及び記録化

　OSHMSでは、システムを適正に運用するために関係者の役割、責任及び権限を明確にし、文書にして記録することとされています。この記録は、安全衛生管理のノウハウが適切に継承されることに役立つものです。手順を重視し、文書により明文化し、その記録を保存することを重視するのはOSHMSの特徴の一つです。

（4）危険性又は有害性の調査及びその結果に基づく措置

　OSHMSでは、労働安全衛生法第28条の2に基づく指針に従って危険性又は有害性等の調査を行い、その結果に基づいて労働者の危険又は健康障害を防止するために必要な措置を採るための手順を定めることとしています。いわゆるリスクアセスメントの実施とその結果に基づく必要な措置の実施を定めているものでOSHMSの中心的な内容です。

4　リスクアセスメントの実施

　職場の危険性または有害性を調査し、それらによって生ずる可能性のある負傷や疾病の重篤度と発生の可能性の度合い（リスク）を見積もり、リスク低減の優先度を決め、リスク軽減のための措置を検討し、それに基づいて職場の改善を行うことをリスクアセスメントといいます。OSHMSの運用における安全衛生計画の実施項目の中でリスクアセスメントは中核をなす活動の一つです。

　労働安全衛生マネジメントシステムでは、安全衛生方針の表明と安全衛生目標の設定を行った後、安全衛生計画を立てるのですが、そのためにはリスクアセスメントを実施しなければなりません。

　労働安全衛生法28条の2では、リスクアセスメントおよびその結果に基づく措置の実施に取り組むことが努力義務とされ、その適切かつ有効の実施のために、厚生労働省から「危険性又は有害性等の調査等に関する指針」（平18.3.10　基発0310001号　リスクアセスメント指針ともいう。）が公表されています。

　また、本指針を踏まえ、特定の危険性又は有害性の種類等に関する詳細な指針として、「化学物質等による労働者の危険又は健康障害を防止するため

第3章　自主的な安全衛生活動

必要な措置に関する指針」（平27.9.18　危険性又は有害性等の調査等に関す
る指針公示第3号）、「機械の包括的な安全基準に関する指針」（平19.7.31
基発0731001）が策定されています。

「指針」は、「労働安全衛生マネジメントシステムに関する指針」に定める
危険性または有害性等の調査及び実施事項の特定の具体的実施事項としても
位置付けられています。

労働安全衛生マネジメントシステムの仕組み

経営トップによる安全衛生方針の表明

Plan（計画）
➤危険性・有害性等の調査
➤安全衛生計画の策定

Act（改善）
➤安全衛生計画
の改善

Do（実施）
➤計画に基づく
措置の実施

Check（評価）
➤安全衛生計画の実施状況
の評価

システムの
基本要素

労働者の
意見の反映

担当者の責任・
権限の明確化

手順の明文化

記録の整備

なお、リスクアセスメントには労働安全衛生法28条の2によるリスクアセス
メント（努力義務）と労働安全衛生法57条の3によるリスクアセスメント
（義務）（第12章参照）があります。

《参考サイト》
厚生労働省HP　リスクアセスメント等関連資料・教材一覧
　http://www.mhlw.go.jp/bunya/roudoukijun/anzeneisei14/index.html

（1）リスクアセスメント

「危険性又は有害性等の調査等に関する指針」に基づくリスクアセスメント
対象業種
①　化学物質、化学物質を含有する製剤その他の物で労働者の危険または健

— 57 —

康障害を生ずるおそれのあるもの……全業種
② ①以外のもの……製造業（物の加工業を含む。）、林業、鉱業、建設業、運送業、清掃業、電気業、ガス業、熱供給業、水道業、通信業、各種商品卸売業、家具・建具・じゅう器等卸売業、各種商品小売業、家具・建具・じゅう器小売業、燃料小売業、旅館業、ゴルフ場業、自動車整備業、機械修理業

（2）リスクアセスメントの概要
① 実施時期
・設備、原材料、作業方法などを新規に採用、または変更するなど、リスクに変化が生じたときに実施
・機械設備の経年劣化、労働者の入れ替わりなどを踏まえ、定期的に実施
・既存の設備、作業については計画的に実施

② リスクアセスメントの基本的な手順

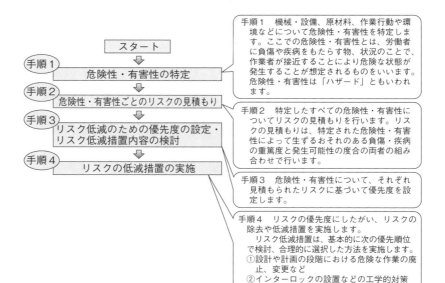

第3章　自主的な安全衛生活動

③　リスクの見積もり例

○マトリックスを用いた方法

　「負傷・疾病の重篤度」と「発生可能性の度合い」をそれぞれ横軸と縦軸とした表（行列：マトリックス）に、あらかじめ重篤度と可能性の度合いに応じたリスクの程度を点数などで割り付けておき、見積対象となる負傷・疾病の重篤度と次に発生可能性の度合いにクロスさせて、リスクを見積もる方法です。

		負傷・疾病の重篤度			
		致命的	重大	中程度	軽度
負傷・疾病の発生可能性の度合い	極めて高い	5		4	3
	比較的高い	5	4	3	2
	可能性あり	4	3	2	1
	ほとんどない	4	3	1	1

リスクポイント		優先度
5～4	高	直ちにリスク低減措置を講ずる必要　措置を講ずるまで作業停止　十分な経営資源を投入する必要
3～2	中	速やかにリスク低減措置を講ずる必要　措置を講ずるまで作業停止が望ましい　優先的に経営資源投入
1	低	必要に応じてリスク低減措置を実施

○数値化による加算法

　「負傷・疾病の重篤度」と「発生可能性の度合い」を一定の尺度によりそれぞれ数値化し、それらを数値演算（かけ算、足し算等）してリスクを見積もる方法です。

負傷・疾病の重篤度

致命的	重大	中程度	軽度
30点	20点	7点	2点

負傷・疾病の発生可能性の度合い

極めて高い	比較的高い	可能性あり	ほとんどない
20点	15点	7点	2点

「リスク」＝「重篤度」の数値＋「発生可能性の度合い」の数値

リスクポイント		優先度（リスクレベル）
30点以上	高	直ちにリスク低減措置を講ずる必要／措置を講ずるまで作業停止／十分な経営資源を投入する必要
10～29点	中	速やかにリスク低減措置を講ずる必要／措置を講ずるまで作業停止が望ましい／優先的に経営資源投入
10点未満	低	必要に応じてリスク低減措置を実施

④　リスクの低減措置の優先順位

　リスク低減措置は、法令で定められた事項がある場合には、それを必ず実

―59―

施することを前提とした上で、可能な限り優先順位の高いものを実施します。

リスク低減措置の検討および実施

法令に定められた事項の実施（該当事項がある場合）

①設計や計画の段階における措置

危険な作業の廃止・変更、危険性や有害性の低い材料への代替、より安全な施行方法への変更など

②工学的対策

ガード、インターロック、安全装置、局所排気装置など

③管理的対策

マニュアルの整備、立ち入り禁止措置、ばく露管理、教育訓練など

④個人用保護具の使用

※上記①～③の措置を講じた場合においても、除去・低減しきれなかったリスクに対して実施するものに限られます

高　リスク低減措置の優先順位　低

⑤　リスクアセスメントの効果

1　職場のリスクが明確になる。
2　職場全体の安全衛生のリスクに対する共通の認識を持つことができる。
3　安全対策の合理的な優先順位が決定できる。
4　残ったリスクに対して「守るべき決めごと」の理由が明確になる。
5　職場全員が参加することにより「危険」に対する感受性が高まる。

⑥　記録

　次に掲げる事項を記録し、次回のリスクアセスメントの参考にします。

第3章　自主的な安全衛生活動

（1）　洗い出した作業
（2）　特定した危険性又は有害性
（3）　見積もったリスク
（4）　設定したリスク低減措置の優先度
（5）　実施したリスク低減措置の内容

《実務のポイント〜一人でやってはいけないリスクアセスメント》
　ある事業場で、いろいろやってはいるが休業災害が減らないという悩みがありました。リスクアセスメントもちゃんとやっているということなので、記録を見せていただいたところ、どうも一人でやっているのではないかと思われました。もしかして、これは一人でやっているのではありませんかと尋ねたところ、災害が発生したその職場の職長さんが一人でリスクアセスメントをしているということでした。リスクアセスメントの効果に、「職場全体の安全衛生のリスクに対する共通の認識を持つことができる。」とか、「職場全員が参加することにより「危険」に対する感受性が高まる。」というのは、皆でやるからこそです。職長さんが一人でやっているのでは、大きな効果は得られません。

（3）安全配慮義務としてのリスクアセスメント

　労働安全衛生法28条の2によるリスクアセスメントは努力義務とされていますが、行政上の取締法規である労働安全衛生法で努力義務とされているということは、それを実施していない場合に労働基準監督署から法違反を指摘されることはないということにすぎません。
　労働災害について、本人や遺族が損害賠償を求めて訴えた民事上の損害賠償請求をめぐる裁判では、安全配慮義務を履行したか否かが問題となります。その際、安全配慮義務の具体的内容を決定する基準は、①労働安全衛生法等の法令、②労働基準法や労働安全衛生法に関する告示、公示、指針、通達、行政指導など、③会社の安全衛生管理規程や作業手順、④労働災害発生の可能性があるかを事前に発見し、その可能性すなわち危険に対する対策を講ずること（危険予知訓練、リスクアセスメントなど）だと分析されていま

—61—

す（「裁判例にみる安全配慮義務の実務」安西愈監修）。

コンクリートパイルの鉄筋による死亡災害損害賠償請求事件

（東京地裁　昭61.12.26判決　判決タイムズ　644号161頁）

〈事件の概要〉

　日雇い建築労働者Aが、B会社工場内の増設工事現場において、総元請会社である被告Y1建設の下請会社である被告Y2工業の従業員の指示を受け、転圧機により地盤固めの作業中、後ずさりしながらロープを引っ張っていた際、足を滑らせて転倒し、パイルから突出していた鉄筋1本に右顔面を打ちつけ、頚髄損傷の傷害を負って死亡した。Aの遺族であるXらは、被告Y1建設や下請のY2工業はその支配下に従事する現場作業員に対し、安全配慮義務を負っていたとし、①打ち込まれたパイルから林立している鋭利な鉄筋の先をキャップで覆うなどの措置をとるべき義務、②降雪のため足場が悪いときは、地固め作業を中止すべき義務、③転圧機をロープで引っ張るような危険な作業を行わせてはならない義務、④転圧作業についての具体的な安全教育を施す義務、などがあったにもかかわらず、これを怠ったとし、民法415条または709条に基づき、Y1建設らに対し、約7,640万円余の損害賠償を請求した。

〈判決の内容〉

　判決では、Y1らは、自らの支配監督下の工事現場で転圧作業に従事していたAに対し安全配慮義務を負っていたと解すべきであるとした。Y1らは、安衛法に規定がないことを理由に鉄筋のキャップ装着義務がない旨主張したが、これは採用されなかった。「本件転圧作業遂行上の安全の問題については、本件事故発生に至るまで、被告らにおいてこれを取り上げて検討したことは一度もなく、何らの問題意識も抱いていなかつた」として、本件補助作業を命ずる際は、「危険の存在を十分掌握し、被災した労働者に対し、後ずさりしながら転圧機を牽引するという不安定で危険な作業をしないよう指示するとか、鉄筋の先端にキャップを装着したうえ転圧作業を行わせるなど安全確保のため適宜の措置を採らせるなどの具体的な注意義務を負っていた」としている。

第3章　自主的な安全衛生活動

⑤ 日常的な安全衛生活動

（1）KYT（危険予知訓練）

　危険予知訓練は、作業や職場にひそむ危険性や有害性等の危険要因を発見し解決する能力を高める手法です。ローマ字のKYTは、危険のK、予知のY、訓練（トレーニング）のTをとったものです。

　KYTの基礎手法であるKYT基礎4ラウンド法による危険予知訓練の進め方は、次表のとおりです。

KYT基礎4ラウンド法

準　備	1チーム 5、6人	・役割分担： 　リーダー・書記・発表・コメント係・メンバー ・イラスト、ボード、KY用紙
導　入	全員起立し、話合いに入る雰囲気づくりをする。 リーダー……整列、番号、あいさつ、健康確認	
第1ラウンド	**現状把握** どんな危険がひそんでいるか	イラストシートの状況の中にひそむ危険を発見し、危険要因とその要因がひきおこす現象を想定して出し合い、チームのみんなで共有する。
第2ラウンド	**本質追及** これが危険のポイント	発見した危険のうち、これが重要だと思われる危険を把握して○印、さらにみんなの合意でしぼりこみ、◎印とアンダーラインをつけ「危険のポイント」とし、指差し唱和で確認する。
第3ラウンド	**対策樹立** あなたならどうする	◎印をつけた危険のポイントを解決するにはどうしたらよいかを考え、具体的な対策案を出し合う。
第4ラウンド	**目標設定** 私達はこうする	対策の中からみんなの合意でしぼりこみ、赤で※印をつけ「重点実施項目」とし、それを実践するための「チーム行動目標」を設定し、指差し唱和で確認する。

（2）4S活動

　4S（よんえす）は、安全で、健康な職場づくり、そして生産性の向上をめざす活動で、整理（Seiri）、整頓（Seiton）、清掃（Seiso）、清潔（Seiketsu）

—63—

を行う事をいいます。しつけ（Shitsuke）を加えて5Sも普及しています。第三次産業でとりくみやすく、顧客サービスにもつながるということで、厚生労働省も労働災害防止活動の第一歩として小売業や介護保険事業等で、4S活動に取り組むことを推奨しています。4S活動のポイントは、以下のとおりです。

1	整理	必要なものと不要なものを区分し、不要なものを取り除くこと 区分するための判断基準が必要です。必要と認められていても、その場所に必要か、それだけの量が必要かなどの改善の余地はないかを検討し、よりよい方法が見つかればそれを新しい判断の基準として定めます。
2	整頓	必要なものを、決められた場所に、決められた量だけ、いつでも使える状態に、すぐに取り出せるようにしておくこと 工具・用具のみならず資材・材料を探す無駄を無くすことが出来ます。安全に配慮した置き方をすることが大事です。
3	清掃	ゴミ、ほこり、かす、くずを取り除き、油や溶剤など隅々まできれいに清掃し、仕事をやりやすく、問題点が分かるようにすること 転倒などの災害を防ぐことができます。機械設備にゴミやかすが付着して、製品に影響が出たり機械に不具合が発生することを防ぐことができます。
4	清潔	職場や機械、用具などのゴミや汚れをきれいに取って、水、油、ガス、粉じんなどの環境を悪化させる原因をなくすこと
5	しつけ	決めたこと、教わったことを必ず守るように指導すること 挨拶や言葉づかい、話し方、服装のほか、作業標準を守る、ものを定められた位置に置く、機械機器は決められた方法で取扱操作するなどの仕事の手順を教育することを含みます。

　4Sとは、職場の仕事に、必要なものだけが置かれ、必要なものがいつも同じ場所にあり、必要なものが汚れのない状態であり、いつ見ても職場がその状態であって作業者の身体や服装がきれいであるという状態にあるようにする活動のことです。4S活動は、職場を単にきれいにするという表面的なことでは無く、職場の安全と作業者の健康を守り、そして生産性を向上させる教育プログラムであって、この好ましい状態を維持することです。

第3章　自主的な安全衛生活動

（3）ヒヤリハット報告活動

　ヒヤリハットとは、危ないことが起こったが幸い災害には至らなかった事象のことです。ハインリッヒの法則では、1件の重大事故のウラに29件の軽傷事故、300件の無傷事故（ヒヤリハット）があると言われています。ヒヤリハット活動は、この300件のヒヤリハットを集め、事前の対策と危険の認識を深めることで重大な事故を未然に防ぐ活動です。

　自身で体験したヒヤリハットを「ヒヤリハット報告書」で安全担当者に報告し、掲示、回覧や朝礼などで作業者全員に周知し、ヒヤッとした経験を共有するなどして活用することです。自分で体験したヒヤリハットだけではなく、他の作業者が体験しているのを見たと言うヒヤリハットや、こうなるのではないか？と予測したヒヤリハットも有効だということです。

　ヒヤリハット活動は、労働者の危険感受性（危険なものを危険と感じる感受性）を鋭くして、潜んでいる危険や小さな異常を的確に発見できる感覚を向上させることができます。

《**実務のポイント～ヒヤリハット活動からリスクアセスメントへ**》

　いきなり本格的なリスクアセスメントに取り組んだけれどうまくいかなかったという声も聞きます。既に多くの企業で行われている危険予知訓練やヒヤリハットからリスクアセスメントに移行する方法が労働局のホームページで紹介されています。

—65—

●リスクアセスメントへ

　ヒヤリハットの報告は、リスクアセスメントへ活用してください。
ヒヤっとした経験をその作業にまつわる危険として、表に記録します。

棚おろし作業

危険源	災害の程度	災害の可能性	リスクレベル
階段側にドアが開き転落しかけた	×	△	Ⅲ
取扱中に物が大きいので落ちてきた	△	○	Ⅰ

　実際に事故が起こった場合を考えます。その災害の程度○△×、その災害が発生する可能性○△×を、記載します。実際にヒヤリハットを報告した作業者とともに行うのも良いでしょう。
　こうして出来た一覧のうち、災害の程度×、災害の可能性×など、リスクの高いものについて、優先的に対策を検討します。

　リスクアセスメントでは、危険に対して優先度を決めて、根本から作業を変えたり、安全のための道具を用意したり、設備に安全装置を設けたりしていきます。

・ドアが階段とは反対側に開くように蝶番を変える。

兵庫労働局作成

（4）安全の見える化

　職場に潜む危険などは、視覚的に捉えられないものがあります。それらを可視化（見える化）すること、また、それを活用することによる効果的な安全活動を「見える」安全活動と言います。危険認識や作業上の注意喚起を分かりやすく周知でき、また、一般の労働者も参加しやすいなど、安全確保のための有効なツールです。

第3章 自主的な安全衛生活動

事例79

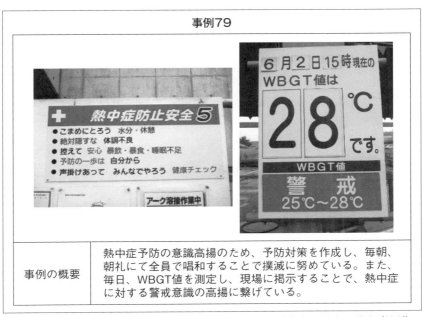

事例の概要	熱中症予防の意識高揚のため、予防対策を作成し、毎朝、朝礼にて全員で唱和することで撲滅に努めている。また、毎日、WBGT値を測定し、現場に掲示することで、熱中症に対する警戒意識の高揚に繋げている。

大阪労働局作成「安全の見える化」事例集

第4章 安全衛生教育

1　安全衛生教育の重要性

　労働災害による死傷者数は最も少ない年で2009年に105,718人、その後横ばいを続けて2020年で131,156人と年間10万人を下まわることがありません。その中には、安全衛生教育が行われていれば防げたものも少なくありません。正社員の雇入れ時の教育を実施している事業所の割合は66.1％です（平成27年厚生労働省「労働安全衛生調査」）。

　例えば、以下の災害は一酸化炭素中毒によるものですが、その原因の一つに内燃機関の排気ガスにより、一酸化炭素中毒となる危険性の安全衛生教育が不十分であったことがあります。

　「建設業における一酸化炭素中毒予防のためのガイドライン」（平成10.6.1基発329）では、雇入れ時等教育について、「新たに一酸化炭素中毒のおそれがある業務に従事する労働者に対して作業管理、作業環境管理、換気設備の使用方法、警報装置の使用方法、呼吸用保護具等の使用方法、一酸化炭素の有害性、健康管理および関係法令等についての安全衛生教育を行うこと。」と記載されています。

一酸化炭素中毒災害事例

　A社は、電気通信工事業を営む事業場である。A社は、2次下請けとして施工することとなった通信回線接続工事の現場に、労働者2名を送り込んでいた。同工事は、厳冬期の夜間工事であった。

　労働者2名（現場責任者を甲、被災者を乙とする。）は、A社所有の自動車（キャブオーバー型ワンボックスカー：商用車）に乗って現場に赴き、現場付近の路上に自動車を駐車した。現場責任者甲は、休憩時間が終了しても被災者乙が戻ってこなかったため、乙が休憩しているA社所有の自動車を見に行ったところ、同自動車の運転席で、乙が意識不明の状態になっているところを発見した。その後、乙は病院に搬送されたが、一酸化炭素中毒で死亡した。

　現場では、作業を行うためエンジン式発電機を用いていたが、周囲が

－69－

住宅地であったことから騒音による苦情を心配して、エンジン式発電機をＡ社所有の自動車に積んだまま使用していた。また、当日は寒かったため、乙はＡ社所有の自動車の運転席で休憩を取っていた。

災害発生原因

1〜3　略

4　安全衛生教育を実施していなかったこと。Ａ社では、一酸化炭素中毒を予防するための方法や関係法令等について必要な安全衛生教育を実施していなかった。そのため、狭小な車内においてエンジン式発電機を使用し、同車内を休憩場所としていた。

（大垣労働基準監督署2018.06.29）

　このように、安全衛生教育は、労働者の就業に当たって必要とされる安全衛生に関する知識などを付与するために実施されるもので、労働者に対する安全衛生教育や訓練については、法令上実施することが義務付けられているものと、個々の事業場が独自の判断で実施しているものとがあります。

　安全衛生教育は、それぞれの事業場の実態に即して、どのような教育が、どのような対象者に必要なのかを十分検討したうえで教育・訓練計画を立て、これに基づき実施していくことが重要です。

　労働安全衛生法により以下のように雇入時教育、特別教育、職長等教育（一定業種）、技能講習などが法定教育として義務付けられています。

労働安全衛生法に基づく教育等

1　雇い入時の安全衛生教育（安衛法第59条１項）

2　作業変更時の安全衛生教育（同法第59条２項）

3　職長等の教育（同法第60条）

4　免許、技能講習（同法第61条１項、施行令20条）

5　特別教育（同法第59条第３項、安衛則36条）

6　安全衛生教育及び指針（同法第60条の２）

7　能力向上教育（同法19条の２）

8　健康教育等（同法69条）

9　労働災害防止業務従事者講習（同法99条の２）

《参考》

第4章　安全衛生教育

平成8年12月4日安全衛生教育指針公示第4号
平成6年7月6日能力向上教育指針公示第4号

　厚生労働省は「安全衛生教育等推進要綱」（平3.1.21　基発39、改正平
28.10.12日　基発1012第1号）を定め、これに基づいて必要な安全衛生教育
および研修の推進を図っています。この要綱では、以下のように、教育の対
象者、教育の種類、実施時期、実施体制を示し、教育の実施計画を作成し、
体系的に安全衛生教育を実施することを推奨しています。
（1）　実施計画等の作成
　　年間の実施計画の作成
　　中長期的な推進計画を作成
（2）　実施結果の保存等
　　教育等を実施した場合には、台帳等にその結果を記録し、保存する。
（3）　実施責任者の選任
　　実施計画の作成、実施、実施結果の記録・保存等教育等に関する業務の
　実施責任者を選任する。
（4）　教育等の内容の充実
　　イ　講師
　　　法令等に基づく要件を満たし、当該業務に関する知識・経験を有する
　　者であること。
　　　労働安全コンサルタント、労働衛生コンサルタント、安全管理士、衛
　　生管理士等の安全衛生業務に広く精通している者を活用することが望ま
　　しい。
　　　教育等の技法に関する知識・経験を有する者や教育等の講師となる人
　　材の養成のための研修を受講する等して専門的知識、教育等の技法等に
　　関する教育訓練を受けた者であることが望ましい。
　　ロ　教材は、カリキュラムの内容を十分満足したものであることはもちろ
　　んのこと労働災害事例等に即した具体的な内容とする。また、視聴覚機
　　材を有効に活用することが望ましい。
　　ハ　教育等の技法は、講義方式のほか、受講者が直接参加する方式、例え
　　ば、事例研究、課題研究等の討議方式を採用する。
（5）　安全衛生教育センターの活用

— 71 —

教育等の講師となる人材の養成のための講座を開設しているので積極的な活用を図る。

2　雇入れ時、作業内容変更時の教育

労働者（常時、臨時、日雇等雇用形態を問いません。）を雇い入れたとき、または労働者の作業内容を変更したときは、遅滞なく、当該労働者に対し、その従事する業務に関する安全または衛生のための教育を行わなければなりません（安衛法59条1項、2項）。

教育の具体的な内容は、以下の通りです（安衛則35条）が、業種によっては※1～4の科目を省略可能です。

1　機械等、原材料等の危険性または有害性およびこれらの取扱い方法に関すること
2　安全装置、有害物抑制装置または保護具の性能およびこれらの取扱い方法に関すること
3　作業手順に関すること
4　作業開始時の点検に関すること
5　当該業務に関して発生するおそれのある疾病の原因および予防に関すること
6　整理、整頓および清掃の保持に関すること
7　事故時等における応急措置および退避に関すること
8　前各号に掲げるもののほか、当該業務に関する安全または衛生のために必要な事項

※以下の1、2以外の業種
1　林業、鉱業、建設業、運送業、清掃業
2　製造業（物の加工業を含む。）、電気業、ガス業、熱供給業、水道業、通信業、各種商品卸売業、家具・建具・じゅう器等卸売業、各種商品小売業、家具・建具・じゅう器小売業、燃料小売業、旅館業、ゴルフ場業、自動車整備業、機械修理業

第4章　安全衛生教育

③　特別教育

　事業者は、危険または有害な業務で、一定のものに労働者を従事させるときは、当該業務に関する特別の安全衛生教育（特別教育）を実施しなければなりません（安衛法59条3項）。特別教育の科目の全部または一部について十分な知識および技能を有していると認められる労働者については、当該科目についての特別教育を省略することができます（安衛則37条）。

　特別教育を行なったときは、当該特別教育の受講者、科目等の記録を作成して、これを3年間保存しておかなければなりません（安衛則38条）。

安衛法59条に基づく特別教育の必要な対象業務等（概要）

対象業務	安衛則36条
研削といしの取替えまたは取替え時の試運転の業務	1号
動力プレスの金型、シヤーの刃部又はプレス機械若しくはシヤーの安全装置若しくは安全囲いの取付け、取外しまたは調整の業務	2
アーク溶接機を用いて行う金属の溶接、溶断等	3
・高圧・特別高圧の充電電路若しくは当該充電電路の支持物の敷設・点検・修理・操作の業務 ・低圧の充電電路（対地電圧が50ボルト以下であるもの及び電信用のもの、電話用のもの等で感電による危害を生ずるおそれのないものを除く。）の敷設・修理の業務（安衛則4号の2の業務を除く） ・配電盤室、変電室等区画された場所に設置する低圧の電路（対地電圧が50ボルト以下であるもの及び電信用のもの、電話用のもの等で感電による危害の生ずるおそれのないものを除く。）のうち充電部分が露出している開閉器の操作の業務	4
対地電圧が50ボルトを超える低圧の蓄電池を内蔵する自動車の整備の業務	4の2
最大荷重1t未満のフォークリフトの運転	5
最大荷重1t未満のショベルローダー・フォークローダーの運転	5の2
最大積載量1t未満の不整地運搬車の運転	5の3

制限荷重5t未満の揚荷装置	6
伐木等機械（伐木、造材又は原木若しくは薪炭材の集積を行うための機械であつて、動力を用い、かつ、不特定の場所に自走できるものをいう。以下同じ。）の運転（道路上を走行させる運転を除く。）の業務	6の2
走行集材機械（車両の走行により集材を行うための機械であつて、動力を用い、かつ、不特定の場所に自走できるものをいう。以下同じ。）の運転（道路上を走行させる運転を除く。）の業務	6の3
機械集材装置（集材機、架線、搬器、支柱およびこれらに附属する物により構成され、動力を用いて、原木または薪炭材を巻き上げ、かつ、空中において運搬する設備をいう）の運転の業務	7
簡易架線集材装置（集材機、架線、搬器、支柱およびこれらに附属する物により構成され、動力を用いて、原木等を巻き上げ、かつ、原木等の一部が地面に接した状態で運搬する設備をいう。以下同じ。）の運転または架線集材機械（動力を用いて原木等を巻き上げることにより当該原木等を運搬するための機械であつて、動力を用い、かつ、不特定の場所に自走できるものをいう。以下同じ。）の運転（道路上を走行させる運転を除く。）の業務	7の2
チェーンソーを用いて行う立木の伐木、かかり木の処理または造材の業務	8
機体重量3t未満の車両系建設機械（整地・運搬・積込用および掘削用）の運転（ブル・ドーザー、モーター・グレーダー、トラクター・ショベル、パワーショベル等）	9
自走できない建設機械（基礎工事用）の運転（くい打機等）（機体重量不問）	9の2
車両系建設機械（基礎工事用）の運転（くい打機等）の作業装置の作業（機体重量不問）	9の3
車両系建設機械（締固め用機械）の運転（ローラー等）（機体重量不問）	10
建設機械（コンクリート打設用機械）の運転（コンクリートポンプ車等）（機体重量不問）	10の2
ボーリングマシンの運転の業務	10の3
建設工事の作業を行う場合における、ジャッキ式つり上げ機械の調整の業務、運転の業務	10の4

第4章　安全衛生教育

作業床の高さ10m未満の高所作業車の運転	10の5
動力により駆動される巻上げ機（電気ホイスト、エヤーホイスト及びこれら以外の巻上げ機でゴンドラに係るものを除く。）の運転の業務	11
動力車及び動力により駆動される巻上げ装置で、軌条により人または荷を運搬する用に供されるもの（巻上げ装置を除く。）の運転	13
小型ボイラーの取扱い	14
つり上げ荷重5t未満のクレーン、跨線テルハの運転	15
つり上げ荷重1t未満の移動式クレーンの運転	16
つり上げ荷重5t未満のデリックの運転	17
建設用リフトの運転	18
つり上げ荷重が1t未満のクレーン、移動式クレーン、デリック玉掛けの業務	19
ゴンドラの操作	20
作業室及び気こう室へ送気するための空気圧縮機を運転する業務	20の2
高圧室内作業に係る作業室への送気の調節を行うためのバルブまたはコックを操作する業務	21
気こう室への送気または気こう室からの排気の調整を行うためのバルブ又はコックを操作する業務	22
潜水作業者への送気の調節を行うためのバルブまたはコックを操作する業務	23
再圧室を操作する業務	24
高圧室内作業に係る業務	24の2
四アルキル鉛等業務	25
酸素欠乏危険場所における作業に係る業務	26
特殊化学設備の取扱い、整備および修理の業務（令20条5号に規定する第一種圧力容器の整備の業務を除く。）	27
エックス線装置・ガンマ線照射装置を用いて行う透過写真の撮影の業務	28

核燃料物質や原子炉の加工施設、再処理施設・使用施設等の管理区域内で核燃料物質・使用済み燃料やこれらによって汚染された物（原子核分裂生成物を含む。）を取り扱う業務	28の2
原子炉施設の管理区域内において、核燃料物質・使用済燃料やこれらによって汚染された物を取り扱う業務	28の3
平成23年3月11日に発生した東北地方太平洋沖地震に伴う原子力発電所の事故により当該原子力発電所から放出された放射性物質により汚染された物であつて、電離則2条2項に規定するものの処分の業務	28の4
電離則7条の2第3項の特例緊急作業に係る業務	28の5
粉じん障害防止規則2条1項3号の特定粉じん作業（設備による注水又は注油をしながら行う粉じん則3条各号に掲げる作業に該当するものを除く。）に係る業務	29
ずい道等の掘削の作業またはこれに伴うずり、資材等の運搬、覆工のコンクリートの打設等の作業（当該ずい道等の内部において行われるものに限る。）に係る業務	30
・駆動源を遮断せずに行う、産業用ロボットの可動範囲内において当該産業用ロボットについて行うマニプレータの動作の教示等 ・駆動源を遮断せずに行う、産業用ロボットの可動範囲内において当該産業用ロボットについて教示等を行う労働者と共同して当該産業用ロボットの可動範囲外において行う当該教示等に係る機器の操作	31
・運転中の産業用ロボットの可動範囲内において行う当該産業用ロボットの検査等 ・運転中の産業用ロボットの可動範囲内において当該産業用ロボットの検査等を行う労働者と共同して当該産業用ロボットの可動範囲外において行う当該検査等に係る機器の操作の業務	32
自動車（二輪自動車を除く。）用タイヤの組立てに係る業務のうち、空気圧縮機を用いて当該タイヤに空気を充てんする業務	33
廃棄物の焼却施設においてばいじん及び焼却灰その他の燃え殻を取り扱う業務	34
廃棄物の焼却施設に設置された廃棄物焼却炉、集じん機等の設備の保守点検等の業務	35

第4章　安全衛生教育

廃棄物の焼却施設に設置された廃棄物焼却炉、集じん機等の設備の解体等の業務及びこれに伴うばいじん及び焼却灰その他の燃え殻を取り扱う業務	36
石綿含有建築物・工作物・船舶の解体等、石綿の封じ込め・囲い込み	37
東日本大震災により生じた放射性物質により汚染された土壌等に係る土壌等の除染等の業務、廃棄物収集等業務、特定汚染土壌等取扱業務、特定線量下業務	38
足場の組立て、解体または変更の作業に係る業務（地上または堅固な床上における補助作業の業務を除く。）	39
高さが2メートル以上の箇所であつて作業床を設けることが困難なところにおいて、昇降器具（労働者自らの操作により上昇し、または下降するための器具であつて、作業箇所の上方にある支持物にロープを緊結してつり下げ、当該ロープに労働者の身体を保持するための器具（539条の2及び539条の3において「身体保持器具」という。）を取り付けたものをいう。）を用いて、労働者が当該昇降器具により身体を保持しつつ行う作業（40度未満の斜面における作業を除く。以下「ロープ高所作業」という。）に係る業務	40
高さが2メートル以上の箇所であつて作業床を設けることが困難なところにおいて、墜落制止用器具（令13条3項28号の墜落制止用器具をいう。）のうちフルハーネス型のものを用いて行う作業に係る業務（前号に掲げる業務を除く。）	41

Q4-1　金属アーク溶接をする方の粉じん作業特別教育の実施に関し
質問1　粉じん障害防止規則別表第1にある作業（二十の二　金属をアーク溶接する作業、二十一　金属を溶射する場所における作業）を行う場合は、労働安全衛生法59条3項でいう、特別教育を実施する必要があるでしょうか。
質問2「二十一　金属を溶射する場所における作業」は金属を溶射する設備（溶射は密閉された設備内で行う）を扱う作業者もこれに該当するでしょうか？それとも解放された場所でヒュームが周辺に飛散する場合の作業のみ該当でしょうか。

—77—

A 質問1について

　粉じん障害防止規則で特別教育の対象となる作業は、特定粉じん作業であり、金属をアーク溶接する作業は特定粉じん作業になっていないので特別教育をする必要はありません。

　金属を溶射する作業は特定粉じん作業になっているので特別教育をしなければなりません。

質問2について　粉じん障害防止規則22条に密閉設備について適用除外する規定はないので、密閉された設備で行う金属を溶射する作業も特別教育の対象となります。

　特別教育テキストの目次　密閉設備の保守点検が教育内容に入っています。

第3章　作業場の管理

1．粉じんの発散防止対策に係る設備及び換気設備の保守点検の方法

　（1）　坑内及びずい道における設備の保守点検方法

　（2）　屋内の粉じん作業場における設備の保守点検方法

　　（1）　湿潤な状態に保つ設備

　　（2）　密閉設備

---

4 職長等教育

　建設業、製造業（一部業種を除く※）、電気業、ガス業、自動車整備業、機械修理業において、新たに職務に就くことになった職長その他の作業中の労働者を直接指導または監督する者（作業主任者を除く）に対し、特に必要とされる以下の事項についての安全または衛生のための教育を行わなければなりません。（安衛法60条）。

① 作業方法の決定および労働者の配置に関すること

　[1] 作業手順の定め方

　[2] 労働者の適正な配置の方法

② 労働者に対する指導または監督の方法に関すること

　[1] 指導および教育方法

—78—

第4章　安全衛生教育

　　[2] 作業中における監督および指示の方法
③　労働安全衛生法28条の2第1項の危険性または有害性等の調査およびその結果に基づき講ずる措置に関すること
　　[1] 危険性または有害性等の調査の方法
　　[2] 危険性または有害性等の調査の結果に基づき講ずる措置
　　[3] 設備、作業等の具体的な改善の方法
④　異常時等における措置に関すること
　　[1] 異常時における措置
　　[2] 災害発生時における措置
⑤　その他現場監督者として行うべき労働災害防止活動に関すること
　　[1] 作業に係る設備および作業場所の保守管理の方法
　　[2] 労働災害防止についての関心の保持および労働災害防止についての労働者の創意工夫を引き出す方法

※製造業の内訳（安衛令19条）
　製造業。ただし、次に掲げるものを除く。
イ　食料品・たばこ製造業（うま味調味料製造業および動植物油脂製造業を除く。）
ロ　繊維工業（紡績業および染色整理業を除く。）
ハ　衣服その他の繊維製品製造業
ニ　紙加工品製造業（セロフアン製造業を除く。）
ホ　新聞業、出版業、製本業および印刷物加工業

Q4-2　　職長等教育の職長とは、実際の工場のどの職制のことを意味するのでしょうか。

A　　「職長その他の作業中の労働者を直接指導または監督する者」と規定されているので、現場で、直接労働者の作業の指揮監督をする立場にある者をいう趣旨であり、ラインの末端の監督者が該当します。名称のいかんを問いません。

5 能力向上教育

　事業場における安全衛生の水準の向上を図るため、安全管理者、衛生管理者、安全衛生推進者、衛生推進者その他労働災害の防止のための業務に従事する者に対し、労働災害の動向や技術の進展等を踏まえて、これらの者の能力の向上を図るための教育、講習等を行い、またはこれら教育、講習等を受ける機会を与えるように努めなければなりません（安衛法19条の2第1項）。

　このため、厚生労働省では、「労働災害の防止のための業務に従事する者に対する能力向上教育に関する指針」（平元5.22　公示第1号）を示しています（安衛法19条の2第2項）。この指針の概要は次のとおりです。

① **教育の対象者**

　安全管理者、衛生管理者、安全衛生推進者、衛生推進者、作業主任者、元方安全衛生管理者、店社安全衛生管理者、その他の安全衛生業務従事者

② **種類**

　　[1] 初任時教育……初めてその業務に従事することになったとき

　　[2] 定期教育……その業務に従事して後一定期間ごと

　　[3] 随時教育……事業場において機械設備等に大幅な変更があったとき

別表

安全衛生業務従事者に対する能力向上教育カリキュラム

1　安全管理者能力向上教育（定期または随時）

2　安全衛生推進者能力向上教育（初任時）

3　ガス溶接作業主任者能力向上教育（定期または随時）

4　林業架線作業主任者能力向上教育（定期または随時）

5　ボイラー取扱作業主任者能力向上教育（定期または随時）

6　木材加工用機械作業主任者能力向上教育（定期または随時）

7　プレス機械作業主任者能力向上教育（定期または随時）

8　乾燥設備作業主任者能力向上教育（定期または随時）

9　採石のための掘削作業主任者能力向上教育（定期または随時）

10　船内荷役作業主任者能力向上教育（定期または随時）

11　足場の組立て等作業主任者能力向上教育（定期または随時）

12　木造建築物の組立て等作業主任者能力向上教育（定期または随時）

第4章　安全衛生教育

13　普通第一種圧力容器取扱作業主任者能力向上教育（定期または随時）

14　化学設備関係第一種圧力容器取扱作業主任者能力向上教育（定期または随時）

15　衛生管理者能力向上教育（初任時）

16　衛生管理者能力向上教育（定期または随時）

17　特定化学物質作業主任者能力向上教育（定期または随時）

18　鉛作業主任者能力向上教育（定期または随時）

19　有機溶剤作業主任者能力向上教育（定期または随時）

20　店社安全衛生管理者能力向上教育（初任時）

6　作業手順

　雇入れ時および作業内容変更時の教育では「作業手準に関すること」が、職長等教育では、「作業手順の定め方」が教育の内容となっています。このように安全衛生管理にとって作業手順は重要な役割をになっています。作業手順とは、文章化の有無にかかわらず、生産の場にはどこにもあるものです。それを成文化し、危険有害性を取り除いたものが作業手順書となります。その名称は、作業手順、作業標準、安全作業マニュアル、作業指示書などがあります。

　作業手順は、作業内容を主な手順に分解し、最も良い順番に並べて、これらの手順ごとに急所（正否、安全、やりやすさなど）を付け加えたものです。作業手順は、正しい作業の進め方であり、生産、品質、安全衛生の観点からの作業のやり方を示すものです。

　厚生労働省も、次のように作業標準の作成とそれによる作業を推奨しています。

「職場における腰痛予防対策指針」（平25.6.18　基発0618第1号）

イ　作業標準の策定

　腰痛の発生要因を排除または低減できるよう、作業動作、作業姿勢、作業手順、作業時間等について、作業標準を策定すること。

ロ　作業標準の見直し

　作業標準は、個々の労働者の健康状態・特性・技能レベル等を考慮して個別の作業内容に応じたものにしていく必要があるため、定期的に確認し、ま

た新しい機器、設備等を導入した場合にも、その都度見直すこと。

　以下の労働災害事例のように、作業手順を守らないことが原因となっているものが少なくありません。

カビ取り用洗剤を使用した作業による次亜塩素酸ナトリウム中毒

〈発生状況〉

　本災害は、食品製造工場における壁のカビ取り作業後に発生した。

　製造工場の通路において、次亜塩素酸ナトリウムを10〜12％含有するカビ取り用洗剤を使用して、通路の壁のカビ取り作業を行なっていた際に、汚れの落ちが悪いため、通常500倍に希釈して作業するところ、洗剤を希釈せずに原液のまま使用した。帰宅後、息苦しい等の症状が発生したため病院を受診したところ、次亜塩素酸ナトリウム中毒と診断された。

〈発生原因〉

1　カビ取り作業を行う際は、洗剤を水で500倍に希釈してから作業するようにあらかじめマニュアルで定めていたにもかかわらず、**マニュアルで定められた作業手順を守らず、洗剤を原液のまま使用して作業を行ったこと**。

2　次亜塩素酸ナトリウムの危険有害性に関する認識が不足していたこと。

厚生労働省　職場のあんぜんサイト

第5章 健康診断

1 労働安全衛生法に基づく健康診断とその目的

　事業者は、労働安全衛生法66条に基づき、労働者に対して、医師による健康診断を実施しなければなりません（安衛法66条）。

　労働安全衛生法による健康診断の目的は、以下のとおりです。

① 　労働者の健康状態を把握し適切な健康管理を行う。

② 　労働者の健康状態から職場の有害因子を発見し、その改善を図っていく。

③ 　健康上の異常や疾病を早期に発見した場合、就業禁止（休業や配置転換）や就業制限（作業内容や作業時間の制限）などの就業上の措置を講じ、適正な就労を確保する。

2 一般健康診断

　一般健康診断とは、労働者の一般的な健康状態を調べる健康診断（安衛法66条1項）であり、以下のものがあります。

一般健康診断の種類

健康診断の種類	対象となる労働者	実施時期
雇入時の健康診断 （安衛則43条）	常時使用する労働者	雇入れの際
定期健康診断 （安衛則44条）	常時使用する労働者（特定業務従事者を除く）	1年以内ごとに1回
特定業務従事者の健康診断 （安衛則45条）	労働安全衛生規則13条1項3号に掲げる業務に常時従事する労働者	左記業務への配置替えの際、6月以内ごとに1回 胸部エックス線検査および喀痰検査については、年1回で足りる。
海外派遣労働者の健康診断	海外に6月以上派遣する	海外に6月以上派遣する

—83—

（安衛則45条の２）	労働者	際、帰国後国内業務に就かせる際
給食従業員の検便 （安衛則47条）	事業に附属する食堂または炊事場における給食の業務に従事する労働者	雇入れの際、配置替えの際
深夜業の自発的健康診断 （安衛則50条の２）	常時使用され、自発的健康診断を受けた日前６月間を平均して１月当たり４回以上の深夜業に従事した労働者	事業者の実施する次回の特定業務健診の実施前

（1）雇入時の健康診断（安衛則43条）

　常時使用する労働者※を雇い入れる際の適正配置および入職後の健康管理の基礎資料となるものです。実施時期については、雇い入れの直前または直後をいいます（昭23.1.16　基発83、昭33.2.13　基発90）。

　検査項目の省略は認められていません。３か月以内に実施した医師による健康診断の結果を証明する書類を提出した場合は、その項目については省略ができます（安衛則43条ただし書き）。

　このように、雇入れ時の健康診断は、採用選考時に実施することを義務付けたものではなく、また、応募者の採否を決定するために実施するものではないとして、採用選考時の実施はやめるようにと厚生労働省は指導しています。詳細は、後述枠内の採用選考時の健康診断を参照してください。

雇入れ時の健康診断の項目

1　既往歴および業務歴の調査

2　自覚症状および他覚症状の有無の検査

3　身長、体重、腹囲、視力および聴力（千ヘルツおよび四千ヘルツの音に係る聴力をいう。）の検査

4　胸部エックス線検査

5　血圧の測定

6　血色素量および赤血球数の検査（貧血検査）

7　GOT、GPT、γ-GTP（肝機能検査）

第5章　健康診断

8　LDLコレステロール、HDLコレステロール、血清トリグリセライド（血中脂質検査）
9　血糖検査
10　尿中の糖および蛋（たん）白の有無の検査（尿検査）
11　心電図検査

採用選考時の健康診断

○雇入時の健康診断は、常時使用する労働者を雇入れた際における適性配置、入職後の健康管理に資するための健康診断であり、採用選考時に同規則を根拠として採用可否決定のための健康診断を実施することは適切ではありません。合理的・客観的に必要性が認められない採用選考時の健康診断の実施は、就職差別につながるので望ましくないと厚生労働省も指導しています（「採用選考時の健康診断について」平成5.5.10　事務連絡、「採用選考時の健康診断に係る留意事項について」平13.4.24　事務連絡）。

○採用選考時に「血液検査」等の健康診断を実施する場合には、健康診断が応募者の適性と職務遂行能力を判断するうえで、合理的かつ客観的にその必要性が認められる範囲に限定して行われるべきものです。

※常時使用する労働者とは次のｉおよびⅱを満たす労働者です。
ｉ　1年以上使用される予定の者、契約更新により1年以上引き続き使用されている者や6月以上特定業務に従事する予定の者
ⅱ　労働時間が通常の労働者の労働時間の4分の3以上である者

〈パートタイム労働者等の一般健康診断〉

○アルバイトやパートタイム等については、以下の二つの要件を満たす場合は、常時使用する労働者として一般健康診断を実施しなければなりません。

○②に該当しない場合でも、①に該当し、1週間の労働時間が事業場の同種の業務に従事する通常の労働者の1週間の所定労働時間数の概ね2分の1以上である者に対して一般健康診断を実施するのが望ましい

とされています。

① 期間の定めのない労働契約により使用される者であること。

　期間の定めのある契約により使用される者であっても、更新により１年以上使用されることが予定されている者、および更新により１年以上使用されている者（なお、深夜業など特定業務従事者健診（安衛則45条の健康診断）の対象となる場合は、６か月以上使用されることが予定され、または更新により６か月以上使用されている者）

② １週間の労働時間数が当該事業場において同種の業務に従事する通常の労働者の１週間の所定労働時間数の４分の３以上であること。

（平31.1.30　基発0130第１号、職発0130第６号、雇均発0130第１号、開発0130第１号）

（2）定期健康診断

　定期※健康診断は、雇入れ時の健康診断等の結果を基礎として、労働者の健康状態の推移を追い、健康上の異常や疾病を早期に発見した場合、就業禁止（休業や配置転換）や就業制限（作業内容や作業時間の制限）などの就業上の措置を講じ、適正な就労を確保することを目的として行うものです。

　　※**定期**：「定期とは、毎年一定の時期に、という意味であり、その時期については各事業場毎に適宜決めさせること」（昭23.1.16　基発83、昭33.2.13　基発90）

定期健康診断および特定業務従事者の健康診断の項目

定期健康診断、特定業務従事者の健康診断	省略基準
1　既往歴および業務歴の調査 2　自覚症状および他覚症状の有無の検査 3　身長※１、体重、腹囲※２、視力および聴力の検査 4　胸部エックス線検査※３および	※１身長：20歳以上の者 ※２腹囲：①40歳未満（35歳を除く）の者 ②妊娠中の女性その他の者であって、その腹囲が内臓脂肪の蓄積を反映していないと診断された者 ③BMIが20未満の者

— 86 —

第5章　健康診断

喀痰検査※4

（特定業務従事者の胸部エックス線
検査は1年に1回で足りる。）

5　血圧の測定

6　貧血検査（血色素量および赤血
球数）※5

7　肝機能検査（GOT、GPT、γ-
GTP）※5

8　血中脂質検査（LDLコレステ
ロール、HDLコレステロール、
血清トリグリセライド）※5

9　血糖検査※5

10　尿検査（尿中の糖および蛋白の
有無の検査）

11　心電図検査※5

④BMIが22未満で腹囲を自己申告した者

※3胸部エックス線検査：40歳未満のう
ち、次のいずれにも該当しない者

①5歳毎の節目年齢（20歳、25歳、30歳
および35歳）の者

②感染症法で結核に係る定期の健康診断
の対象とされている施設等で働いてい
る者

③じん肺法で3年に1回のじん肺健康診
断の対象とされている者

※4喀痰検査：①胸部エックス線検査を省
略された者

②胸部エックス線検査によって病変の発
見されない者または胸部エックス線検
査によって結核発病のおそれがないと
診断された者

※5貧血検査、肝機能検査、血中脂質検
査、血糖検査、心電図検査：35歳未満の
者および36～39歳の者

〈育児休業中の労働者の定期健康診断〉

　定期健康診断を実施すべき時期に、労働者が、育児休業、療養等によ
り休業中の場合には、定期健康診断を実施しなくてもさしつかえありま
せん。労働者が休業中のため、定期健康診断を実施しなかった場合に
は、休業終了後速やかに当該労働者に対し、定期健康診断を実施しなけ
ればなりません（平4.3.13　基発115）。

（3）特定業務従事者の健康診断

　次に掲げる特定業務に常時従事する労働者に対しては、当該業務の配置換
えの際および6か月以内ごとに1回の定期健康診断の実施が義務付けられて
います（安衛則45条）。ただし、胸部エックス線検査および喀痰検査につい
ては、年1回で足ります。

　健診項目と省略基準は前掲表「定期健康診断および特定業務従事者の健康

診断」参照

特定業務従事者の健康診断の対象 （安衛則13条1項3号）

業　　務	業務の内容
1　多量の高熱物体を取り扱う業務および著しく暑熱な場所における業務	高熱体を取り扱う業務：溶融または灼熱している鉱物、煮沸されている液体等摂氏100度以上のものを取り扱う業務 著しく暑熱な場所：労働者の作業する場所が乾球温度摂氏40度、湿球温度摂氏32.5度、黒球寒暖計示度摂氏50度または感覚温度摂氏32.5度以上の場所
2　多量の低温物体を取り扱う業務および著しく寒冷な場所における業務	低温物体を取り扱う業務：液体空気、ドライアイスなどが皮膚に触れまたは触れるおそれのある業務 著しく寒冷な場所：乾球温度摂氏零下10度以下の場所。空気の流動がある作業場では、気流1m/sを加える毎に、乾球温度摂氏3度の低下があるものとして計算する。 　（冷蔵倉庫業、製氷業、冷凍食品製造業における冷蔵庫、貯氷庫、冷凍庫等の内部における業務等が該当）
3　ラジウム放射線、エックス線その他の有害放射線にさらされる業務	ラジウム放射線、エックス線その他の有害放射線にさらされる業務：ラジウム放射線、エックス線、紫外線を用いる医療、検査の業務、可視光線を用いる映写室内の業務、金属土石溶融炉内の監視業務等 その他の有害放射線：紫外線、可視光線、赤外線等であって強烈なもの、およびウラニウム、トリウム等の放射能物質
4　土石、獣毛等のじんあいまたは粉末を著しく飛散する場所における業務	植物性（綿、糸、ぼろ、木炭等）、動物性（毛、骨粉等）、鉱物性（土石、金属等）の粉じんを、作業する場所の空気粒子数1000個/1cm³以上、または15mg/1m³以上含む場所 特に遊離硅石を50％以上含有する粉じんについては、その作業する場所の空気700個/cm³以上、または10mg/1m³以上を含む場所
5　異常気圧下における業務	高気圧下における業務：圧気工法による業務（潜函工法、潜鐘工法、圧気シールド工法等の圧気工法におい

— 88 —

第5章　健康診断

	ては、作業室、シャフト等の内部）、各種潜水器を用いた潜水作業（ヘルメット式潜水器、マスク式潜水器その他の潜水器（アクアラング等）を用い、かつ、空気圧縮機若しくは手押しポンプによる送気またはボンベからの給気を受けて行う業務） 低気圧下における業務：海抜3,000m以上の高山における業務
6　さく岩機、鋲（びよう）打機等の使用によつて、身体に著しい振動を与える業務	衝程70mm以下および重量2kg以下の鋲（びよう）打機を除く全てのさく岩機、鋲打機等を使用する業務（注1）
7　重量物の取扱い等重激な業務	重量物を取扱う業務：30kg以上の重量物を労働時間の30％以上取扱う業務、および20kg以上の重量物を労働時間の50％以上取扱う業務 重激な業務：上記に準ずる労働負荷が労働者にかかる業務（注2）
8　ボイラー製造等強烈な騒音を発する場所における業務	強烈な騒音を発する場所とは、90db以上の騒音がある作業場（平4.8.24　基発480）（注3）
9　坑内における業務	―
10　深夜業を含む業務	―
11　水銀、砒（ひ）素、黄りん、弗（ふつ）化水素酸、塩酸、硝酸、硫酸、青酸、か性アルカリ、石炭酸その他これらに準ずる有害物を取り扱う業務	―
12　鉛、水銀、クロム、砒（ひ）素、黄りん、弗（ふつ）化水素、塩素、塩酸、硝酸、亜硫酸、硫酸、一酸化炭素、二硫化炭素、青	鉛、（中略）アニリンその他これらに準ずる有害物のガス、蒸気または粉じんを発散する場所：以下の数値以上に有害物が空気中に存在する場所のことである。鉛＝0.5mg/m³（注、鉛の産業衛生学会の2006年5月現在の許容濃度は0.1mg/m³）、水銀＝0.1mg/m³、クロム＝0.5mg/m³、砒素＝1ppm、黄燐＝2ppm、弗

― 89 ―

酸、ベンゼン、アニリンその他これらに準ずる有害物のガス、蒸気または粉じんを発散する場所における業務	素＝3ppm、塩素＝1ppm、塩酸＝10ppm、硝酸＝40ppm、亜硫酸＝10ppm、硫酸＝5g/m³、一酸化炭素＝100ppm、二硫化炭素＝20ppm、青酸＝20ppm、ベンゼン＝100ppm、アニリン＝7ppm その他これに準ずるものとは、鉛の化合物、水銀の化合物（朱のような無害なものを除く）、燐化水素、砒素化合物、シアン化合物、クロム化合物、臭素、弗化水素、硫化水素、硝気（酸化窒素類）アンモニヤ、ホルムアルデヒド、エーテル、酢酸アミル、四塩化エタン、テレビン油、芳香族およびその誘導体、高濃度の炭酸ガスをいう。分量軽少で衛生上有害でない場合は該当しない。
13　病原体によつて汚染のおそれが著しい業務	患者の検診および看護の業務、動物またはその屍体、獣毛、皮革その他動物性のものおよびぼろその他古物を取り扱う業務、湿潤地における業務、伝染病発生地域における防疫等の業務

（昭23.8.12　基発1178、昭42.9.8　安発23、平4.8.24　基発480）

（注1）　この健康診断とは別に、振動工具取扱の業務に関する特殊健康診断がある。「チエンソー以外の振動工具の取扱い業務に係る振動障害予防対策指針」（平成21.7.10　基発0710第2号）

（注2）　これとは別に、「職場における腰痛予防対策指針」に基づく特殊健康診断がある。

（注3）　これとは別に、「騒音障害防止のためのガイドライン」（平4.10.1　基発546）に基づく特殊健康診断がある。

Q5−1　弊社では、定期健康診断を毎年4月に実施しています。人間ドックを受ける場合は、4月の前後3か月以内に外部の医療機関で受けた人間ドックの結果を提出するように社内規定で定めています。仕事が忙しいなど業務の都合で、この時期に人間ドックを受けなかった場合、定期健康診断を受診していないということで会社の責任を問われることがあるでしょうか。

A　定期健康診断の実施時期については各事業場毎に適宜決めてよい

第5章 健康診断

とされている（昭和23.1.16 基発83、昭和33.2.13 基発90）ので、4月の前後3か月以内という幅のある実施期間で差し支えありません。この期間に人間ドックを受けなかったということは、定期に実施しない者がいたということになります。

　受診率が100％でなかったことで労働安全衛生法違反として会社が責任を問われるということはありません。健康診断の実施報告を行うときに、監督署の窓口で何か言われることはないと思います。監督官の臨検監督指導の場合は、100％の実施について指導される可能性はありますが、事業場として健康診断を実施しているわけですから、労働安全衛生法66条違反で是正勧告されることはありません。

Q5-2 ホルムアルデヒドを含有する物質を取り扱う場合の健康診断の実施について教えてください。

A ホルムアルデヒドは特定化学物質ですが、特定化学物質健康診断の実施義務はありません。ホルムアルデヒドを取り扱う業務は、特定業務の⑪水銀、砒素、黄りん、弗化水素酸、塩酸、硝酸、硫酸、青酸、か性アルカリ、石炭酸その他これらに準ずる有害物を取り扱う業務の「その他これらに準ずる有害物」に該当します。したがって、年2回の一般健康診断を実施する義務があります。

　この健康診断ではホルムアルデヒドが原因で、ヒトに対してまれに鼻咽頭がんが見られるとされていることから、安衛則45条1項の規定に基づき、ホルムアルデヒド等のガスを発散する場所における業務に常時従事する労働者に対して実施する健康診断においては、特に「自覚症状および他覚症状」の項目で鼻咽頭がんに関する症状に留意する必要があります（平20.2.29 基発0229001）。

　また、低濃度長期曝露による健康障害は自覚症状、他覚症状から始まる事こともあり、シックハウス症候群症状も留意し、過去のデータと照らし合わせ健康管理を行うことが望まれます。

—91—

（4）海外派遣労働者の健康診断（安衛則45条の2）

○派遣時：労働者を6月以上海外に派遣しようとするときは、あらかじめ、定期健康診断の項目および厚生労働大臣が定める項目※（労働安全衛生規則第45条の2第1項および第2項の規定に基づく厚生労働大臣が定める項目を定める告示（平元.6.30　労働省告示47　改正平12.12.25　労働省告示120）のうち医師が必要であると認める項目について、健康診断を行わなければなりません。

※1　腹部画像検査、2　血液中の尿酸の量の検査
　　3　B型肝炎ウイルス抗体検査、4　ABO式およびRh式の血液型検査

○帰国時：6月以上海外勤務した労働者が帰国し、国内業務に就くときも、定期健康診断の項目および厚生労働大臣が定める項目※のうち医師が必要であると認める項目について、健康診断を行わなければなりません。

〈省略基準〉：定期健康診断と同じです。

※1　腹部画像検査　2　血液中の尿酸の量の検査
　　3　B型肝炎ウイルス抗体検査　4糞（ふん）便塗抹検査

（5）給食従業員の検便（安衛則47条）

　事業場附属の食堂または炊事場において給食の業務に従事する労働者に対し、雇入れの際または当該業務への配置替えの際、検便による健康診断を行なわなければなりません。検便による健康診断とは、伝染病保菌者発見のための細菌学的検査をいいます（昭和23.1.16　基発83、昭和33.2.13　基発90）

　さらに、「調理従事者等は臨時職員も含め、定期的な健康診断および月に1回以上の検便を受けること、検便検査には、腸管出血性大腸菌の検査を含めること、また、必要に応じ10月から3月にはノロウイルスの検査を含めること。」（「大量調理施設衛生管理マニュアル」（平24.5.18　食安発0518第1号））とされています。

（6）深夜業従事者の自発的健康診断（安衛則50条の2）

　常時使用され、自発的健康診断を受けた日前6月間を平均して1月当たり4回以上の深夜業に従事した（安衛則50条の2）労働者は、自ら受けた健康診断（安衛法66条5項ただし書の規定による健康診断を除く。）の結果を証明する書面を事業者に提出することができます。

第5章　健康診断

　自発的健康診断制度は、深夜業従事者の健康管理の充実を図るため、自己の健康に不安を有する深夜業従事者であって事業者の実施する次回の特定業務健診の実施を待てない者が自発的健康診断の結果を事業者に提出した場合に、事業者が、特定業務健診の場合と同様の事後措置等を講ずることを義務付けているものです（平12.3.24　基発162）。

　事業者は、自発的健康診断の結果（有所見者に限る）についても、医師の意見を聴き、必要があると認められるときは、当該労働者の事情を考慮した上で、作業の転換、深夜業の回数を減らすなどの措置を講じなければなりません。また、医師、保健師による健康指導を行うよう努めなければなりません。

　自発的健康診断を受診した場合は、特定業務従事者の健康診断（年2回）の1回分を受けたものとみなされます。

深夜業従事者の定義

　特定業務従事者健診を実施すべき深夜業の回数ついて法令に規定はありません。「自発的健康診断結果の提出」（安衛法66条の2）に関する「自発的健康診断結果を証明する書面を事業者に提出することができるもの」の要件が「自ら受けた健康診断を受けた日前6か月間を平均して1月当たり4回以上同条の深夜業に従事」と定められています（安衛則50条の2）。この規定から判断すると、特定業務従事者健診を実施すべき深夜業務従事者とは、常時使用され、午後10時以降午前5時の間に「少しでも」業務を行うことが、最近の6か月の平均で月に4回以上あるものとなります。

　昼間のみ勤務の者が残業が長引いて深夜に働くことになった回数が月平均4回以上になれば、深夜業に従事する者ということになります。

---

③　有害業務の健康診断

（1）特殊健康診断

　一定の有害業務に従事する労働者については、その有害因子による健康への影響を把握するため、特別の項目の健康診断を行わなければなりません。

特殊健康診断一覧

健康診断の種類	対象業務等	健診項目等の条文
有機溶剤等健康診断	屋内作業場等（第3種有機溶剤は、タンク等の内部に限る）における有機溶剤業務（安衛令22条1項6号）	有機則29条
鉛健康診断	安衛法施行令別表4の鉛業務に掲げる業務（遠隔操作によって行う隔離室におけるものを除く。）（安衛令22条1項4号）	鉛則53条
特定化学物質健康診断	1　特定化学物質（第1類および第2類、安衛法施行令別表3）を製造し、もしくは取り扱う業務または製造等が禁止されている有害物質（安衛令16条）を試験研究のため製造し、もしくは使用する業務（安衛令22条1項3号） 2　ベンジジン、ベタナフチルアミン等の物（安衛令22条2項）を過去に製造し、または取り扱っていたことのある労働者で現に使用しているもの（安衛令22条2項） 3　特定有機溶剤混合物に係る業務（特化則2条の2第1号イからハに掲げる特別有機溶剤業務） 4　特定有機溶剤混合物に係る業務	特化則39条 同規則別表3、4 同規則41条の2（有機則29条準用）
高気圧業務健康診断	高圧室内業務または潜水業務（安衛令22条1項1号）	高圧則38条
電離放射線健康診断	エックス線、その他の電離放射線にさらされる業務（安衛令22条1項2号）	電離則56条
除染等業務健康診断	除染等業務に常時従事する者	除染電離則20条
石綿健康診断	1　石綿等を取扱い、または試験研究のため、または石綿分析用試料等の製造に伴い石綿の粉じんを発散する場所における業務（安衛令22条1項3号）	石綿則40条

— 94 —

第5章　健康診断

	2　過去に石綿等の製造または取り扱いに伴い石綿の粉じんを発散する場所における業務に従事していたことのある労働者で現に使用しているもの（安衛令22条2項）	
四アルキル鉛健康診断※	四アルキル鉛の製造、混入、取扱いの業務（安衛令22条1項5号）	四アルキル則22条

※平成30年の四アルキル鉛健康診断受診者数は0名です（厚生労働省労働基準局安全衛生部　令和元年10月「特殊健康診断の実施状況等について」）

化学物質取扱業務従事者に係る特殊健康診断の項目を見直しました
（令和2年7月1日施行）（厚生労働省リーフレット）

　特定化学物質障害予防規則、有機溶剤中毒予防規則等が制定されてから40年以上が経過し、その間、医学的知見の進歩、化学物質の使用状況の変化、労働災害の発生状況など、化学物質による健康障害に関する事情が変化しています。このため、今回、国内外の研究文献等の医学的知見に基づき、化学物質取扱業務従事者に係る特殊健康診断の項目を全面的に見直しました。

改正のポイント

1．尿路系に腫瘍のできる化学物質の特殊健診項目の見直し（特定化学物質障害予防規則関係）

　　尿路系に腫瘍のできる化学物質（11物質）について、同様の障害を引き起こすとされ、最新の医学的知見を踏まえて設定されたオルトートルイジンの項目と整合させました。

　　対象物質：ベンジジンおよびその塩、ベーターナフチルアミンおよびその塩、4-アミノジフェニルおよびその塩、4-ニトロジフェニルおよびその塩、ジクロルベンジジンおよびその塩、アルファーナフチルアミンおよびその塩、オルトートリジンおよびその塩、ジアニシジンおよびその塩、オーラミン、パラージメチルアミノアゾベンゼン、マゼンタ

2．特別有機溶剤の特殊健診項目の見直し（特定化学物質障害予防規則関係）

— 95 —

特別有機溶剤（9物質）について、発がんリスクや物質の特性に応じて、項目を見直しました。

　対象物質：トリクロロエチレン、四塩化炭素、1,2-ジクロロエタン、テトラクロロエチレン、スチレン、クロロホルム、1,4-ジオキサン、1,1,2,2-テトラクロロエタン、メチルイソブチルケトン

３．カドミウムおよびその塩の特殊健診項目の見直し（特定化学物質障害予防規則関係）

　新たに得られたヒトに対して肺がんを引き起こす可能性があるという知見への対応や、腎機能障害の早期発見のため、項目を見直しました。

４．肝機能検査の見直し（特定化学物質障害予防規則関係）

　オーラミン等11物質については、職業ばく露による肝機能障害リスクの報告がないことから、「尿中ウロビリノーゲン検査」等の肝機能検査を必須項目から外しました。

　対象物質：オーラミン、シアン化カリウム、シアン化水素、シアン化ナトリウム、弗化水素、硫酸ジメチル、<u>塩素化ビフェニル等</u>、<u>オルトーフタロジニトリル</u>、<u>ニトログリコール</u>、<u>パラーニトロクロルベンゼン</u>、<u>ペンタクロルフェノール（別名PCP）またはそのナトリウム塩</u>
※下線は、二次健康診断において医師判断で肝機能検査を実施する物質

５．赤血球系の血液検査の例示の見直し（特定化学物質障害予防規則関係）

　近年、臨床の現場で全血比重検査があまり使われていないため、赤血球系の血液検査の例示から、全血比重検査を削除しました。（6物質）

　対象物質：ニトログリコール、ベンゼン等、塩素化ビフェニル等、オルトーフタロジニトリル、パラーニトロクロルベンゼン、弗化水素

６．有機溶剤の特殊健診項目の見直し（有機溶剤中毒予防規則関係）

　有機溶剤について、医師が必要と認めた場合に「腎機能検査」を実施できることとなっていること、また、必須項目の中に他に労働者の有機溶剤ばく露状況等を確認できる項目があり、健康障害のスクリーニングが可能であることから、必須項目から「尿中の蛋白の有無の検

第5章　健康診断

査」を外しました。

7．四アルキル鉛の特殊健診項目の見直し（四アルキル鉛中毒予防規則関係）

　　最新の医学的知見や取扱量の減少等を踏まえ、鉛と同様、長期的なばく露による健康障害の予防とすることとし、鉛則の項目と整合させ、実施時期を「3月以内ごとに1回」から「6月以内ごとに1回」を見直しました。

8．作業条件の簡易な調査の追加（有機溶剤中毒予防規則、鉛中毒予防規則、四アルキル鉛中毒予防規則、特定化学物質障害予防規則関係）

　　労働者の化学物質へのばく露状況を確認するため、必須項目に「作業条件の簡易な調査」を追加しました。

9．尿路系に腫瘍のできる化学物質の健康管理手帳制度における健診項目の見直し（労働安全衛生規則関係）

　　「1．尿路系に腫瘍のできる化学物質の特殊健診項目の見直し」の11物質のうち、健康管理手帳制度の対象であるベンジジン等3物質について、健康管理手帳制度における健診項目もオルトートルイジンの項目と整合させました。対象物質：ベンジジンおよびその塩、ベーターナフチルアミンおよびその塩、ジアニシジンおよびその塩

（※）「健康管理手帳」について

　　がんその他の重度の健康障害を生ずるおそれのある業務に従事していた労働者に、国が健康管理手帳を交付して、無償で健康診断を受けられるようにする制度。

（2）じん肺健康診断

じん肺健康診断の種類

じん肺健康診断	じん肺法施行規則別表に掲げる粉じん作業等（じん肺規則2条、別表） 就業時健康診断 定期健康診断 定期外健康診断：以下の事由に該当した場合に行う。	じん肺法3条、7条〜9条の2

—97—

| | ・現に「粉じん作業」に従事しているじん肺管理区分・管理1の労働者が一般健康診断や特殊健康診断でじん肺の疑い有りと診断された場合。
・合併症により1年を超えて休業していた者が職場復帰をするとき。
・合併症により1年を超えて療養した労働者が療養を要しないと診断されたとき。
・過去に「粉じん作業」に従事したことのあるじん肺管理区分・管理2の労働者が肺がんにかかっている疑いがないと診断されたとき以外のとき。
離職時健康診断 | |

（3）歯科健診

歯科健診実施対象業務

歯科健診	安衛令22条3項に掲げる塩酸、硝酸、硫酸、亜硫酸、フッ化水素、黄りんその他歯またはその支持組織に有害な物のガス、蒸気または粉じんを発散する場所における業務	安衛則48条

Q5-3 じん肺健康診断の対象者が退職することになったが、近隣の医療機関に問い合わせたところ、退職時のじん肺健康診断の予約が退職後しばらくしてからでないととれないことがわかりました。産業医がじん肺健康診断をやってもいいと言っているのですが、それでよいのでしょうか。（労務管理担当者）

A じん肺健康診断には離職時健康診断があり、過去に「粉じん作業」に従事していた事のある労働者から離職に際してじん肺健康診断を行うように求められた場合に行うものです。胸部エックス線写真を見て、じん肺の所見を判断できるかどうかわかりませんので、退職後でもやむをえませんから、専門の医療機関の予約をとってやってもらってください。

第5章　健康診断

　ちなみに、じん肺健康診断のX線による読影は、じん肺専門医が行うものです。それぞれの疾病の異常陰影は「じん肺審査ハンドブック」（労働省安全衛生部労働衛生課編）に示されています。

「じん肺審査ハンドブック」

https://mhlw.go.jp/shingi/2010/04/dl/s0420-5b.pdf

Q5-4　粉末を著しく発生する場所で就労している者についてじん肺健康診断はやらなければならないか。（保健師）

A　粉じん作業に従事または従事した労働者に対しては、①就業時、②定期、③定期外、④離職時に以下の項目の健康診断を行わなければなりません。じん肺法の粉じん作業とは、じん肺法施行規則2条、別表に定められているものをいいます。例えば、「七　研磨材の吹き付けにより研磨し、または研磨材を用いて動力により、岩石、鉱物若しくは金属を研磨し、若しくはばり取りし、若しくは金属を裁断する場所における作業（前号に掲げる作業を除く。）ただし、設備による注水または注油をしながら、研磨材を用いて動力により、岩石、鉱物若しくは金属を研磨し、若しくはばり取りし、または金属を裁断する場所における作業を除く。」は製造業でしばしば行われている作業です。したがって、粉末であれば何でもじん肺健康診断の対象となるわけではありません。粉末が何であるのか、それはこの別表に定められた作業に該当するのかをはっきりさせる必要があります。

じん肺健診項目（じん肺法3条）

〔必ず実施しなければならない項目〕

　・粉じん作業職歴調査

　・胸部エックス線検査（胸部全域の直接撮影）

〔一定の条件を満たす者および医師が必要であると認めたときに実施しなければならない項目〕

　・胸部に関する臨床検査

　・肺機能検査

　・結核精密検査

　・結核以外の合併症の検査

－99－

Q5－5　塩酸使用の歯の酸蝕の健診項目を教えてください。（産業歯科医、労務担当者）

A　メッキ工場等の酸を使用する事業場においては歯牙酸蝕症の発生がみられ、また黄リンやフッ化水素を使用する工場でも歯に関する職業性疾病があるので、労働者の歯またはその支持組織の職業病について、歯科医師による健康診断の実施が義務付けられています。

1　歯科健康診断

　具体的には、塩酸、硝酸、硫酸、亜硫酸、弗化水素、黄りんその他歯またはその支持組織に有害な物質のガス、蒸気または粉じんを発散する場所における業務に従事する労働者に対して、雇入れの際、当該業務への配置換えの際およびその後6か月以内ごとに1回、定期に、歯科医師による健康診断を実施しなければならないと定められています（安衛則48条）。

　歯科健康診断については、検査項目および健康診断個人票について法令上の定めがなく、「特殊健康診断指導指針」（昭31.5.18　基発308）が示されており、以下のように記載されています。ただし、塩酸については記載がありませんので、兵庫県歯科医師会「産業歯科保健マニュアル」を参考にしました。

業務内容	検査項目と検査方法
塩酸	検査項目：歯の酸蝕による変化 検査方法：視診
黄燐を取り扱う業務または燐の化合物のガス、蒸気若しくは粉じんを発散する場所における業務	検査項目：顎骨の変化 検査方法：エックス線撮影
亜硫酸ガスを発散する場所における業務	検査項目：歯の変化 検査方法：視診
フッ化水素を取り扱う業務またはそのガス若しくは蒸気を発散する場所における業務	第一次健康診断項目：歯の異常 第二次健康診断対象者の選定基準：斑状歯がある者（ただし小児期の生活に起因

－100－

第5章　健康診断

する者は除く）
第二次健康診断項目：①職歴調査、②血中のカルシウム量の検査、③血中の酸性ホスファターゼの検査、④胸部エックス線写真撮影、⑤長骨のエックス線写真撮影、⑥尿中フッ素量の検査

2　歯科医師からの意見聴取

　事業者は、塩酸、硝酸、硫酸、亜硫酸、弗化水素、黄りんその他歯またはその支持組織に有害な物のガス、蒸気または粉じんを発散する場所における業務（安衛令22条3項の業務）に常時50人以上の労働者を従事させる事業場については、以下の（1）から（7）の事項（安衛則14条1項)のうち当該労働者の歯またはその支持組織に関する事項について、適時、歯科医師の意見を聴くようにしなければなりません。

（1）　健康診断および面接指導等（安衛法66条の81項に規定する面接指導および安衛法66条の9に規定する必要な措置をいう。）の実施並びにこれらの結果に基づく労働者の健康を保持するための措置に関すること。

（2）　作業環境の維持管理に関すること。

（3）　作業の管理に関すること。

（4）　（1）から（3）に掲げるもののほか、労働者の健康管理に関すること。

（5）　健康教育、健康相談その他労働者の健康の保持増進を図るための措置に関すること。

（6）　衛生教育に関すること。

（7）　労働者の健康障害の原因の調査および再発防止のための措置に関すること。

3　歯科医師の勧告

　上記2の事業場の労働者に対して労働安全衛生法66条3項の健康診断を行った歯科医師は、当該事業場の事業者または総括安全衛生管理者に対し、当該労働者の健康障害（歯またはその支持組織に関するものに限

る。）を防止するため必要な事項を勧告することができます。
（「特殊健診診断指導指針」昭31.5.18　基発308）

Q5-6　電離則健康診断の項目に「皮膚の検査」がありますが、具体的な検査内容、方法を教えてください。（産業医）

A　電離放射線障害防止規則には、皮膚の検査と書かれているだけで、具体的な検査内容、方法については何も定められていません。そこで、「労働基準法施行規則の一部を改正する省令等の施行について」（昭和53.3.30　基発186）によると、「皮膚潰瘍等の放射線皮膚障害」について、「等」には、皮膚の紅斑、水疱、脱毛、爪の異常または皮膚の乾燥、萎縮等の病的変化があるとされているので、皮膚の潰瘍、紅斑、水疱、脱毛、爪の異常または皮膚の乾燥、萎縮等の病的変化を目視で確認することになると考えられます。参考として、産業医科大学産業医実務研修センター「職域健康診断　問診・診察マニュアル　改訂第2版」では、「上肢の皮膚で、皮膚の乾燥、発赤、縦皺、潰瘍、爪の異常等の有無の確認を視診により行う。」と記載されています。

4　行政指導による健康診断（指導勧奨）

以下の業務について、健康診断の実施が指導されています。

業務の内容	健康診断項目
1　紫外線、赤外線にさらされる業務 　（昭31.5.18　基発308）	眼の障害
2　マンガン化合物（塩基性酸化マンガンに限る。）を取り扱う業務、またはそのガス、蒸気若しくは粉じんを発散する場所における業務	1 四肢特に指の振顫、小書症、突進症等 2 握力、背筋力の障害

第5章　健康診断

3　黄りんを取り扱う業務、またはりんの化合物のガス、蒸気若しくは粉じんを発散する場所における業務	顎骨の変化
4　有機りん剤を取り扱う業務またはそのガス、蒸気若しくは粉じんを発散する場所における業務	1 血清コリンエステラーゼ活性値 2 多汗、縮瞳、眼瞼、顔面の筋せんの維性弯縮
5　亜硫酸ガスを発散する場所における業務	1 歯牙の変化　2 消化器系の障害
6　二硫化炭素を取り扱う業務またはそのガスを発散する場所における業務（有機溶剤業務に係るものを除く。）	1 頭重、頭痛、不眠、めまい、焦そう感、下肢のけん怠またはしびれ感、食欲不振等、胃の異常症状、眼の痛み、神経痛等の自覚症状の有無 2 ロンベルグ症候、足クローヌスまたは手指の振せんの有無 3 全血比重、血色素量ヘマトクリット値または赤血球数 4 尿中のウロビリノーゲン、たん白及び糖の有無
7　ベンゼンのニトロアミド化合物を取り扱う業務またはそれらのガス、蒸気若しくは粉じんを発散する場所における業務	1 血液比重　2 尿検査（ウロビリノーゲン、コプロポルフィリンおよび糖） 3 チアノーゼ
8　脂肪族の塩化または臭化炭化水素（有機溶剤として法規に規定されているものを除く。）を取り扱う業務またはそれらのガス、蒸気若しくは粉じんを発散する場所における業務	1 血圧　2 白血球数　3 血液比重　4 ウロビリノゲンおよび蛋白　5 複視 6 問診（疲労感、めまい、吐き気）
9　砒素またはその化合物（三酸化砒素を除く。）を取り扱う業務またはそのガス、蒸気若しくは粉じんを発散する場所における業務	1 鼻炎、潰瘍、鼻中隔穿孔等 2 皮膚の障害　3 血液比重　4 尿中のウロビリノーゲン
10　フェニル水銀化合物を取り扱う業務またはそのガス、蒸気若しくは粉じんを発散する場所における業務	1 口内炎、手指振せん、不眠、頭重、精神不安定感　2 皮膚の変化　3 体重測定　4 尿中蛋白

11　アルキル水銀化合物（アルキル基がメチル基またはエチル基であるものを除く。）を取り扱う業務またはそのガス、蒸気若しくは粉じんを発散する場所における業務	1口唇、四肢部の知覚異常、頭重、頭痛、関節痛、睡眠異常、抑うつ感、不安感、歩行失調 2皮膚の変化　3体重測定
12　クロルナフタリンを取り扱う業務またはそのガス、蒸気若しくは粉じんを発散する場所における業務	1顔面、耳朶、頂部、胸部、背部等のクロルアクネの有無　2尿中ウロビリノーゲン
13　沃素を取り扱う業務またはそのガス、蒸気若しくは粉じんを発散する場所における業務	1流涙、眼痛、結膜充血、咳嗽(咳)、鼻汁過多、咽頭痛、鼻炎、頭痛、めまい　2皮膚の変化　3心悸亢進、甲状腺腫大、眼球突出、手指振顫、発汗、体重減少、神経系の一時的興奮等バセドウ病様所見の有無
1～13まで（昭31.5.18　基発308）	
14　米杉、ネズコ、リョウブまたはラワンの粉じん等を発散する場所における業務（昭45.1.7　基発2）	1咽頭痛、咽頭部違和感、咳嗽(咳)、喘鳴、息切れ、夜間における呼吸困難等の自覚症状についての問視診　2前回の健康診断以後における気管支ぜん息様発作の発生状況についての問視診　3眼、鼻、咽喉の粘膜のアレルギー性炎症等についての問視診　4胸部の聴打診　5接触性皮膚炎、湿疹による皮膚の変化についての問視診
15　超音波溶着機を取り扱う業務（昭46.4.17　基発326）	配置換えの際およびその後6月以内ごと以下の項目を実施 1不快感、頭痛、耳鳴、耳内痛、吐気、めまい等の自覚症状の有無　2思考障害、自律神経症状等の精神神経症状の有無　3手指等の皮膚の障害の有無 4聴力
16　メチレンジフェニルイソシアネート〈M.D.I〉を取り扱う業務またはこのガス若しくは蒸気を発散する場	1頭重、頭痛、眼痛、鼻痛、咽頭部違和感、咳嗽、喀痰、胸部圧迫感、息切れ、胸痛、呼吸困難、全身倦怠、体重

所における業務（昭31.5.1　基発308）	減少、眼・鼻・咽喉の粘膜の炎症　2皮膚の変化　3胸部理学的検査
17　フェザーミル等飼肥料製造工程における業務（昭45.5.8　基発360）	作業中または作業終了後、激しい頭痛、眼痛および咳並びに皮膚の炎症等の症状を呈した場合には、直ちに医師の診断および処置を受けさせること。
18　クロルプロマジン等フェノチアジン系薬剤を取り扱う業務（昭45.12.12　基発889）	皮膚障害がみられた場合には、すみやかに医師の診断および処置を受ける。
19　キーパンチ作業（昭39.9.22　基発1106）	配置前の健康診断は下記項目を定期健康診断は配置前の健康診断の推移を観察する。1性向検査　2上肢、せき柱の形態および機能検査　3指機能検査　4視機能検査　5聴力検査
20　都市ガス配管工事業務（一酸化炭素）（昭40.12.8　基発1598）	配置換えの際および定期に以下の項目を実施1物忘れ　2不眠　3疲労　4頭痛5めまい　6視野の狭さく　7その他の神経症状等一酸化炭素中毒を疑わしめる症状の有無および程度
21　地下駐車場における業務（排気ガス）（昭46.3.18　基発223）	頭痛、頭重、めまい、不眠、倦怠、眼痛、吐き気等についての問診
22　チェーンソー使用による身体に著しい振動を与える業務（改正　昭48.10.18　基発597）	配置換えの際およびその後6月以内ごとに以下の項目を実施1職歴調査　2自覚症状調査　3視診、触診　4筋力、筋運動検査　5血圧検査　6末梢循環機能検査　7末梢神経機能検査
23　チェーンソー以外の振動工具（さく岩機、チッピングハンマー、スインググラインダー等）の取り扱いの業務（昭49.1.28　基発45）	1職歴等の調査（使用工具の種類、作業方法の具体的内容、経験年数および取扱い時間、保護具の使用状況、職場の温熱環境）　2問診　3視診、触診4握力検査　5血圧検査　6末梢循環

	機能検査　7末梢神経機能検査　8手関節および肘関節のエックス線検査（雇入れの際または当該業務への配置換えの際に限る。）
24　重量物取り扱い作業、介護作業等腰部に著しい負担のかかる作業（平25.6.18　基発0618第1号）	配置換えの際およびその後6月以内ごとに以下の項目を実施 1既往歴（腰痛に関する病歴およびその経過）および業務歴の調査　2自覚症状（腰痛、下肢痛、下肢筋力減退、知覚障害等）の有無の検査　3せき柱の検査（定期健康診断は医師が必要と認める者のみ）　4神経学的検査（定期健康診断は医師が必要と認める者のみ）　5せき柱機能検査（配置換えの際のみ）　6画像診断と運動機能テスト等（医師が必要と認める者のみ）
25　金銭登録の業務	略
26　引金付工具を取り扱う業務（昭50.2.19　基発94）	1業務歴、既往歴等の調査　2問診 3視診、触診　4握力の測定　5視機能調査
27　情報機器作業（令1.7.12　基発0712第3号）	Q5-7参照
28　レーザー機器を取り扱う業務またはレーザー光線にさらされるおそれのある業務（昭61.1.27　基発39）	視力検査に併せて前眼部（角膜、水晶体）および眼底検査（雇入れおよび配置換えの際）
29　騒音作業（平4.10.1　基発546）	第13章7騒音障害の防止対策参照

Q5-7 　情報機器作業の健康診断の項目と実施頻度を教えてください。（産業医）

A 　情報機器作業における労働衛生管理のためのガイドライン（令元.7.12　基発0712第3号）で、作業の内容による健康診断の項目が定

められています。対象となる作業は、事務所で行われる情報機器作業（パソコンやタブレット端末等の情報機器を使用して、データの入力・検索・照合等、文章・画像等の作成・編集・修正等、プログラミング、監視等を行う作業）とし、作業者を作業の種類および作業時間で区分し、その区分に応じた労働衛生管理を行うこととしています。この作業区分と作業時間によって健康診断の対象が決められています。（参照　第10章3.（4）.ア）

健康診断

配置前健康診断	定期健康診断
○業務歴の調査	○業務歴の調査
○既往歴の調査	○既往歴の調査
○自覚症状の有無の調査（問診）	○自覚症状の有無の調査（問診）
○眼科学的検査	○眼科学的検査
・遠見視力の検査（矯正視力のみ）	・遠見視力の検査（矯正視力のみ）
・近見視力の検査（50cm視力または30cm視力）（矯正視力のみ）	・近見視力の検査（50cm視力または30cm視力）（矯正視力のみ）
・屈折検査（問診、遠見視力および近見視力に異常がない場合は、省略可）	・眼位検査（医師の判断による）（40歳以上の者が対象）（問診、遠見視力および近見視力に異常がない場合は、省略可）
・眼位検査（自覚症状のある者のみ）	・調節機能検査（40歳以上の者が対象）（問診、遠見視力および近見視力に異常がない場合は、省略可）
・調節機能検査（自覚症状のある者のみ）	・その他医師が必要と認める検査
○筋骨格系に関する検査	○筋骨格系に関する検査
・上肢の運動機能、圧痛点等の検査（問診において異常が認められない場合は、省略可）	・上肢の運動機能、圧痛点等の検査（問診において異常が認められない場合は、省略可）
・その他医師が必要と認める検査	・その他医師が必要と認める検査

5　都道府県労働局長が指示する臨時の健康診断

　都道府県労働局長は、労働者の健康を保持するため必要があると認めるときは、労働衛生指導医（安衛法95条）の意見に基づき、労働安全衛生規則49条で定めるところにより、事業者に対し、臨時の健康診断の実施その他必要な事項を指示することができると定められています（安衛法66条4項）。具体例としては、2011年3月16日に、被ばく限度の引き上げを行ったことを踏まえ、福島労働局から東電福島第一原発に対して、緊急作業に従事した労働者に対する臨時の健康診断の実施が指示されました。なお、ステップ2（原子炉を安定的な冷温停止状態にするための工程）完了とともに指示を解除しています。

　健康診断の対象者：緊急作業での被ばく線量が100mSvを超えている、または緊急作業従事期間が1か月を超える緊急作業従事者

　健康診断の項目：電離放射線健康診断の項目に体重測定、自覚症状・他覚症状（外傷や消化器症状等）の確認の際には睡眠、食欲の変化等、心身両面の状態に留意すること。

　実施の間隔：1か月以内ごとに1回を原則とした。

6　労働者の受診義務

　労働者は、労働安全衛生法66条1項から4項の規定により事業者が行う健康診断を受けなければなりません（同条5項）。しかし、事業者の指定した医師または歯科医師が行う健康診断を受けることを希望しない場合は、他の医師または歯科医師の行う法定の健康診断に相当する健康診断を受け、その結果を証明する書面を事業者に提出すれば、事業者の行う健康診断を受けなくてもよいこととされています。ただし、労働者が希望する医師または歯科医師による健康診断を受けた場合の費用は労働者本人が支払うことになります。

　Q5−8　　毎年、定期健康診断を受けない従業員がいますがどうすればいいのでしょうか。

— 108 —

第 5 章　健康診断

A　　労働安全衛生法は、労働者に健康診断の受診義務を課している（安衛法66条 5 項）ので、受診を拒否することは認められていません。ただし、労働者が、会社の行う指定した医師または歯科医師が行う健康診断を受けることを希望しない場合には、他の医師または歯科医の健康診断を受け、その結果を証明する書面を会社に提出することができるとされ（安衛法66条 5 項ただし書）、医師選択の自由が認められています。

　従業員が健康診断受診を拒否した場合の対処として、その事実を記録しておくことをお勧めします。当該従業員の健康状態を把握することができないことにより、会社が就労環境を十分に整備できず、その結果、当該労働者に健康被害が発生したとしても会社は安全配慮義務を尽くさなかったことについてその責任を負わないと主張することが可能と思われます。

　後掲のように就業規則に受診命令の根拠となる規定を置くことにより、業務命令として受診を命ずることができるようにすることもできます。

（健康診断の受診義務）

第○条　従業員は、 1 年に 1 回、定期健康診断を受診しなければならない。

2　特定業務に従事する従業員は 6 か月に 1 回定期健康診断を受診しなければならない。

（健康診断結果の通知）

第○条　従業員は、会社が医療機関ないし健康保険組合に委託して行った健康診断の結果につき、それを入手した後何らかの加工を加えずに直ちに会社に対し書面で報告する。

2　従業員が会社の行う健康診断を受診せずそれに代わる健康診断を受診した場合も前項と同様とする。

（健康診断結果記録の管理）

第○条　会社は、前条に基づいて収集した従業員の健康診断結果については法の定めにしたがって適正に管理する。

— 109 —

（服務規律）

第○条　従業員は、やむを得ない事由がある場合を除き、第○章におい
　　　て定める勤怠に関する各種届出（健康診断の報告を含む）を誠実に履
　　　行しなければならない。

愛知県教育委員会事件（最高裁　平13.4.26判決　労働判例804号15頁）
〈事件の概要〉
　　公立中学教諭Ｘが、昭和58年5月、定期健康診断における胸部エック
ス線検査につき放射線暴露の危険性を理由として受診せず、その後の2
回の未受診者検査の受診を命じた校長の職務命令を拒否したこと、およ
び同年11月28日、勤務条件に関する措置要求のため校長の不許可にもか
かわらず職場離脱したことが地公法29条（法律等違反、職務上の義務違
反）に当たるとして、被告教育委員会から3か月間、給料と調整手当の
合計額の10分の1の減給処分を受けた。Ｘは、不服申立てを却下され、
同処分を違法として取消請求をした。
〈判決の内容〉
　　市町村は、学校保健法により、毎学年定期に、学校の職員の健康診断
を行わなければならず、当該健康診断においては、結核の有無をエック
ス線間接撮影の方法により検査するものとされている。
　　市町村立中学校の教諭等は、労働安全衛生法66条5項による定期健康
診断を受ける義務を負っているとともに、エックス線検査については結
核予防法7条1項によっても受診する義務を負っている。
　　市立中学校の教諭が、エックス線検査を行うことが相当でない身体状
態ないし健康状態にあったなどの事情もうかがわれないのに、市教育委
員会が実施した定期健康診断においてエックス線検査を受診しなかった
など判示の事実関係の下においては、校長が職務上の命令として発した
エックス線検査受診命令は適法であり、上記教諭がこれに従わなかった
ことは、地方公務員法（平成11年法律第107号による改正前のもの）29条
1項1号、2号に該当する。
　　なお、この判決は集団感染の可能性が高い中学生に接する生活環境で

— 110 —

第 5 章　健康診断

あることなども判断要素として考慮している。

7　労働者の自己保健義務

　労働者は自己の健康を保持する義務があります。裁判例でも、「自己の健康については、自己自身がまた常に心掛けておらねばならぬこというまでもない。……自己の保健をすべて定期検診に委ねることは許されるべきことではない。」（津山税務署事件　岡山地裁津山支部　昭48.4.24判決　労働判例181号70頁）と自己保健義務を明らかにしたものがあります。

　また、システムコンサルタント事件（東京高裁　平11.7.28判決　労働判例770号58頁）では、毎年、健康診断結果の通知を受けており、治療が必要な高血圧であることを知っていた上、精密検査を受けるよう指示されていたにもかかわらず、精密検査の受診や医師の治療を受けることをしなかったことを理由に、過失相殺（会社の損害賠償額を減じる）しています。

　このように労働者が健康診断を受診しない、健診結果を提出しないなどの場合には、使用者はその限りにおいて安全配慮義務を免れ、あるいは軽減されて、過失相殺という形で労働者自身に責任を帰すことがあります。

システムコンサルタント事件（東京高裁　平11.7.28判決、最高裁平15.10.13決定により確定　労働判例791号 6 頁）

〈判決の要旨〉

　システム開発業務のプロジェクトリーダーを務めていたシステムエンジニアが脳幹部出血により死亡した労働者の遺族が損害賠償請求を行ったもの。同人の死亡は、その基礎疾患である本態性高血圧が、慢性的な長時間労働（1979年入社以来、年平均3000時間近く）による過重業務により増悪したものであり、業務と死亡との間の相当因果関係が認められる。定期健康診断では、1983年頃から高血圧、1989年の結果で176/112mmHg、心胸比55.6％を認めているので、会社は死亡について予見可能であった。高血圧が要治療状態の労働者に対して、脳出血などの致命的な合併症が発生する可能性が高いことを考慮して、持続的な精神的な緊張を伴う荷重な業務に就かせないようにしたり、業務を軽減するなど

— 111 —

の配慮をすべき義務があった。会社は同人に過大な精神的負担がかかっていることを認識できたにもかかわらず、特段の負担軽減措置をとることなく過重な業務を継続させたと認められることから、会社の安全配慮義務違反が認められるとして認容された。

　専門業務型裁量労働制であったと会社は主張するが、そうであったとしても会社に健康配慮義務違反があったとするもの。3200万円の賠償命令。

8　二次健康診断

　二次健康診断については受診を義務づけるための法令上の根拠がありません。しかし、労働者に異常所見があることを知りながら、通常どおり業務を行わせた結果、その社員が倒れたり亡くなったりした場合は、会社は安全配慮義務違反に問われ、損害賠償請求されることもあります。

　そこで、就業規則等に「会社が必要と判断した場合は、再検査を命じることがある」といった旨の規定を定めておき、就労にあたって時間外労働の制限などの配慮をすることが求められます。

　それでも再検査に行かない場合は、このような規定を根拠に労務提供の受領を拒否するという対応も可能です。

〔実務のポイント〕～二次健診の費用

　二次健診の受診勧奨のために、費用を負担しているという企業もあります。人数にもよると思いますが、受診率を上げて、従業員の健康を維持するためにも費用負担は一考に値します。また、勤務時間内の受診を認めるというのも効果があります。

9　健康診断後の実務

（1）結果の記録と保存

　健康診断の結果は、健康診断個人票を作成し、それぞれの健康診断によっ

第 5 章　健康診断

て定められた期間、保存しておかなくてはなりません。（安衛法66条の 3 、
103条 1 項）

健康診断の記録保存期間

5 年保存	一般健康診断、有機溶剤等健康診断、鉛健康診断、四アルキル鉛健康診断、特定化学物質健康診断、高気圧業務健康診断、歯科健康診断
7 年保存	じん肺健康診断
30年保存	特定化学物質健康診断のうち特別管理物質（製造し、取り扱う業務に従事する者）の健康診断、電離放射線健康診断、除染業務健康診断
40年保存	石綿健康診断

（2）健康診断の結果についての医師等からの意見聴取

　健康診断の結果に基づき、健康診断の項目に異常の所見のある労働者について、労働者の健康を保持するために必要な措置について、医師（歯科医師による健康診断については歯科医師）の意見を聞かなければなりません（安衛法66条の 4 ）。産業医の意見を聴くことが適当ですが、産業医選任の義務のない事業場においては、地域産業保健センターを利用することができます。

　医師等の適切な意見を聴くためには、医師等に労働者に関する情報（健康診断結果、労働時間、残業時間、作業の状態、作業負荷の状況、深夜業の状況）を適切に提供する必要があります。（第 2 章　安全衛生管理体制　1 （ 4 ）産業医参照）

（3）事後措置

　健康診断を実施した結果、異常の所見があると診断された労働者について、その健康を保持するために必要な措置について医師または歯科医師から意見を聴き、その意見を勘案し、就業場所の変更、作業の転換、労働時間の短縮、深夜業の回数の減少等の措置を講じることを事業者に義務付けています（安衛法66条の 5 第 1 項）。事後措置の適切かつ有効な実施が行われるように「健康診断結果に基づき事業者が講ずべき措置に関する指針」（改正平20. 1 .31健康診断結果措置指針公示第 7 号）が示されています（安衛法66

— 113 —

条の5第2項）。

　また、脂質異常症、高血圧等の脳・心臓疾患の発症と関係が深い健康診断項目に異常所見のある人については、過労死等のリスクが高いということで、過労死や職業性疾病を予防するために、厚生労働省は、定期健康診断の有所見率を下げることを重点施策としています（「定期健康診断における有所見率の改善に向けた取組について」（平22.3.25　基発0325第1号））。

　糖尿病、高血圧症、心疾患、腎不全等の有所見者は熱中症になりやすいということなので、有所見率の改善は熱中症対策でも重要です。

Q5-9　健康診断を受診したが会社で行う事後措置とはなにか

A　健康診断を実施したあと、その結果に基づいて事業主が行うこと（事後措置）には以下のものが考えられます。（衛生委員会等で協議することが適切です）

イ）労働者に対して就業区分を決定する。

　産業医や専門家に対し、通常勤務が可能か、勤務による負荷を軽減するため、労働時間の短縮、出張の制限、時間外労働の制限、労働負荷の制限、作業の転換、就業場所の変更、深夜業の回数の減少、昼間勤務への転換等の措置を講じる必要があるか、および勤務を休む必要があるか等の区分を決定します。

ロ）作業環境について見直しを行う。

　粉じんや騒音といった作業環境が劣悪なために健康障害を発症していることがわかった場合、施設または設備の設置または整備、作業方法の改善その他の適切な措置を講じます。

（石川労働局労働基準部健康安全課より一部加工）

（4）結果の通知

　健康診断結果は、労働者に通知しなければなりません（安衛法66条の6）。

　　参考：京和タクシー事件（京都地裁　昭57.10.7判決　労働判例404号72頁）

　　　　　肺の異常で要精密検査とされた雇入れ時健康診断の結果を本人に

第5章　健康診断

知らせず、運転業務に従事させ、肺結核が悪化して、入院、休職となった。詳細は第8章　病者の就業禁止

（5）健康診断の結果に基づく保健指導

　健康診断の結果、特に健康の保持に努める必要がある労働者に対し、医師や保健師による保健指導を行うよう努めなければなりません（安衛法66条の7）。これは努力義務ですが、全く放置しておいていいという意味ではありません。健康診断の結果異常のある労働者に対して、悪化するのを防ぐために食生活等を改善指導することは、本人のためにも会社のためにも望ましいことです。

　また、同法66条の5に基づき、「健康診断結果に基づき事業者が講ずべき措置に関する指針」を定め、定期健康診断、自発的健康診断（同法66条の2）および労災保険法に基づく二次健康診断の実施後の保健指導として、日常生活面での指導、健康管理に関する情報の提供、再検査または精密検査や治療のための受診の勧奨等を行うことを勧めています。

労働安全衛生法に基づく健康診断に関するFAQ

　事業場における保健指導は、保険者（全国健康保険協会、各市町、健康保険組合など）が行う特定保健指導等を活用することが可能となっています。

　事業場に産業医のいない小規模事業場では、地域産業保健センターが行う保健指導（原則無料）の利用も可能です。

　特定保健指導等を活用するためには、一般健康診断データ（40歳〜74歳）を保険者に提供する必要があります。データの提供については、次の点に留意してください。

　保険者への一般健康診断データの提供は、

○法令の定め（高齢者の医療の確保に関する法律第27条）により、事業者の義務となっています。

○法令の定めによるため、個人情報保護法に基づく労働者本人の同意は不要です。

○事業場の同意書により、健診機関から直接電子ファイルが保険者に提供されます。

> 【参考】特定保健指導等は、次のとおり行われます。（詳細は各保険者に確認してください）
> ・特定保健指導は、メタボリックシンドロームのリスクが高い方（40歳〜74歳）を対象に、6か月間にわたり行われます。
> ・特定保健指導には、リスク数に応じて積極的支援と動機づけ支援の2つがあります。保健師が、職場に赴き対象者と面談（相談）を行い、対象者と電話、手紙、メールなどでやりとりをして、一緒に立てた生活改善目標を達成するための指導を行います。
> ・リスクが低く特定保健指導の対象とならない方や40歳未満の方に対しても、希望者には保健指導が行われます。

（石川労働局労働基準部健康安全課より一部加工）

Q5−10　労働安全衛生法には保健指導等についての条文があります。保健指導等は、会社として実施しなければいけないものかどうか、義務があるのかを教えていただけないでしょうか。当事業所では、定期健診・特殊健診・有所見者面談を実施しており、産業医は非常勤（月1回来社）、保健師はいません。今後の対応に苦慮していますのでお手数をおかけしますが、ご回答よろしくお願いします。

A　保健指導や健康教育は、労働安全衛生法では、66条1項の規定による健康診断若しくは当該健康診断に係る同条5項ただし書の規定による健康診断または66条の2の規定による健康診断の結果、特に健康の保持に努める必要があると認める労働者に対し、医師または保健師による保健指導を行うように努めなければならないと定められています（同法66条の7）。このように、努力義務とされているので、どうしてもやらなければならないというわけではありません。

Q5−11　高血圧なのに病院に行かない従業員がいます。再三、病

第5章　健康診断

院に行くように指導したのですが、全く聞こうとしません。このような
場合、再三指導したのだから、何かあっても会社の責任は問われないの
でしょうか。

A　いろいろな状況があるので、問われないと断言することはできません。例えば、明らかに顔色が悪く、健康を害していると思われるのに、残業をさせたという状況であれば、責任を問われる可能性があります。実際、システムコンサルタント事件では、高血圧の社員に長時間労働をさせていて、死亡した際、会社の安全配慮義務違反が認められています。どうしても受診しないのであれば、再三、病院に行くように指導したことを記録しておく必要はあります。また、就労にあたって高血圧であることによる配慮が必要かどうか産業医に相談してください。

Q5-12①　当社では、専任の保健師を置いて保健指導をしています。しかし、保健指導を受けても積極的に生活改善などをしてくれない社員がいるのも現実で、高血圧が改善されず、とうとう脳内出血を発症してしまった社員がいます。近々退職するのですが、何か配慮してあげられることはありませんか。（労組役員）

Q5-12②　弊社従業員の1名が過去に「うつ状態」で休職し健保組合から「傷病手当金」を受けていました。その後職場復帰し3年ほど経過して、再度「うつ状態」の診断書で（病院は別ですが）休業療養しています。同じ病気で1年6か月経過すると、「傷病手当金」は支給されないと聞いています。休職はできても生活が困窮してしまいます。なにか救済制度はあるのでしょうか？　ご教示いただけないでしょうか。よろしくお願いいたします。（労務担当者）

A　保健指導の見直しや健康教育の徹底も必要です。半身麻痺がある場合は障害年金（厚生年金・国民年金）の受給可能性があるので教えてあげてください。厚生年金に加入している間に初診日のある病気やケガで障害基礎年金の1級または2級に該当する障害の状態になったときは、障害基礎年金に上乗せして障害厚生年金が支給されます。また、障

— 117 —

害の状態が２級に該当しない軽い程度の障害のときは３級の障害厚生年金受給の可能性もあります。また、国民年金の加入期間に初診日がある場合は障害基礎年金受給の可能性があります。

障害厚生年金の受給要件は、①厚生年金加入期間に初診日があること ②一定の障害の状態にあること（「国民年金・厚生年金保険 障害認定基準」※参照） ③保険料納付要件：初診日の前日において、次のいずれかの要件を満たしていることが必要です。

　a 初診日のある月の前々月までの公的年金の加入期間の２／３以上の期間について、保険料が納付または免除されていること。

　b 初診日において65歳未満であり、初診日のある月の前々月までの１年間に保険料の未納がないこと。

手続き・相談の窓口は年金事務所です。

同様に、Ｑ12-②のうつ状態についても上記要件を満たしていれば障害厚生年金または障害基礎年金の受給可能性があります。

※「国民年金・厚生年金保険 障害認定基準」
https://www.nenkin.go.jp/service/jukyu/shougainenkin/ninteikijun/20140604.html

Q5－13 保健指導への取組みを促進するため、保健師による指導が規定されていますが、看護師による指導ではだめなのでしょうか。また、保健師とはどのような資格ですか。（衛生管理者）

A 職場における労働者の健康管理を充実するため、労働者の健康管理等の一部である保健指導に係る事項について、それを行うのに必要な知識を有する保健師を活用することが事業者の努力義務とされています。以下のとおり、労働安全衛生法の規定（13条の２、66条の７）において保健師と規定されているので、看護師による指導ではだめだということになります。

保健師とは、所定の専門教育を受け、地区活動や健康教育・保健指導などを通じて疾病の予防や健康増進など公衆衛生活動を行う地域看護の専門家です。保健師を保健師助産師看護師法において、「厚生労働大臣

— 118 —

第5章　健康診断

の免許を受けて、保健師の名称を用いて、保健指導に従事することを業
とする者」と定められており、大学や保健師養成校にて所定の教育を受
けた後、保健師国家試験に合格して得られる国家資格（免許）です。

（6）結果報告

　常時50人以上の労働者を使用している事業者は、定期健康診断（安衛則44
条）、特定業務従事者の健康診断（安衛則45条）または歯科医師による健康
診断（安衛則48条）（定期のものに限る。）を行ったときは、遅滞なく、定期
健康診断結果報告書（様式第6号）を所轄労働基準監督署長に提出しなけれ
ばなりません（安衛法100条　安衛則52条）。

　事業者は（規模を問わず）、特殊健康診断を行ったときは、遅滞なく、各々
の健康診断結果報告書を所轄労働基準監督署長に提出しなければなりません
（安衛法100条）。

Q5-14　有機溶剤健康診断実施時に在籍していて、健康診断未実
施の従業員が、結果報告前に退職してしまいました。「在籍労働者数」、
「従事労働者数」および「受診労働者数」の欄に、健診実施後退職した
従業員の労働者の数も記入するのでしょうか。

A　有機溶剤健康診断結果報告書の記入要領には、

> 9　「在籍労働者数」、「従事労働者数」および「受診労働者数」
> の欄は、健診年月日現在の人数を記入すること。

と書かれているので、退職してしまっても、健康診断実施日の在籍労働
者数と従事労働者数には算入する必要があります。

　100％受診とはなりませんが、監督署に申し出る必要はありません。
仮に、臨検監督があった場合に、事情が説明できればいいと思います。
したがって、未受信者の名前と退職年月日を記録しておいてください。

Q5-15　定期健康診断結果報告書に健康診断を行った医師ではな
く、産業医の確認がどうしても必要なのでしょうか。

A 健康診断を担当する医師は、健診結果に基づいて「異常なし、要精密検査、要治療」など一般的な判断を行います。産業医の職務は、職場の作業環境の改善を通して快適職場づくりを応援することにあり、例えば、一つの疾病について治療を行うだけでなく何が疾病の要因となったのか、その要因による影響をコントロールし健康を回復させるにはどうすればよいか、同じ職場に多発しているとすれば、それは職場環境に原因があるのかを考えることを職務としています。また、労働者の適正配置を助言したり、労働者が置かれている職場環境を経営者に報告して改善策を考慮してもらったりすることを職務としています。

このために、健康診断結果について産業医がきちんと関与しているかどうかを判断するため、監督署に対する健康診断結果報告書に産業医の記名が必要とされています。

Q5−16 未受診者がいて、何回も受診を勧めているが、受けません。健康診断結果報告書に未受診者がいる場合、監督署の窓口で指導されるのでしょうか。

A 窓口で指導されることはありません。後日、民事訴訟などで会社の責任を問われないために受診しない事情を記録しておかなければなりません。

Q5−17 健康診断の有所見率というのはどうやって算出しているのでしょうか。

A 常時使用する労働者数が50人以上の事業場から毎年提出される『定期健康診断の結果報告書』を厚生労働省で集計したものです。

10 健康管理手帳

がんその他の重度の健康障害を発生させるおそれのある業務に従事したことがあり、一定の要件に該当する者は、離職の際または離職後に都道府県労

第5章　健康診断

働局長に申請し審査を経た上で、健康管理手帳が交付されます（安衛法67条）。

　健康管理手帳の交付を受けると、指定された医療機関で、定められた項目についての健康診断を決まった時期に年2回（じん肺の健康管理手帳については年1回）無料で受けることができます。

健康管理手帳の交付対象業務（平成31年4月現在）

（安衛令23条、安衛則53条）

業　　　務	要　　　件
1　ベンジジンおよびその塩（これらの物をその重量の1％を超えて含有する製剤その他の物を含む。）を製造し、または取り扱う業務 2　β-ナフチルアミンおよびその塩（これらの物をその重量の1％を超えて含有する製剤その他の物を含む。）を製造し、または取り扱う業務	当該業務に3か月以上従事した経験を有すること（注1）
3　じん肺法2条1項3号に規定する粉じん作業に係わる業務（注2）	じん肺法の規定により決定されたじん肺管理区分が管理2または管理3であること
4　クロム酸および重クロム酸並びにこれらの塩（これらの物をその重量の1％を超えて含有する製剤その他の物を含む。）を製造し、または取り扱う業務。ただし、これらの物を鉱石から製造する事業場以外の事業場における業務を除く	当該業務に4年以上従事した経験を有すること
5　無機砒素化合物（アルシン及び砒化ガリウムを除く。）を製造する工程において粉砕をし、三酸化砒素を製造する工程において、焙焼若しくは精製を行い、または砒素をその重量の3％を超えて含有する鉱石をポット法若しくはグリナワルド法により精錬する業務	当該業務に5年以上従事した経験を有すること
6　コークスまたは製鉄用発生炉ガスを製造する業務（コークス炉上において若しくはコークス炉に接して、またはガス発生炉上において行う業務に限る。）	当該業務に5年以上従事した経験を有すること

— 121 —

7　ビス（クロロメチル）エーテル（これをその重量の１％を超えて含有する製剤その他の物を含む。）を製造し、または取り扱う業務	当該業務に３年以上従事した経験を有すること
8　ベリリウムおよびその化合物（これをその重量の１％を超えて含有する製剤その他の物（合金にあっては、ベリリウムのその重量３％を超えて含有する物に限る）を含む）を製造し、または取り扱う業務（これらの物のうち粉状の物以外の物を取り扱う業務を除く。）	両肺野にベリリウムによる慢性の結節性陰影があること
9　ベンゾトリクロリドを製造し、または取り扱う業務（太陽光線により塩素化反応をさせることによりベンゾトリクロリドを製造する事業における業務に限る。）	当該業務に３年以上従事した経験を有すること
10　塩化ビニルを重合する業務または密閉されていない遠心分離器を用いてポリ塩化ビニル（塩化ビニルの共重合体を含む。）の懸濁液から水を分離する業務	当該業務に４年以上従事した経験を有すること
11　石綿（これをその重量の0.1パーセントを超えて含有する製剤その他の物を含む。）の製造又は取扱いの業務（直接業務）及びそれらに伴い石綿の粉じんを発散する場所における業務（周辺業務）	※
12　ジアニシジンおよびその塩（これをその重量の１％を超えて含有する製剤その他の物を含む。）を製造し、または取り扱う業務	当該業務に３か月以上従事した経験を有すること（注１）
13　1,2-ジクロロプロパン（これをその重量の１パーセントを超えて含有する製剤その他の物を含む。）を取り扱う業務（厚生労働省令で定める場所における印刷機その他の設備の清掃の業務に限る。）	当該業務に２年以上従事した経験を有すること
14　オルト-トルイジンおよびオルト-トルイジンを含有する製剤その他の物を製造し、または取り扱う業務	当該業務に５年以上従事した経験を有すること。

（注１）ベンジジン、β-ナフチルアミン、またはジアニシジンに関する業務の従事期間を合計して３か月以上となる方は交付要件を満たします。

（注２）粉じん作業には、石綿を取り扱う作業も含まれているため、石綿を取り扱う作業に従事した方については、交付要件を満たす場合、「11」だけでな

第5章　健康診断

く「3」の健康管理手帳の交付を受けることができます。

※（1）両肺野に石綿による不整形陰影があり、又は石綿による胸膜肥厚が
あること。

　　　（直接業務及び周辺業務が対象）

（2）下記の作業に1年以上従事していた方。（ただし、初めて石綿の粉じ
んにばく露した日から10年以上経過していること。）

　　　（直接業務のみが対象）

　　　○石綿等の製造作業

　　　○石綿が使用されている保温材、耐火被覆材等の張付け、補修もしく
は除去の作業

　　　○石綿の吹き付け作業又は石綿が吹き付けられた建築物、工作物等の
解体、破砕等の作業

（3）（2）の作業以外の石綿を取り扱う作業に10年以上従事していた方。

　　　（直接業務のみが対象）

（4）（2）と（3）に掲げる要件に準ずるものとして厚生労働大臣が定め
る用件に該当すること。

　　　（2）の作業に従事した月数に10を乗じて得た数と（3）の作業に従
事した月数との合計が120以上であって、かつ、初めて石綿等の粉じん
にばく露した日から10年以上経過していること（平19.8.31　厚生労働
省告示292号）。

11 健康診断の費用と賃金

（1）法定健康診断の費用と賃金

　労働安全衛生法66条に基づく健康診断の費用については、事業者に健康診
断の実施を義務付けているので、当然、事業者が負担すべきものです（昭
47.9.18　基発602）。

　健康診断の受診に要した時間に対する賃金の支払いについては、前掲通達
で厚生労働省は次のように指導しています。

①　一般健康診断は、一般的な健康の確保を図ることを目的として事業者
にその実施義務を課したものであり、業務遂行との関連において行われ
るものではないので、その受診のために要した時間については、当然に
は事業者の負担すべきものではなく労使協議して定めるべきものである
が、労働者の健康の確保は、事業の円滑な運営の不可欠な条件であるこ

— 123 —

とを考えると、その受診に要した時間の賃金を事業者が支払うことが望ましいこと。

②　特殊健康診断は、事業の遂行にからんで当然実施されなければならない性格のものであり、それは所定労働時間内に行われるのを原則とすること、また、特殊健康診断の実施に要する時間は労働時間と解されるので、当該健康診断が時間外に行われた場合には、当然割増賃金を支払わなければならないものであること。

（2）再検査・精密検査の費用負担

　再検査・精密検査については労働安全衛生法により義務づけられたものではないので、会社が負担する義務はありません。

　労働安全衛生法66条の４では、有所見とされた従業員については医師の意見を聞くことが必要であるとされており、当然、その意見を尊重して当該従業員に対する適切な職場安全配慮の措置（勤務時間の短縮・変更、勤務内容・勤務場所の変更、休業等）を講ずることが求められています（同法66条の５）。

労災保険による二次健康診断

　脳血管疾患および心臓疾患の発生を予防するために、労災保険により二次健康診断等を給付する制度があります（労災保険法26条）。

　労災病院または都道府県労働局長が指定する病院もしくは診療所において、直接二次健康診断（脳血管および心臓の状態を把握するために必要な検査（１年度内に１回に限る））および特定保健指導そのものが給付されます。したがって、受診した労働者は、二次健康診断および特定保健指導に要する費用を一時的に立替払いして負担する必要はありません。

《給付を受けるための要件》

1　労働安全衛生法66条１項または同条５項ただし書の規定による健康診断（雇い入れ時の健康診断、定期健康診断、特定業務従事者の健康診断、海外派遣労働者の健康診断）のうち、直近のもの（以下「一次健康診断」といいます）において、次の検査のすべてに異常所見が認められること

第5章　健康診断

血圧検査、血中脂質検査、血糖検査、腹囲の検査または肥満度
（BMI）の測定

なお、一次健康診断の担当医師により、4つの検査のうち、1つ以
上の項目で異常なしの所見があっても、それらの検査項目について、
就業環境等を総合的に勘案すれば、異常の所見が認められると産業医
等から診断された場合は産業医等の意見を優先する

2　脳血管疾患または心臓疾患の症状を有していないこと

3　特別加入者でないこと

12　特定健康診査と安衛法の健康診断

高齢者等の医療の確保に関する法律により、特定健康診査が医療保険者に
義務付けられています。特定健康診査の検診項目である腹囲測定に合わせ
て、労働安全衛生法の一般健康診断でも腹囲測定が項目に加えられていま
す。特定健康診査の対象者は、40歳以上75歳未満、並びに35歳の節目の人で
す。事業場において実施される定期健康診断において、特定健診項目につい
ては、医療保険者に対して、標準的な電子媒体等でデータの提供を行うこと
が義務付けられています。

第6章 過重労働対策

1 過重労働と健康

(1) 脳・心臓疾患発生に関する医学的知見

「過労死認定基準」の考え方の基礎となった医学的検討結果によると、長期間にわたる長時間労働やそれによる睡眠不足に由来する疲労の蓄積が血圧の上昇などを生じさせ、その結果、血管病変等をその自然経過を超えて著しく増悪させるとの観点から、労働時間が疲労の蓄積をもたらす最も重要な要因と考えられるとされています。

長期間にわたる1日4〜6時間以下の睡眠不足状態では、脳・心臓疾患の有病率、発病率、死亡率を高めるという医学的知見により、1日の睡眠時間がどれぐらい確保できるかという観点から、以下に示す1か月の時間外労働時間数45時間、80時間、100時間が決定されています（「脳・心臓疾患の認定基準に関する専門検討会報告」（平13.11.16））。

- 睡眠時間が**6時間未満** → 狭心症や心筋梗塞の有病率が高い。（1か月の時間外労働45時間）

- 睡眠時間が**5時間以下** → 脳・心臓疾患の発病率が高い。（1か月の時間外労働80時間）

- 睡眠時間が**4時間以下** → 冠状動脈性心疾患による死亡率は7〜7.9時間睡眠の人と比較すると2.08倍である。（1か月の時間外労働100時間）

（有病率：ある時点における、病気・けがをしている人の人口に対する割合）

時間外・休日労働時間と健康障害のリスク

時間外・休日労働時間と健康障害リスクとの関連について

長時間労働は、仕事による負荷を大きくするだけでなく、睡眠・休養の機会を減少させるので、疲労蓄積の重要な原因のひとつと考えられています。医学的知見を踏まえると、長時間労働と脳・心臓疾患の発症などの関連性は右の図のようになりますので参考にしてください。

（2）精神障害による労働災害認定基準と労働時間

「心理的負荷による精神障害等の認定基準」（平23.12.26　基発1226第1号、改正令2.8.21基発0821第4号）では、精神障害の発症に長時間労働が関わっている場合の認定方法が明確に示されています。

■「極度の長時間労働」としてそれだけで心理的負荷が強いと判断される。
① 「特別な出来事」としての「極度の長時間労働」
　・発病直前の1か月におおむね160時間以上の時間外労働を行った場合
　・発病直前の3週間におおむね120時間以上の時間外労働を行った場合

■長時間それ自体を「出来事」として評価表に入れた。
② 「出来事」としての長時間労働
【「強」になる例】
　・発病直前の2か月間連続して1月当たりおおむね120時間以上の時間外労働を行った場合
　・発病直前の3か月間連続して1月当たりおおむね100時間以上の時間外労働を行った場合
③　他の出来事と関連した長時間労働
　　出来事が発生した前や後に恒常的な長時間労働（月100時間程度の時間外労働）があった場合、心理的負荷の強度を修正する要素として評価します。

第6章　過重労働対策

【「強」になる例】
　・転勤して新たな業務に従事し、その後月100時間程度の時間外労働
　　を行った場合
　（ここでの時間外労働は週40時間を超える労働時間をいう。）

2　過重労働対策

　厚生労働省の「過重労働による健康障害防止のための総合対策」（改正令2.4.1　基発0401第11号　雇均発0401第4号）の「過重労働による健康障害防止のため事業者が講ずべき措置」によると以下のような対策の実施が求められています。

（1）時間外・休日労働時間の削減
限度時間と指針に適合した36協定※

　　※労基法36条に基づく時間外労働・休日に関する協定
　・36協定の内容が「労働基準法第36条第1項の協定で定める労働時間の延長および休日の労働について留意すべき事項等に関する指針」（平成30年厚生労働省告示第323号）に適合したものとする。
　・限度時間を超え時間外・休日労働させることができる時間を限度時間（月45時間、1年360時間）にできる限り近づけるように協定するよう努めなければならない。
　・実際の時間外労働を1月あたり45時間以下とするよう努める。
　・休日労働についても削減に努める。

《実務のポイント～休日を確保すること》
　「過労死認定基準」に、「休日のない連続勤務が長く続くほど業務と発症との関連性をより強めるものであり、逆に、休日が確保されている場合は、疲労は回復ないし回復傾向を示すものである。」とあります。長時間の時間外労働が続く場合は、特に休日を確保することが必要です。

労働時間の適正把握

　「労働時間の適正な把握のために使用者が講ずべき措置に関するガイドライン」（平29.1.20　基発0120第3号）に基づき、労働時間の適正な把握を行う。

労働時間の状況の把握と過重労働にならないような措置

　裁量労働制の適用者や管理監督者等を含む全ての労働者について、長時間労働者の面接指導等を実施するため、タイムカードによる記録、パーソナルコンピュータ等の使用時間の記録等の客観的な方法その他適切な方法により、労働者の労働時間の状況を把握し（安衛法66条の8の3、安衛則52条の3第1項、第2項）、過重労働にならないよう十分な注意喚起等の措置を行う。

（2）年次有給休暇の取得促進
・年5日間の年次有給休暇の取得（労基法39条7項）
・年次有給休暇を取得しやすい職場環境づくり
・計画的付与制度の活用

（3）労働時間等の設定の改善
・「労働時間等見直しガイドライン」（労働時間等設定改善指針　平成20年厚生労働省告示108）に基づき必要な措置を講じる。
・勤務間インターバル制度(労働時間設定改善法2条1項)の導入に努める。

（4）健康管理体制の整備、健康診断の実施等
ア　産業医、衛生管理者等の選任
・産業医、衛生管理者、衛生推進者等に健康管理に関する職務を適切に行わせる。
・常時50人未満の産業医を選任する義務のない事業場は、地域産業保健センターの産業保健サービスを活用する。

イ　産業医への情報提供（安衛法13条）
○産業医に対して、以下の情報を提供しなければなりません。

第6章　過重労働対策

・①健康診断実施後の措置、②長時間労働者等に対する面接指導実施後の
　措置、③ストレスチェックに基づく面接指導実施後の既に講じた措置ま
　たは講じようとする措置の内容に関する情報（措置を講じない場合は、
　その旨・その理由）
・時間外・休日労働時間が1月当たり80時間を超えた労働者の氏名・当該
　労働者に係る当該超えた時間に関する情報（高度プロフェッショナル制
　度対象労働者については、1週間当たりの健康管理時間が40時間を超え
　た場合におけるその超えた時間（健康管理時間の超過時間））
・労働者の作業環境、労働時間、作業態様、作業負荷の状況、深夜業の回
　数・時間数などのうち労働者の業務に関する情報であって産業医が労働
　者の健康管理等を適切に行うために必要と認めるもの
○事業者は、産業医の勧告を受けたときは、勧告を受けた後、遅滞なく勧告
　の内容、勧告を踏まえて講じた措置または講じようとする措置の内容（措
　置を講じない場合にあっては、その旨・その理由）を衛生委員会等に報告
　しなければなりません。

ウ　産業医等が健康相談に応じる体制の整備

○産業医の業務の具体的な内容、産業医に対する健康相談の申出の方法（健
　康相談の日時・場所等を含む。）および産業医による労働者の心身の状態
　に関する情報の取扱いの方法について労働者に周知する。
○医師等の業務の具体的な内容、医師等による健康相談の申出の方法（健康
　相談の日時・場所等を含む）および医師等による労働者の心身の状態に関
　する情報の取扱いの方法について労働者に周知するよう努める。

エ　衛生委員会等における調査審議

○衛生委員会等を毎月1回以上開催する。
○衛生委員会等において、次の枠内に掲げる長時間労働者等に対する面接指
　導および労働者のメンタルヘルス対策に関する事項等について調査審議
　する。
○常時使用する労働者が50人未満の事業者においては、関係労働者の意見を
　聴くための機会を設ける等労働者の意見が反映されるよう努める。

《長時間労働者等に対する面接指導等に係る事項》
○高度プロフェッショナル制度適用者以外について
　①　長時間にわたる労働による労働者の健康障害の防止対策の実施計画の策定等に関すること
　②　裁量労働制の適用者や管理監督者等を含む全ての労働者（高度プロフェッショナル制度適用者を除く。）の労働時間の状況の把握に関すること
　③　面接指導等の実施方法および実施体制に関すること
　④　労働者の申出が適切に行われるための環境整備に関すること
　⑤　申出を行ったことにより当該労働者に対して不利益な取扱いが行われることがないようにするための対策に関すること
　⑥　面接指導等を実施する場合における「事業場で定める必要な措置の実施に関する基準」の策定に関すること
　⑦　面接指導または面接指導に準ずる措置の実施対象者（法令により義務づけられている面接指導の実施対象者を除く。）を定める基準の策定に関すること
　⑧　事業場における長時間労働による健康障害の防止対策の労働者への周知に関すること
○高度プロフェッショナル制度適用者について（省略）

オ　健康診断の実施

○常時使用する労働者に対し定期健康診断を実施する。
○深夜業を含む業務に常時従事する労働者に対しては、6か月以内に1回の特定業務従事者健康診断を実施する。
○健康診断、健康診断結果についての医師からの意見聴取、健康診断実施後の措置、保健指導等を確実に実施する。

カ　健康診断結果に基づく適切な事後措置の実施

○　健康診断において異常の所見があった者については、健康保持のために必要な措置についての医師の意見を聴き、必要な事後措置を講じなけれ

第6章　過重労働対策

ばならない。

富士保安警備事件（東京地裁　平8.3.28判決　労働判例694号34頁）
〈事件の概要〉

　被災労働者Aは、1977年に警備請負会社に入社し、病院における夜間および休日の警備業務に12年間従事していた。入社当初から高血圧を指摘されていたが、1988年4月に冠不全・高血圧症と診断されて以降、降圧剤の投与を受けていた。Aの最高血圧は、内服を続けている場合は安定していたが、服用しないと150ないし160になることがあった。1990年4月23日、Aは、宿直室で脳梗塞を発症しているところを発見され、意識が回復しないまま、同年5月9日に死亡した。Aの労働時間は、脳梗塞発症前の4週間で、拘束時間が432時間、労働時間が320時間であり、その間休日がなかった。仮眠用のベッドは、当直勤務の事務職員待機場所と同一の6畳間に置かれ、安眠することが困難な環境だった。

〈判決の内容〉

　被告会社は、雇用契約上の信義則に基づき、使用者として労働者の生命、身体および健康を危険から保護するように配慮するべき義務（安全配慮義務）を負い、その具体的内容としては、労働時間等について適正な労働条件を確保し、さらに健康診断を実施して、労働者の健康状態等に応じて従事する作業時間および内容の軽減等の適切な措置をとる義務があるにもかかわらず、被告会社は、労働基準法および就業規則に定める労働時間、休日の保障を全く行わず、恒常的な過重業務を行わせ、Aを採用して以来健康診断を全く行わず、健康状態を把握しなかった上で、Aの高血圧等の基礎疾患を認識できたにもかかわらず業務軽減等の措置をとらなかったとして、債務不履行（安全配慮義務違反）および不法行為に基づく損害賠償請求を認容した。

　また、代表取締役（Y2）は、前記安全配慮義務を履行する職責を負っていたにもかかわらずこれを怠り、その結果Aを脳梗塞発症に至らしめたとして、不法行為（民法709条）に基づく損害賠償責任を認めた。

システムコンサルタント事件　第5章健康診断　7労働者の自己保健義務参照

—133—

キ 自発的健康診断制度の活用等

○深夜業に従事する労働者を対象とした自発的健康診断制度や、労働者災害補償保険法26条に基づく二次健康診断等給付制度の活用について、労働者への周知に努める。

○労働者からこれらの制度を活用した健康診断の結果の提出があったときには、労働安全衛生法66条の5に基づく事後措置についても講ずる必要があることについて留意する。

（5）長時間労働者に対する医師による面接指導

ア 長時間労働の面接指導等の実施対象者

---

① ②③以外の労働者：月80時間超の時間外・休日労働を行い、疲労の蓄積が認められる者（申出）

② 研究開発業務従事者：月100時間超の時間外・休日労働を行った者

③ 高度プロフェッショナル制度適用者：1週間当たりの健康管理時間が40時間を超えた場合におけるその超えた時間について月100時間を超えて行った者

イ 労働時間の状況の把握

○面接指導を実施するため、タイムカードによる記録、パーソナルコンピュータ等の使用時間の記録等の客観的な方法その他の適切な方法により、労働者の労働時間の状況を把握しなければなりません（安衛法66条の8の3、安衛則52条の7の3）。

※「労働時間の適正な把握のために使用者が講ずべき措置に関するガイドライン」に基づき、労働時間の適正な把握を行うようにしましょう。

※裁量労働対象労働者や管理・監督者等含む全ての労働者（高度プロフェッショナル制度適用者を除く）について、労働時間の状況を把握する必要があります。

※高度プロフェッショナル制度適用者については、健康管理時間（注1）の把握が必要です。

　　注1　健康管理時間＝事業場内にいた時間＋事業場外労働の時間

第6章　過重労働対策

　労働時間の算定は、毎月1回以上、一定の期日（例えば、賃金締切日）を定めて行わなければなりません（安衛則52条の2第2項）。

時間外・休日労働の計算式

1か月の時間外・休日労働時間数＝1か月の総労働時間数－（計算期間
　　　　　　　　　　　1か月間の総暦日数／7）×40

1か月の総労働時間数＝労働時間数（所定労働時間数）＋延長時間数（時
　　　　　　　　　　　間外労働時間数）＋休日労働時間数

この算定方法は、特例措置対象事業場（週44時間労働制）、変形労働時間制やフレックスタイム制を採用している事業場についても同様であること。

（改正労働安全衛生法施行通達　平18.2.24　基発0224003）

ウ　時間外・休日労働時間が月80時間を超えたら

事業者は、

・月80時間を超えた労働者本人に超えた時間に関する情報を通知しなければなりません（安衛法66条の8第1項、安衛則52条の2第3項）。

・時間外・休日労働が月80時間を超えない労働者についても、労働時間に関する情報について開示の求めがあれば、開示することが望まれます。

・申出をした労働者に対し、医師による面接指導を行わなければなりません（安衛法66条の8第1項、安衛則52条の3第3項）。

・時間外・休日労働時間が1月当たり80時間を超えた労働者の氏名と、超えた時間に関する作業環境、労働時間、深夜業の回数および時間数等の情報を産業医に提供しなければなりません（安衛法13条4項、安衛則14条の2第1項）

・面接指導を実施した医師から必要な措置について意見聴取を行い、必要と認める場合は、適切な事後措置を実施しなければなりません（安衛法66条の8第5項）。

　※小規模事業場では、産業保健総合支援センターの地域窓口において実施する、医師による面接指導を活用することができます。

　※時間外・休日労働時間1か月あたり80時間超100時間以下の研究開発業務従事者であって申出を行った者には医師による面接指導を行わなけれ

— 135 —

ばなりません。

労働者は

・面接指導の申出をし、医師による面接指導を受けることができます（安衛則52条の3第1項）。
　申出は書面や電子メール等の記録が残るものとします。

産業医は

・労働者に対し面接指導の申出をするよう勧奨することができます（安衛則52条の3第4項）。
　《参考》
　「長時間労働者への面接指導チェックリスト（医師用）」
　https://www.zsisz.or.jp/insurance/topics/checklist.html

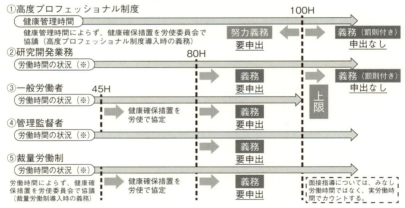

（※）労働者の健康管理に着目した労働時間の状況
（厚生労働省「過重労働による健康障害を防ぐために」）

第6章　過重労働対策

エ　事業場において独自基準を設定する

時間外・休日労働時間が月45時間を超えたら

○健康への配慮が必要な者が面接指導等の措置の対象となるよう基準を設定し、面接指導等（医師による面接指導または面接指導に準ずる措置※）を実施することが望まれます。

○必要と認める場合は、適切な事後措置を実施することが望まれます。

※面接指導に準ずる措置の例

例１）労働者に対し保健師等による保健指導を行う

例２）労働者の疲労蓄積度チェックリストで疲労蓄積度を把握し、必要な労働者に対し面接指導を行う

例３）事業者が産業医等から事業場の健康管理について助言指導を受ける

医師による面接指導に関して、事業者は次の措置を行わなければなりません。

オ　医師からの意見聴取・面接指導の結果の記録

事業者は、面接指導を実施した労働者の健康を保持するために必要な措置について、医師の意見を聴かなければなりません。

面接指導の結果の記録は、面接指導を実施した医師からの報告をそのまま保存することで足ります。

医師の意見聴取は、面接指導を実施した医師から面接指導の結果の報告に併せて行うことが適当です。

事業者は、面接指導等の記録を作成し、５年間保存しなければなりません。

カ　事後措置の実施の際に留意すべき事項

○医師の意見を勘案して、必要と認める場合は適切な措置を実施しなければなりません。

○面接指導により労働者のメンタルヘルス不調が把握された場合は、必要に応じて精神科医等と連携をしつつ対応を図りましょう。

○特にメンタルヘルス不調に関して、面接指導の結果、労働者に対し不利益な取扱いをしてはならないことに留意しましょう。

面接指導実施後の措置

面接指導の種類	事後措置
1　２以外で安衛法66条の８または66条の９の80時間超で申し出を行ったもの	就業場所の変更、作業の転換、労働時間の短縮、深夜業の回数の減少等
2　80時間を超え100時間を超えない研究開発業務従事者であって、申出を行ったもの）	同　　上
3　100時間を超える研究開発業務従事者の場合	就業場所の変更、職務内容の変更、年次有給休暇の付与、労働時間の短縮、深夜業の回数の減少等

キ　面接指導等を実施するための手続等の整備

○衛生委員会等で調査審議のうえ、以下の①および②を図りましょう。

①　申出様式の作成、申出窓口の設定など申出手続を行うための体制の整備

②　労働者に対し、申出方法等の周知徹底

時間外・休日労働時間が月80時間超の労働者全員に対して面接指導を実施する場合は、事業者は対象者全員に面接指導の実施の通知等を行い、労働者が申込みを行ったことなどをもって申出を行ったものとみなします。

○面接指導を実施する医師は、産業医や産業医の要件を備えた医師等が望まれます。

○面接指導の実施の事務に従事した者には、その実施に関して守秘義務が課せられます。

○派遣労働者への面接指導は、派遣元事業者に実施義務が課せられます。

○時間外・休日労働時間が月80時間超の労働者全員に対して面接指導を実施する場合は、事業者は対象者全員に面接指導の実施の通知等を行い、労働者が申込みを行ったことなどをもって申出を行ったものとみなします。

ク　常時使用する労働者が50人未満の事業者

事業者自ら医師を選任し、面接指導を実施することが困難な場合には、地域産業保健センターを活用することができます。

キの手続等の整備を行う場合には、事業者は、労働安全衛生規則23条の2に基づき設けた関係労働者の意見を聴くための機会を利用するように努めましょう。

対象となる労働者の勤務の状況（例えば直近1か月の総労働時間、時間外・休日労働時間、業務内容等）を記した書面を地域産業保健センターの医師に提出するとともに、労働安全衛生規則52条の6に基づき当該面接指導の結果を記録し保存しておかなければなりません。

（6）メンタルヘルス対策の実施
第7章　メンタルヘルス対策　参照

（7）過重労働による業務上の疾病を発生させた場合の措置
ア　原因の究明
労働時間の適正管理、労働時間および勤務の不規則性、拘束時間の状況、出張業務の状況、交替制勤務・深夜勤務の状況、作業環境の状況、精神的緊張を伴う勤務の状況、健康診断および面接指導等の結果等について、多角的に原因の究明を行うこと。

イ　再発防止
究明した原因に基づき、衛生委員会等の調査審議を踏まえ、前記（1）～（5）の、時間外・休日労働時間の削減、年次有給休暇の取得促進、労働時間等の設定の改善、健康管理体制の整備および健康診断の実施等、長時間にわたる時間外・休日労働を行った労働者に対する面接指導等（高度プロフェッショナル制度適用者を除く）、高度プロフェッショナル制度適用者に対する面接指導等に則った再発防止対策を樹立し、その対策を適切に実施すること。

（8）労働者の心身の状態に関する情報の取扱い
「労働者の心身の状態に関する情報の適切な取扱いのために事業者が講ずべき措置に関する指針」（平30.9.7　労働者の心身の状態に関する情報の適切な取扱い指針公示第1号）により、事業場における取扱規程を策定することによって、労働者の心身の状態に関する情報を適正に管理しなければなりません。第16章　健康情報の管理　参照

3 過重労働による脳・心臓疾患の労災認定基準

（1）認定要件

「脳血管疾患・虚血性心疾患等（負傷に起因するものを除く。）の認定基準」
（平13.12.12　基発1063）によると、次の3つの業務による明らかな過重負荷を受けたことにより発症した脳や心臓の病気は、業務によるものとして取り扱われます。

① 発症直前から前日までの間において、発生状態を時間的および場所的に明確にしうる異常な出来事に遭遇したこと（異常な出来事）。

② 発症に接近した時期において、特に過重な業務に就労したこと（短期間に過重業務）。

③ 発症前の長期間にわたって、著しい疲労の蓄積をもたらす特に過重な業務に就労したこと（長期間の過重業務）。

労働時間以外の要因

就労態様		負荷の程度を評価する視点
不規則な勤務		予定された業務スケジュールの変更の頻度・程度、事前の通知状況、予測の度合、業務内容の変更の程度等
拘束時間の長い勤務		拘束時間数、実労働時間数、労働密度（実作業時間と手待時間との割合等）、業務内容、休憩・仮眠時間数、休憩・仮眠施設の状況（広さ、空調、騒音等）等
出張の多い業務		出張中の業務内容、出張（特に時差のある海外出張）の頻度、交通手段、移動時間および移動時間中の状況、宿泊の有無、宿泊施設の状況、出張中における睡眠を含む休憩・休息の状況、出張による疲労の回復状況等
交替制勤務・深夜勤務		勤務シフトの変更の度合、勤務と次の勤務までの時間、交替制勤務における深夜時間帯の頻度等
作業環境	温度環境	寒冷の程度、防寒衣類の着用の状況、一連続作業時間中の採暖の状況、暑熱と寒冷との交互のばく露の状況、激しい温度差がある場所への出入りの頻度等
	騒音	おおむね80dBを超える騒音の程度、そのばく露時間・期間、防音保護具の着用の状況等
	時差	5時間を超える時差の程度、時差を伴う移動の頻度等

— 140 —

第6章　過重労働対策

精神的緊張を伴う業務	【日常的に精神的緊張を伴う業務】 業務量、就労期間、経験、適応能力、会社の支援等 【発症に近接した時期における精神的緊張を伴う業務に関連する出来事】 出来事（事故、事件等）の大きさ、損害の程度等

（2）過労死認定基準による時間外労働時間数

　いわゆる過労死認定基準（「脳血管疾患および虚血性心疾患等（負傷に起因するものを除く。）の認定基準」）では、長期間にわたる疲労の蓄積が業務による明らかな過重負荷として考慮され、労働時間の目安が以下のように示されました。

　「ここでいう時間外労働時間数は、1週間当たり40時間を超えて労働した時間数である。」（前掲認定基準）と示されており、労働基準法でいう時間外労働時間数だけでなく休日労働時間数も算入されます。

1　発症前1か月間ないし6か月間にわたって1か月当たりおおむね45時間を超える時間外労働が認められない場合は、業務と発症との関連性が弱いと判断されるが、おおむね45時間を超えて時間外労働時間が長くなるほど、業務と発症との関連性が徐々に強まるものと判断されること

2　発症前1か月間におおむね100時間を超える時間外労働が認められる場合または発症前2か月間ないし6か月間にわたって1か月当たりおおむね80時間を超える時間外労働が認められる場合は、業務と発症との関連性が強いと判断されること

「脳・心臓疾患の業務上の認定基準」について見直しについて
　　脳・心臓疾患の労災認定の基準に関する専門検討会報告書
　　　　　　　　　　　　　　　　（2021年7月16日）

〈まとめ〉

1　業務の過重性の評価について「長期間にわたる疲労の蓄積」と「発症に近接した時期の急性の負荷」が発症に影響をおよぼすとする現行

― 141 ―

基準の考え方は妥当
2 「長期間にわたる疲労の蓄積」（「長期間の過重業務」）について
現行基準に加えて
・労働時間のみで業務と発症との関連性が強いと認められる水準には
至らないがこれに近い時間外労働が認められ、これに加えて一定の
労働時間以外の負荷が認められるときには、業務と発症との関連性
が強いと評価できることを明示
・労働時間以外の負荷要因として、「休日のない連続勤務」、「勤務間
インターバルが短い勤務」及び「身体的負荷を伴う業務」を新たに
規定し、他の負荷要因も整理
3 「発症に近接した時期の急性の負荷」（「異常な出来事」と「短期間
の過重業務」）について
・業務と発症との関連性が強いと判断できる場合を明確化
4 認定基準の対象疾病に、「重篤な心不全」を追加

実務のポイント～特別条項の運用で留意すべきこと

特別条項付き時間外労働協定を届け出たといっても、長時間労働を無
制限に認める免罪符になるわけではありません。特別条項付き時間外労
働協定の「特別の事情」に該当しない理由で特別条項を使っていること
が臨検監督時に明らかになれば、是正勧告されます。

特別条項付き時間外労働協定の「手続」をとらずに、原則とする延長
時間を超えて労働時間を延長した場合は、労働基準法違反となり是正勧
告される可能性があります。

そのような事態を避けるためには、①時間外・休日労働協定を周知
し、②特別条項を適正に運用すること、③「手続」の時期、内容、相手
方等を書面で残しておくことが求められます。

Q6-1 長時間労働の医師用チェックリストの使い方を教えてくだ
さい。（産業医）

第 6 章　過重労働対策

A　産業医学振興財団のHPに「長時間労働者への医師用チェックリスト」と「面接指導チェックリスト・マニュアル」が掲載されています。このチェックリストは、厚生労働省からの委託により産業医学振興当財団において作成されたものです。本チェックリストはダウンロードし、医師、事業場等で自由に利用できます。

Q6-2　担当している企業では労働者は過重労働をしていません。しかし、三交替制で、一人当たりについて年に２、３回連続勤務（夜勤から引き続き日勤をする等）をしています。連続勤務が身体によくないということはわかっています。法的に何か規制されているのか、あるいは連続勤務が身体によくないという報告書等があるのか教えてください。それをもって、企業に助言をしようと思っています。（産業医）

A　労働時間等の設定の改善に関する特別措置法２条１項により、「事業主は、〜（略）〜健康および福祉を確保するために必要な終業から始業までの時間の設定〜（略）〜その他の必要な措置を講ずるように努めなければならない。」と定められており、「勤務間インターバル」制度導入が企業の努力義務となっています。

　勤務間インターバルの具体的な時間は示されていませんが、働き方改革推進支援助成金（勤務間インターバル導入コース）では、勤務間インターバルは９時間が基準となっているので、少なくとも９時間を勤務と勤務の間に置くのが望ましいといえます。

《参考》
□日本産業衛生学会交代勤務委員会意見書（1979年）要旨
　http://www.nurse.or.jp/nursing/practice/shuroanzen/jikan/pdf/02_03_04.pdf
　http://www10.ocn.ne.jp/〜karoushi/junbi/11.html
　勤務間隔：・各勤務間の間隔時間は原則として16時間以上とし、12時間以下となることは厳に避けなければならない。やむをえず16時間以下となるときも、連日にわたらないようにする。

— 143 —

□交代制編成のための評価基準（労働科学研究所、1988＊）要旨

http://www.nurse.or.jp/nursing/practice/shuroanzen/jikan/pdf/02_
03_05.pdf

勤務間隔時間：15〜16時間を原則とし、8〜10時間の過短間隔を避ける（12時間程度の間隔の連続をさける）

□ILO　夜業に関する勧告（第178号）

http://wcmsq3.ilo.org/tokyo/standards/list-of-recommendations/
WCMS_238818/lang--ja/index.htm

ILOは、国際基準を設定する条約および勧告を三者構成（使用者・労働者・政府）の国際労働総会で採択する機能をもっています。条約は、国の批准によって、その規定の実施を義務づける拘束力を生じます。勧告は、政策、立法、慣行の指針となるものです。この勧告は同時に採択された夜業条約（第171号）を補足し、より詳細な規定を含むものですが、残念ながら、日本はこの条約を批准していません。

　Ⅱ　労働時間および休息の期間

　　6　夜業を伴う交替勤務の場合においては、

　（a）　不可抗力または現実の若しくは急迫した事故の場合を除き、二連続の勤務は行われるべきでない。

　（b）　二の勤務の間に少なくとも十一時間の休息の期間ができる限り保障されるべきである。

□EU労働時間指令

労働時間の編成の一定の側面に関する欧州会議および閣僚理事会の指令（2003/88/EC）

主　な　内　容	
項　目	内　容
1日の休息期間	24時間につき最低連続11時間の休息をとる（1日の労働時間の上限は原則として13時間）

第6章　過重労働対策

休憩	労働時間が6時間を超える場合には休憩を取得する
週休	上記の11時間の休息期間に加え、7日ごとに最低連続24時間の休息期間をとる（連続35時間の休息期間）
労働時間	時間外労働を含め48時間/週を超えない（4カ月単位の変形労働時間制は認められている）
年次休暇	最低4週間の有給の休暇を付与する
夜間の労働時間	24時間につき平均8時間を超えない
夜間労働者の保護	就業前および定期的な無料の健康診断、健康問題を抱える労働者の昼間労働への転換

((公社)日本看護協会HP)

Q6−3　外国人労働者は、長時間労働をして、現金をたくさん持って帰国したいと思っています。長時間労働を望むのであればさせてもいいのではないでしょうか。

A　「過労死認定基準」の考え方の基礎となった医学的検討結果によると、長期間にわたる長時間労働やそれによる睡眠不足に由来する疲労の蓄積が血圧の上昇などを生じさせ、その結果、血管病変等をその自然経過を超えて著しく増悪させるとの観点から、労働時間が疲労の蓄積をもたらす最も重要な要因と考えられるとされています。

　長期間にわたる1日4〜6時間以下の睡眠不足状態では、脳・心臓疾患の有病率、発病率、死亡率を高めるという医学的知見をもとに、1日の睡眠時間がどれぐらい確保できるかという観点から、1か月の時間外労働時間数45時間、80時間、100時間が決定されています「脳・心臓疾患の認定基準に関する専門検討会報告」平13.11.16)。

　日本人であっても、外国人であってもこの医学的知見は同じなので、健康に配慮する必要があることを外国人労働者に説明し、理解を得ることが必要です。

Q6−4　昼休みに働いたという場合、自己申告による労働時間の記録でいいか。

— 145 —

A 　自己申告でやむを得ないでしょう。自己申告が不安なら、昼休みに就労するときは、上司に報告するなどの客観的な記録をとることもあり得ます。

第7章 メンタルヘルス対策

1 メンタルヘルス対策

　仕事や職業生活に関して強い不安、悩み、ストレスを感じている労働者が58.0％に上っています（平成30年「労働者健康状況調査」厚生労働省）。また、精神障害等に係る労災認定件数が増加傾向にあり、2020年は請求数2,051件（前年比9件減）、認定件数608件（前年比99件増）となっています。このように、労働者のメンタルヘルス対策が重要な課題となっています。

　第13次労働災害防止計画のその他の目標には、○仕事上の不安・悩み・ストレスについて、職場に事業場外資源を含めた相談先がある労働者の割合を90％以上（71.2％：2016年）、○メンタルヘルス対策に取り組んでいる事業場の割合を80％以上（56.6％：2016年）、○ストレスチェック結果を集団分析し、その結果を活用した事業場の割合を60％以上（37.1％：2016年）とすることが掲げられています。

（1）メンタルヘルス対策のとりくみ

　職場のメンタルヘルス対策には一次予防（メンタル不調者発生の予防）、二次予防（早期発見・早期治療）、三次予防（治療・再発予防）が必要です。

　一次予防を行っても、メンタル不調を起こす労働者が出ることがあります。その場合には、労働者の不調に早く気づき適切な治療を受けさせることが必要です。そして三次予防は、メンタル不調から回復した労働者の職場復帰を支援し、再発させないための対策のことです。

職場におけるメンタルヘルス対策

	予防の意味	メンタルヘルス対策での具体的項目
一次予防	健康問題を発生させない、本来の予防	職場環境の改善 ストレスチェックと保健指導 教育・研修 相談対応

二次予防	早期発見・早期治療	上司の気づき 健康診断・質問紙 健康相談（内部・外部）
三次予防	治療・再発予防	治療医療機関との連携 復職支援 自殺予防

（2）職場におけるメンタルヘルス対策の具体的進め方

　労働安全衛生法70条の2に基づく、「労働者の心の健康の保持増進のための指針」（改正平27.11.30　健康保持増進のための指針公示第3号）により、事業者がメンタルヘルス対策に取り組む際の原則的な実施方法が示されています。

　指針では、事業者は、**衛生委員会等において十分調査審議を行い、「心の健康づくり計画」を策定**し、その実施に当たっては、関係者に対する教育研修・情報提供を行い、**「4つのケア」（セルフケア、ラインによるケア、事業場内産業保健スタッフによるケア、事業場外資源によるケア）を効果的に推進**し、職場環境等の改善（一次予防）、メンタルヘルス不調への対応（二次予防）、職場復帰のための支援（三次予防）が円滑に行われるようにする必要があるとしています。

ア　衛生委員会等における調査審議

　「心の健康づくり計画」の策定、その実施体制の整備等の具体的な実施方法や個人情報の保護に関する規程の策定等に当たっては、衛生委員会等において十分調査審議を行うことが重要です。

イ　心の健康づくり計画

　事業者は、メンタルヘルスケアに関する事業場の現状とその問題点を明確にし、それぞれの事業場の実態と必要性に応じて、その問題点を解決する以下の具体的な取組事項等についての「心の健康づくり計画」を策定します。

　1　事業者がメンタルヘルスケアを積極的に推進する旨の表明に関すること

第7章　メンタルヘルス対策

2　事業場における心の健康づくりの体制の整備に関すること
3　事業場における問題点の把握およびメンタルヘルスケアの実施に関すること
4　メンタルヘルスケアを行うために必要な人材の確保および事業場外資源の活用に関すること
5　労働者の健康情報の保護に関すること
6　心の健康づくり計画の実施状況の評価および計画の見直しに関すること
7　その他労働者の心の健康づくりに必要な措置に関すること

ウ　4つのメンタルヘルスケアの推進

「セルフケア」、「ラインによるケア」、「事業場内産業保健スタッフ等によるケア」および「事業場外資源によるケア」の4つのケアが継続的かつ計画的に行われることが重要です。

①　セルフケア

労働者に対して、以下のセルフケアが行えるように教育研修、情報提供を行うなどの支援をする。セルフケアの対象として管理監督者も含める。
　　・ストレスやメンタルヘルスに対する正しい理解
　　・ストレスチェックなどを活用したストレスへの気付き
　　・ストレスへの対処

②　ラインによるケア
　　・職場環境等の把握と改善
　　・労働者からの相談対応
　　・職場復帰における支援、など

③　事業場内産業保健スタッフ等によるケア

事業場内セルフケアおよびラインによるケアが効果的に実施されるよう、労働者および管理監督者に対する支援を行う。
次に示す心の健康づくり計画の実施に当たり、中心的な役割を担う。

— 149 —

・具体的なメンタルヘルスケアの実施に関する企画立案
・個人の健康情報の取扱い
・事業場外資源とのネットワークの形成やその窓口
・職場復帰における支援、など

《産業保健スタッフの役割》

○産業医等：労働者の健康管理を担う専門的立場から対策の実施状況の把握、助言・指導などを行う。ストレスチェック制度および長時間労働者に対する面接指導の実施やメンタルヘルスに関する個人の健康情報の保護についても、中心的役割を果たす。

○衛生管理者等：教育研修の企画・実施、相談体制づくりなどを行う。

○保健師等：労働者および管理監督者からの相談対応などを行う。

○心の健康づくり専門スタッフ：教育研修の企画・実施、相談対応などを行う。

○人事労務管理スタッフ：労働時間等の労働条件の改善、労働者の適正な配置に配慮する。

○事業場内メンタルヘルス推進担当者：産業医等の助言、指導等を得ながら事業場のメンタルヘルスケアの推進の実務を担当する事業場内メンタルヘルス推進担当者は、衛生管理者等や常勤の保健師等から選任することが望ましい。ただし、労働者のメンタルヘルスに関する個人情報を取り扱うことから、労働者について人事権を有するものを選任することは適当ではない。なお、ストレスチェック制度においては、ストレスチェックを受ける労働者について人事権を有する者はストレスチェック実施の事務に従事してはならない。

④　**事業場外資源によるケア**

・情報提供や助言を受けるなど、サービスの活用
・ネットワークの形成
・職場復帰における支援、など

第 7 章　メンタルヘルス対策

メンタルヘルスケアの具体的進め方

```
┌──────────────┐          ┌──────────────┐
│ 心の健康づくり │◀────────▶│ 衛生委員会における │
│ 計画の策定    │          │ 調査審議      │
└──────────────┘          └──────────────┘
        │                          │
        ▼                          ▼
```

セルフケア（労働者による）	ラインによるケア（管理監督者による）	事業場内産業保健スタッフ等によるケア（産業医、衛生管理者等による）	事業場外資源によるケア（事業場外の機関、専門家による）

教育研修・情報提供
（管理監督者を含む全ての労働者が対象）

職場環境等の把握と改善
（メンタルヘルス不調の未然防止）

メンタルヘルス不調への気づきと対応
（メンタルヘルス不調に陥る労働者の早期発見と適切な対応）

職場復帰における支援

個人情報保護への配慮

エ　メンタルヘルスケアの具体的な進め方

①　メンタルヘルスケアを推進するための教育研修・情報提供

４つのケアが適切に実施されるよう、それぞれの職務に応じ、メンタルヘルスケアの推進に関する教育研修・情報提供を行うこと。

労働者や管理監督者等に対する教育研修を円滑に実施するため、事業場内に教育研修担当者を計画的に育成すること。

②　職場環境等の把握と改善

職場環境等の改善に積極的に取り組むこと。

管理監督者等や事業場内産業保健スタッフ等に対し、職場環境等の把握と改善の活動を行いやすい環境を整備するなどの支援を行うこと。

— 151 —

③ メンタルヘルス不調への気づきと対応

個人情報の保護に十分留意しつつ、労働者、管理監督者等、家族等からの相談に対して適切に対応できる体制を整備すること。

相談等により把握した情報を基に、労働者に対して必要な配慮を行うこと、必要に応じて産業医や事業場外の医療機関につないでいくことができるネットワークを整備するよう努めること。

④ 職場復帰における支援

メンタルヘルス不調により休業した労働者が円滑に職場復帰し、就業を継続できるように支援を適切に行うこと。

オ メンタルヘルスに関する個人情報の保護への配慮

メンタルヘルスケアを進めるに当たっては、健康情報を含む労働者の個人情報の保護に配慮することが極めて重要です。事業者は、個人情報の保護に関する法律および関連する指針等により、個人情報の利用目的の公表や通知、目的外の取扱いの制限、安全管理措置、第三者提供の制限などが義務づけられています。

さらに、ストレスチェック制度における健康情報の取扱いについては、ストレスチェック指針において、事業者は労働者の健康情報を適切に保護することが求められています。

① 労働者の同意

・労働者の個人情報を主治医等の医療職や家族から取得する際には事業者はあらかじめこれらの情報を取得する目的を労働者に明らかにして承諾を得る。
・労働者の個人情報を医療機関等の第三者へ提供する場合も、原則として本人の同意を得る。

② 事業場内産業保健スタッフによる情報の加工

・産業医等が労働者の個人情報を事業者等に提供する場合には、提供する情報の範囲と提供先を必要最小限とすること。
・産業医等は、就業上の措置を実施するために必要な情報が的確に伝達さ

— 152 —

第 7 章　メンタルヘルス対策

れるように、適切に加工した上で提供すること。
・メンタルヘルスに関する労働者の診断名や検査値等の生データの取扱い
については、産業医や保健師等に行わせることが望ましいこと。

③　健康情報の取扱いに関する事業場内における取り決め

・衛生委員会等での審議を踏まえ、健康情報を取り扱う者およびその権
限、取り扱う情報の範囲、個人情報管理責任者の選任、事業場内産業保
健スタッフによる生データの加工、個人情報を取り扱う者の守秘義務等
について、あらかじめ事業場内の規程等により取り決めること※。
・個人情報を取り扱うすべての者を対象に当該規程等を周知し、健康情報
を慎重に取り扱うことの重要性や望ましい取扱い方法についての教育を
実施すること。
　※第16章　健康情報の管理　10健康情報等の取扱規程参照

事業場外資源の例
産業保健総合支援センター（各都道府県にある）

　総合的な相談対応、個別事業場への訪問支援、関係機関とのネット
ワークの形成等、メンタルヘルス不調の予防から、早期発見と適切な対
応、職場復帰支援に至るまで、メンタルヘルス対策の総合的な支援を
実施
相談：メンタルヘルスの専門家が面談・電話・FAX・メールで相談対応
　　　　メンタルヘルス対策相談員がメンタルヘルス不調の予防から職場
　　　　復帰支援までの相談に対応
　　　　※センターは医療機関やカウンセリング機関ではありませんの
　　　　　で、診療やカウンセリングは行えない。
訪問支援：メンタルヘルスの専門家が職場を訪問し、メンタルヘルス対
　　　　　策の実施等についてアドバイス
　　　　　メンタルヘルス対策促進員が職場を訪問し、職場復帰支援プログ
　　　　　ラムの作成など、職場のメンタルヘルス対策のアドバイス
管理者教育：メンタルヘルス対策促進員が職場を訪問し、管理者の方を
　　　　　　対象とした教育を実施（2時間程度、1事業場1回限り）
　　　　　　※職場復帰支援プログラム作成支援を実施する事業場を優先

若手・新入（中途採用含む）社員を対象としたセルフケア研修：自らの
　　　ストレスに気づき、対処できるように「セルフケア」を身につけ
　　　てもらうための研修を実施（60分程度から）

地域障害者職業センター（各都道府県にある）

　うつ病等による休職者の職場復帰支援（リワーク支援）を実施

　休職者本人、事業主、主治医の3者の合意のもと、生活リズムの立直
し、体調の自己管理・ストレス対処等適応力の向上、職場の受入体制の
整備に関する助言等を行い、うつ病等による休職者の円滑な職場復帰を
支援している。

　定期的にセンターへ通所し、作業課題やグループミーティング、個別
相談等を通じて、生活リズムの立て直し、集中力・持続力の向上、スト
レスへの対処方法の検討などに取り組んでいく。

　標準的な支援期間は3か月。

　事業所には、定期的に状況報告を行う。必要に応じて、職場復帰の際
の仕事内容や労働条件の設定等について助言・提案を行う。

こころの耳

　厚生労働省　働く人のメンタルヘルスポータルサイト

　http://kokoro.mhlw.go.jp/

・働く人の「こころの耳電話相談」

　0120-565-455（フリーダイヤル）

　月曜日・火曜日　17：00〜22：00／土曜日・日曜日　10：00〜16：00
　（祝日、年末年始はのぞく）

　●労働者やそのご家族、企業の人事労務担当者の方が対象です。

・働く人の「こころの耳メール相談」

　mail@kokoronomimi.jp（利用規約に同意すると表示される）

・全国医療機関検索

第7章　メンタルヘルス対策

2　心の健康問題により休業した労働者の職場復帰支援の手引き

　厚生労働省では、メンタルヘルス不調により休業した労働者の職場復帰を促進するため、「心の健康問題により休業した労働者の職場復帰支援の手引き」（改訂平21.3.23　基安労発0323001）を策定しています。

（1）基本的な考え方

　精神疾患で休職している労働者が円滑に職場復帰するためには、職場復帰プログラムの策定や関連規程の整備等により、休業から復職までの流れをあらかじめ明確にしておくことが必要です。事業者はこの手引きを参考にしながら、衛生委員会等において調査審議し、職場復帰支援に関する体制を整備・ルール化し、教育の実施等により労働者の周知を図っていきましょう。

（2）職場復帰支援の流れ

〈第1ステップ〉病気休業開始および休業中のケア

・休業の開始……労働者から管理監督者に病気休業診断書が提出される
・管理監督者は、人事労務管理スタッフ等に病気休業診断書の連絡
・休業する労働者に対して必要な事務手続きや職場復帰支援の手順の説明

　　・傷病手当金などの経済的な保障
　　・不安、悩みの相談先の紹介
　　・公的または民間の職場復帰支援サービス
　　・休業の最長（保障）期間等　　　　　　　　　など

〈第2ステップ〉主治医による職場復帰可能の判断

・休業中の労働者から職場復帰の意思表示
・主治医に職場で必要な業務遂行能力に関する情報を提供
・職場復帰が可能の診断書提出（就業上の配慮に関する具体的な意見記入）
・主治医の日常生活能力の判断と職場で必要とされる業務遂行能力の内容等について、産業医等が精査

— 155 —

〈第３ステップ〉職場復帰の可否の判断および職場復帰支援プランの作成

　安全でスムーズな職場復帰を支援するため、最終的な決定の前段階として、必要な情報の収集と評価を行った上で職場復帰ができるかを適切に判断し、職場復帰を支援するための具体的プラン（職場復帰支援プラン）を作成します。この具体的プランの作成にあたっては、事業場内産業保健スタッフ等を中心に、管理監督者、休職中の労働者の間でよく連携しながら進めます。

〈第４ステップ〉最終的な職場復帰の決定

①　労働者の状態（疾患の再燃・再発の有無等）の最終確認
②　就業上の配慮等に関する産業医等の「職場復帰に関する意見書」作成
③　事業者による最終的な職場復帰の決定、就業上の配慮の内容も併せて通知
④　その他（職場復帰についての事業場の対応や就業上の配慮の内容等を労働者を通じて主治医に伝える）

〈第５ステップ〉職場復帰後のフォローアップ

　管理監督者による観察と支援のほか、事業場内産業保健スタッフ等によるフォローアップを実施し、適宜、職場復帰支援プランの評価や見直しを行います。
①　疾患の再燃・再発、新しい問題の発生等の有無の確認
②　勤務状況および業務遂行能力の評価
③　職場復帰支援プランの実施状況の確認
④　治療状況の確認
⑤　職場復帰支援プランの評価と見直し
⑥　職場環境等の改善等
⑦　管理監督者、同僚等の配慮
　「ストレスチェック制度の施行を踏まえた当面のメンタルヘルス対策の推進について」（平28.4.1　基発0401第72号）により労働基準監督署が事業場に対する指導を行っています。

第7章　メンタルヘルス対策

③　ストレスチェックと面接指導

（1）ストレスチェックの実施

　常時使用する労働者に対して、医師、保健師等による心理的な負担の程度を把握するための検査（ストレスチェック）を行わなければなりません（安衛法66条の10第1項）。

　労働者数50人未満の事業場は当分の間努力義務とされています（附則4条）。

（2）検査結果の取扱い

　検査結果は、検査を実施した医師、保健師等から直接本人に通知しなければなりません。あらかじめ本人の同意を得ることなく検査結果事業者に提供してはいけません（安衛法66条の10第2項、安衛則52条の12）。

（3）面接指導

　検査の結果、「医師による面接指導が必要」とされた労働者から申出があった場合※1、医師による面接指導を実施しなければなりません※2。申し出をした労働者に対して申出を理由とする不利益な取扱いをしてはなりません（安衛法66条の10第3項）。

※1　申出は、結果が通知されてから1月以内に行う必要があります。
※2　面接指導は申出があってから1月以内に行う必要があります。

（4）結果の記録

　面接指導の結果の記録を作成し5年間保存しなければなりません（安衛法66条の10第4項）。

　以下の内容が含まれていれば、医師からの報告をそのまま保存しても構いません。

　　①実施年月日　②労働者の氏名　③面接指導を行った医師の氏名　④労働者の勤務の状況、ストレスの状況、その他の心身の状況　⑤就業上の措置に関する医師の意見

— 157 —

(5) 就業上の措置

面接指導の結果に基づき、医師の意見を聴き（安衛法66条の10第5項）、必要に応じ就業上の措置※3を講じなければなりません（安衛法66条の10第6項）。

※3 就業上の措置とは、労働者の実情を考慮し、就業場所の変更、作業の転換、労働時間の短縮、深夜業の回数の減少等の措置を行うこと。

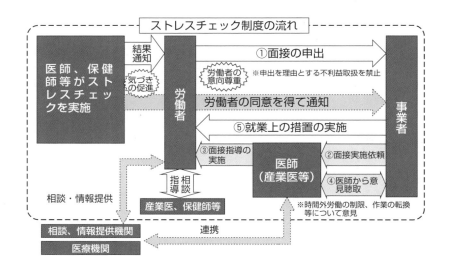

4 職場環境の改善としての長時間労働対策

精神障害による自殺の労災認定事案における労働時間を見ると、長時間であった事案が多く、また、企業における過重労働対策の効果に関する研究結果を見ると、長時間労働を行った者について医療機関に紹介したことがある産業医のうち約6割が労働者を抑うつ状態と診断して医療機関を紹介した経験があるということです（平成16年　労働政策審議会安衛部会議事録）。2020年の精神障害により労災支給決定された608件のうち、1か月平均80時間以上の時間外労働を行っていたものは150件（24.7％）ありました。

第7章　メンタルヘルス対策

　「心理的負荷による精神障害の認定基準」では、長時間労働に従事することも精神障害発病の原因となり得るとして、例えば発病直前の1か月におおむね160時間を超えるような、またはこれに満たない期間にこれと同程度の（例えば3週間におおむね120時間以上の）時間外労働を行った場合などを労災と認定することができるとしています。

　このように、過労死に限らず、メンタルヘルス対策においても、過重労働対策は重要です。

第8章 病者の就業禁止

1 病者の就業禁止の意味

　病者の就業禁止（安衛法68条）は、病気に罹っている者を就業させることにより、本人だけでなく他の労働者に及ぼす悪影響を考慮して規定されています。この規定により病者の就業を禁止しようとする場合は、あらかじめ産業医その他専門の医師の意見をきかなければなりません（安衛則61条2項）。運用に際しては、その労働者の疾病の種類、程度についての産業医等の意見等を勘案して、できるだけ配置転換、作業時間の短縮その他必要な措置を講ずることにより就業の機会を失わせないよう指導することとし、やむを得ない場合に限り禁止をする趣旨であり、種々の条件を十分に考慮して慎重に判断すべきとされています（昭47.9.18　基発601号の1）。

2 全業務に適用される疾病（安衛則61条）

　就業禁止の対象疾病は労働安全衛生規則により定められており、次の(1)および(2)のいずれかに該当する者については、その就業を禁止しなければならないとされています。

(1) 病毒伝ぱのおそれのある伝染性の疾病にかかった者

　これに該当する疾病としては結核があります（平12.3.30　基発207）。ただし、ツベルクリン皮内反応陽性者のみに接する業務に就かせる場合は就業禁止をしなくてもよいとされています（昭47.9.18　基発601号の1）。

　感染症の予防および感染症の患者に対する医療に関する法律（以下、感染症法という。）に定める感染症に該当する疾病については、同法によって予防の措置がとられることから、労働安全衛生規則61条1項1号の対象とはなりません（昭24.2.10　基発158　昭33.2.13　基発90）。

京和タクシー事件（京都地裁　昭57.10.7判決　労働判例404号72頁）

〈事件の概要〉

　タクシー会社が雇入れ時の健康診断を行った結果労働者の肺に異常があり要精密検査とされたのに、その診断結果を本人に知らせないまま運転業務に従事させたところ、肺結核が悪化して入院、休職となった。

〈判決の内容〉

　事業者は、雇い入れた労働者の健康に異常の疑いがある場合には早期にその状態を確認して就労可能性の有無、程度を見極め異常が発見されたときは医師の指示に従って就労を禁止するか適当な軽作業に就かせることにより、健康状態の悪化することがないよう注意すべき義務があったのにもかかわらず、これを怠ったことにより、労働者に生じた損害を賠償すべき義務があるものというべきである。

(2) 心臓、腎臓、肺等の疾病で労働のため病勢が著しく増悪するおそれのあるものにかかった者

　これに該当するものとしては、心臓、腎臓、肺等の疾病にかかり、その病勢増悪（たとえば、体動により息ぎれ、浮腫、チアノーゼ、高度の発熱、意識そう失等の症状が容易に発現する程度の心、血管、腎、肺および気管支、肝等の疾患にかかっていること。）が明らかであるため労働することが不適当であると認められた者をいいます。

(3) 前各号に準ずる疾病で厚生労働大臣が定めるものにかかった者

　これについては、現在定められていません。

〈就業禁止の措置〉

6　安全衛生

Q8－1　労働者が新型コロナウイルスに感染していることが確認された場合、労働安全衛生法第68条に基づく病者の就業禁止の措置を講ずる必要はありますか。

第8章　病者の就業禁止

A　2020年2月1日付けで、新型コロナウイルス感染症が指定感染症として定められたことにより、労働者が新型コロナウイルスに感染していることが確認された場合は、感染症法に基づき、都道府県知事が該当する労働者に対して就業制限や入院の勧告等を行うことができることとなります。

使用者におかれましても、感染症法に基づき都道府県知事より入院の勧告を受けた労働者については、入院により就業できないことをご理解いただくとともに、都道府県知事により就業制限がかけられた労働者については、会社に就業させないようにしてください。

また、発熱等の風邪症状がみられる労働者については休みやすい環境の整備にご協力をお願いします。

なお、感染症法により就業制限を行う場合は、感染症法によることとして、労働安全衛生法第68条に基づく病者の就業禁止の措置の対象とはしません。

（厚生労働省　新型コロナウイルスに関するＱ＆Ａ（企業の方向け））

3　就業を禁止すべき特定の業務従事者

特定の業務における就業禁止については、鉛中毒予防規則、四アルキル鉛中毒予防規則および高気圧作業安全衛生規則で以下のように定められています。これらは、医師が必要と認める期間、該当業務に就かせてはならないと規定されています。

就業を禁止すべき特定の業務従事者

業　　務	就かせてはならない者
鉛業務	鉛中毒にかかっている者等（鉛則57条）
四アルキル鉛業務	四アルキル鉛中毒にかかっている者等（四アルキル鉛則26条）
高気圧業務	1　減圧症その他高気圧による障害またはその後遺症 2　肺結核その他呼吸器の結核または急性上気道感染、

じん肺、肺気腫その他呼吸器系の疾病

3　貧血症、心臓弁膜症、冠状動脈硬化症、高血圧症その他血液または循環器系の疾病

4　精神神経症、アルコール中毒、神経痛その他精神神経系の疾病

5　メニエル氏病または中耳炎その他耳管狭さくを伴う耳の疾病

6　関節炎、リウマチスその他運動器の疾病

7　ぜんそく、肥満症、バセドー氏病その他アレルギー性、内分泌系、物質代謝または栄養の疾病

（高圧則41条）

Q8-2　てんかんに罹っている労働者の就業制限について教えてください。（保健師）

A　てんかんは、突然意識を失って反応がなくなるなどの「てんかん発作」をくりかえし起こす病気です。「てんかん発作」は基本的に一過性で、てんかん発作終了後は元通りの状態に回復することが特徴です。適切な抗てんかん薬を服用することで、大部分の患者は発作は抑制され通常の社会生活を支障なく送れます。一方、抗てんかん薬では発作を抑えることができず、「難治性てんかん」として複数の抗てんかん薬の調整や外科治療などの専門的なてんかん治療を必要とする場合もあります。

　発作が起こっている時間は通常数秒から数分間にすぎないため、発作が起こっていないその他のほとんどの時間は普通の社会生活をおくることが可能です。従って、病気の特性を周囲の人がよく理解し、過剰に活動を制限せず能力を発揮する機会を摘み取ることのないよう配慮することも、てんかんをもつ人に対する配慮を行う上で大切なことです。発作を起こす可能性のある人については、一人作業や高所作業をさせないなどの措置を必要とするでしょう。

　てんかんのある人の運転免許取得には、一定の条件が決められています。

①　発作が過去5年以内に起こったことがなく、医師が「今後、発作が

第8章　病者の就業禁止

起こるおそれがない」旨の診断を行った場合

② 　発作が過去2年以内に起こったことがなく、医師が「今後、X年程度であれば発作が起こるおそれがない」旨の診断を行った場合

③ 　医師が1年の経過観察の後「発作が意識障害および運動障害を伴わない単純部分発作に限られ、今後症状の悪化のおそれがない」旨の診断を行った場合

④ 　医師が2年間の経過観察の後「発作が睡眠中に限って起こり、今後、症状の悪化がない」旨の診断を行った場合

　このようにてんかんでもある一定の条件を満たせば運転免許が取れます。それには医師の診断書が必要になる場合があります。

4　職場における大規模な感染拡大防止等の対策（新型コロナウイルス）

　日本産業衛生学会「職域のための新型コロナウイルス感染症対策ガイド」（第5版）で以下のようにコロナウイルス感染予防の基本と環境対策が示されています。

　また、厚生労働省は「職場における新型ウイルス感染症の拡大を防止するためのチェックリスト」により職場の点検を行うよう指導しています。

感染予防の基本

　職域における感染予防対策のポイントを示す。なお厚生労働省のチェックリスト等を利用して、事業所における対策実施状況を確認に役立てる。健康観察、常時のマスク着用、手指衛生と「3つの密」の回避が感染予防の基本である。

（1）　健康観察

　・健康観察（体温測定や健康観察）を行い、発熱や風邪症状がある場合は出社しない。

　・発熱を認めないが体調不良を自覚する場合は出社しない。また勤務中に体調不良を認めた場合には直ちに帰宅してもらう。

（2）　マスクの着用（ユニバーサルマスキング）

— 165 —

・新型コロナウイルス感染症は、発症の2日前から発症直後にかけて感染性が最も高く、また無症状の感染者が一定の割合で存在することが知られている。そのため無症状の感染者が会話時などで飛沫を発散し、感染を広げてしまう恐れがある。公共の場では「症状が無い人を含めたマスクの着用」が推奨される。この取り組みをユニバーサルマスキング（またはユニバーサルマスク）という。

マスク等の着用時の注意

フェイスシールドはマスクと併用すること

・フェイスシールドの使用目的は、飛沫が眼粘膜や顔面に直接付着することを避けることである。フェイスシールドはマスクと併用して使用し、フェイスシールドを単独で使用してはらならない。フェイスシールドの単独使用では、吐き出しおよび吸い込み飛沫量を減らす効果はほとんど期待できない。

マウスシールドは感染予防目的では使用しないこと

・マウスシールドには感染予防効果が無いだけでなく、その着用により感染予防対策を行っていると誤解される危険があり、むしろ有害である。感染予防の目的でマウスシールドを使用してはならない。

口元の動きを見せる目的であれば発声しないか2m以上の距離を取ること

・口元の動きを見せる等の目的（手話など）でフェイスシールドやマウスシールドを使用する場合は、できるだけ発声しないことを心がけるとともに、適切な対人距離（開口するので2mが望ましい）を確保し感染を予防することを心がける。

（3）　手指衛生の励行

・手洗いを基本とした手指衛生を行う。また顔や目をむやみに手で触らないことも重要である。手洗いの基本は水道水と石けんにより、手指に付着したウイルスを洗い流すことである。水道水と石けんが利用できない環境では、アルコール消毒液（70％～95％が望ましいが60％台の使用も可）を使用する。以下断りがない場合のアルコール濃度（％）は容量％のことである。

（4）　「3つの密」の回避

第8章　病者の就業禁止

・「3つの密」にならないような対策（環境整備・行動制限）を実施する。
　「3つの密」が重ならない場合でも、リスクを低減させるため、出来る
　限り「ゼロ密」を目指す。
・業務時間のみならず、業務時間外（昼休み含む）においても感染リスク
　が高まる「5つの場面」※を避ける。従業員の業務時間外の感染予防行
　動に対しても何らかの指針を示すことが重要である。
　※5つの場面
　　　1　飲酒を伴う懇親会等　　2　大人数や長時間におよぶ飲食
　　　3　マスクなしでの会話　　4　狭い空間での共同生活
　　　5　居場所の切り替わり（仕事での休憩時間の休憩室、喫煙所、更衣
　　　室での感染例あり）

事業所における換気

　主に事務所で推奨される換気方法としては、（1）窓の開放による方法、
（2）機械換気（空調・機械換気整備）による方法　との2つに大別される。
いずれの場合も適切な湿度（40％以上）の維持に留意すること。換気の目安
として、室内の二酸化炭素濃度を測定し1000ppmを超えていないかを確認す
る方法もある。また工場など大きい建屋では送風機を活用する方法もある
（風下側の近くに人がいないよう注意）。
（1）　窓の開放による方法
・居室の温度や湿度を適切に維持しながら、窓を開けたうえで自然換気が
　有効である。換気の回数は30分に1回以上、数分程度窓を全開にするこ
　とが望ましい。
・空気の流れを作るため（複数の窓がある場合は）二方向の壁の窓を開放
　する。窓が一つの場合はドアを開けておくこと。
（2）　機械換気による方法
・空気環境の基準および必要換気量（一人当たり毎時30m³）が確保でき
　ているか確認する。必要換気量が満たされていない場合には、換気設備
　の清掃や整備等を適切に行うこと。
・必要換気量を満たしているか確認するためには、日本産業衛生学会（産
　業衛生技術部会）が無償で提供している換気シミュレーター※を利用す
　ることができる。

— 167 —

※部屋の広さや人数、換気装置といった条件を入力すれば、CO₂濃度を
推定するシミュレーター

（http://jsoh-ohe.umin.jp/covid_simulator/covid_simulator.html ）

事業所における消毒

　事業所の機器や備品に対して消毒を行い感染予防に役立てる。消毒の際に
個人保護具を使用する際には、着用および着脱方法、汚染物の廃棄方法への
教育指導も要する。なお「消毒や除菌」の効果をうたう製品が市場に出回っ
ているが、実際の使用状況で効果を十分に検討し、目的にあった製品を選び
使用すること。

事業所における消毒の基本

〇消毒前には中性洗剤等を用いて表面の汚れを落としておくこと。

〇アルコール消毒液（70％～95％が望ましいが、60％台の使用も可）も
しくは次亜塩素酸ナトリウム（0.05％）を用いる。

〇トイレの消毒については次亜塩素酸ナトリウム（0.1％）を用いる。

〇消毒は拭き取り（清拭）を基本とし、消毒剤の空間への噴霧は吸入の
恐れがあるので行わない。

〇必要に応じて適切な個人保護具（マスク、保護メガネ、手袋、ガウン
等）を用いること。

（1）　通常の環境消毒

　・ドアノブ、手すり、エレベーターのボタン、トイレ（便座、床を含む）
などを定期的に消毒する。

　・消毒は最低でも1日1回行うこと（複数回実施することが望ましい）。

　・机や椅子、パソコン、電話機などは、退社直前に（共用であれば使用前
後にも）毎回各自でアルコールを用いた消毒することが望ましい。

（2）　感染者が発生した場合の消毒

　・保健所からの指示に従い事業者の責任で職場の消毒を実施する。

　・保健所からの指示が無い場合には、以下を参考にして消毒を行う。

　　＋十分な換気を行ってから消毒作業を行う。原則として感染者の最後の
使用から3日間を経過していない場所を消毒の対象とする。

第8章　病者の就業禁止

　　＋消毒範囲の目安は、感染者の執務エリア、会議室（机・椅子など、半
　　　径2m程度の範囲）、またトイレ、喫煙室、休憩室や食堂などの使用
　　　があった場合は、該当エリアの消毒を行う。
（日本産業衛生学会「職域のための新型コロナウイルス感染症対策ガイド第
5版」）
　　https://www.sanei.or.jp/images/contents/416/covid-19quide2105koutai
0528revised.pdf
《参考サイト》
厚生労働省「職場における新型ウイルス感染症の拡大を防止するための
チェックリスト」
　　https://www.mhlw.go.jp/content/000680008.pdf

第9章 受動喫煙対策

1 喫煙、受動喫煙の健康への影響

　たばこの煙には数千種以上の化学物質、例えば、タールやニコチン、一酸化炭素などの有害物質が含まれています。特にタールは、多くの発がん性物質を含み、肺がんをはじめ種々のがんを引き起こします。さらに、COPD（慢性閉塞性肺疾患）、心疾患をはじめとするさまざまな病気のリスクを高めるということが明らかにされています。例えば、非喫煙者の死亡の危険度を１とした場合、喫煙者のそれは、肺がんは男性が4.8倍、女性が3.9倍、COPDは男性が3.1倍、女性が3.6倍、心疾患は男性が2.2倍、女性が３倍となっています。さらに、女性の場合は、非喫煙者に比べて、早産や流産の危険性が高まるほか、産まれる子どもが低体重児になりやすいという報告もあります。

　喫煙者がフィルターを通して吸い込む「主流煙」よりも、たばこの先から立ち上る「副流煙」のほうに有害物質がより多く含まれていることが分かっています。非喫煙者でも、「副流煙」を吸い込むと受動喫煙によって、健康への害が生じます。

2 健康増進法の措置義務

　特定施設等（特定施設（第一種施設※１、第二種施設※２および喫煙目的施設）および旅客運送事業自動車等）においては、次に掲げる特定施設等の区分に応じ、特定施設等の各号に定める場所（喫煙禁止場所）で喫煙をしてはなりません（健康増進法29条）。

① 　第一種施設：特定屋外喫煙場所、喫煙関連研究場所以外の場所
② 　第二種施設：喫煙専用室の場所、喫煙関連研究場所
③ 　喫煙目的施設：喫煙目的室以外の屋内の場所
④ 　旅客運送事業自動車および旅客運送事業航空機：内部の場所
⑤ 　旅客運送事業鉄道等車両および旅客運送事業船舶：喫煙専用室以外の内部の場所

— 171 —

※１：学校、病院、児童福祉施設、行政機関、旅客運送事業自動車・航空機

※２：第一種施設および喫煙目的施設以外の施設

　現に業務に従事する者を使用する者は、当該業務に従事する者の望まない受動喫煙を防止するため、当該使用する者または当該施設の実情に応じ適切な措置をとるよう努めなければなりません（附則５条）。

【原則屋内禁煙と喫煙場所を設ける場合のルール】

			経過措置	
			当分の間の措置	別に法律で定める日までの間の措置
A	学校・病院・児童福祉施設等、行政機関 旅客運送事業自動車・航空機	禁煙 （敷地内禁煙（※１））		
B	上記以外の多数の者が利用する施設、旅客運送事業船舶・鉄道	原則屋内禁煙 （喫煙専用室（喫煙のみ）内でのみ喫煙可）	【加熱式たばこ（※２）】 原則屋内禁煙 （喫煙室（飲食等も可）内での喫煙可）	既存特定飲食提供施設 （個人又は中小企業（資本金又は出資の総額5000万円以下（※３））かつ 客席面積100m²以下の飲食店） 標識の掲示により喫煙可
	飲食店			

A：第一種施設　　B：第二種施設

※１　屋外で受動喫煙を防止するために必要な措置がとられた場所に、喫煙場所を設置することができる。

※２　たばこのうち、当該たばこから発生した煙が他人の健康を損なうおそれがあることが明らかでないたばことして厚生労働大臣が指定するもの。

※３　一の大規模会社が発行済株式の総数の二分の一以上を有する会社である場合などを除く。

WHOたばこ規制枠組条約（抄）

（2005年発効、日本は2004年６月批准．2019年現在世界で170以上の国が批准）

第８条　たばこの煙にさらされることからの保護

１　締約国は、たばこの煙にさらされることが死亡、疾病および障害を引き起こすことが科学的証拠により明白に証明されていることを認識する。

２　締約国は、屋内の職場、公共の輸送機関、屋内の公共の場所および適当な場合には他の公共の場所におけるたばこの煙にさらされることからの保護を定める効果的な立法上、執行上、行政上または他の措置

第9章　受動喫煙対策

を国内法によって決定された既存の国の権限の範囲内で採択しおよび
実施し、並びに権限のある他の当局による当該措置の採択および実施
を積極的に促進する。

WHOたばこ規制枠組条約第8条履行のためのガイドライン（平成19
年7月採択）

○100％禁煙以外の措置（換気、喫煙区域の使用）は、不完全である。

○すべての屋内の職場、屋内の公共の場および公共交通機関は禁煙とす
べきである。

3　受動喫煙防止措置（努力義務）

労働安全衛生法

　事業者は、室内またはこれに準ずる環境における労働者の受動喫煙を防止
するため、当該事業者および事業場の実情に応じ適切な措置を講ずるよう努
めるものとする（68条の2）。

職場における受動喫煙防止のためのガイドライン

　健康増進法および労働安全衛生法68条の2と相まって、事業者における受
動喫煙防止対策の一層の推進を図るため、「職場における受動喫煙防止のた
めのガイドライン」（令元7.1　基発0701第1号）により事業者が実施すべき
事項が以下のように示されています。

組織的対策

（1）受動喫煙防止対策の組織的な進め方

ア　推進計画の策定

○衛生委員会等で十分に検討し、受動喫煙防止対策を推進するための推進計
画を策定すること。

○安全衛生に係る計画、衛生教育の実施計画、健康保持増進を図るため必要
な措置の実施計画等に、職場の受動喫煙防止対策に係る項目を盛り込む方
法もあること。

— 173 —

| 受動喫煙防止対策を推進するための推進計画の内容 |
| ・将来達成する目標と達成時期 |
| ・目標達成のために講じる措置や活動等 |

イ　担当部署の指定

○担当部署や担当者を指定する。

| 担当部署、担当者の実施事項 |
| ・受動喫煙防止対策に係る相談対応等 |
| ・受動喫煙防止対策の状況について定期的に把握、分析、評価等を行う |
| ・問題がある職場について改善のための指導を行わせるなど |

ウ　労働者の健康管理等

○受動喫煙防止対策の状況を衛生委員会等における調査審議事項とする。
○産業医の職場巡視に当たり、受動喫煙防止対策の実施状況に留意する。

エ　標識の設置・維持管理

○施設内の喫煙専用室、指定たばこ専用喫煙室などの出入口および施設の主たる出入口の見やすい箇所に必要な事項を記載した標識を掲示しなければならない。

第9章　受動喫煙対策

《ピクトグラムを用いた標識例》

参照「『健康増進法の一部を改正する法律』の施行について」（平31.2.22　健発0222第1号）の別添3、ホームページ「なくそう！望まない受動喫煙」

オ　意識の高揚および情報の収集・提供

○労働者に対して、受動喫煙による健康への影響、受動喫煙の防止のために講じた措置の内容、健康増進法の趣旨等に関する教育や相談対応を行うことで、受動喫煙防止対策に対する意識の高揚を図る。

○受動喫煙防止対策の担当部署等は、他の事業場の対策の事例、受動喫煙による健康への影響等に関する調査研究等の情報を収集し、これらの情報を衛生委員会等に適宜提供する。

カ　労働者の募集および求人の申込み時の受動喫煙防止対策の明示

労働者の募集および求人の申込みの際は就業の場所における受動喫煙を防止するための措置に関する事項を明示することが必要である（職安法5条の3第4項、職安法規則4条の2第3項9号）。

- ・施設の敷地内または屋内を全面禁煙としていること。
- ・施設の敷地内または屋内を原則禁煙とし、特定屋外喫煙場所や喫煙専用室等を設けていること。
- ・施設の屋内で喫煙が可能であること。

（2）妊婦等への特別な配慮

喫煙可能な場所における作業に関する措置や各種施設における受動喫煙防止対策の実施に当たり、以下の者に対しては特に配慮を行う必要がある。

> ・妊娠している労働者　・呼吸器や循環器等に疾患を持つ労働者
> ・がん等の疾病を治療しながら就業する労働者　・化学物質に敏感な労働者など

喫煙可能な場所における作業に関する措置

（1）20歳未満の者の立入禁止

・喫煙専用室等に案内してはならない。
・喫煙専用室等に立ち入らせて業務を行わせない（喫煙専用室等の清掃作業も含まれる）。等

（2）20歳未満の者への受動喫煙防止措置

　健康増進法において適用除外の場所となっている宿泊施設の客室（個室に限る。）や職員寮の個室、特別養護老人ホーム・有料老人ホームなどの入居施設の個室、業務車両内等についても、望まない受動喫煙を防止するため、20歳未満の者が喫煙可能な場所に立ち入らないよう措置を講じること。

（3）20歳以上の労働者に対する配慮

① 　勤務シフトの工夫、勤務フロアの工夫、動線等の工夫
　・望まない受動喫煙を防止するため、勤務シフトや業務分担を工夫する。
　・受動喫煙を望まない労働者が喫煙区域に立ち入る必要のないよう、禁煙フロアと喫煙フロアを分ける。
　・喫煙区域を通らないような動線の工夫をする。等
② 　喫煙専用室等の清掃における配慮
　・喫煙専用室等の清掃作業は、室内に喫煙者がいない状態で、換気により室内のたばこの煙を排出した後に行う。
　・やむを得ず室内のたばこの煙の濃度が高い状態で清掃作業を行わなければならない場合には、呼吸用保護具の着用等により、有害物質の吸入を防ぐ対策をとる。
　・吸い殻の回収作業等の際には、灰等が飛散しないよう注意して清掃を行う。

③ 業務車両内での喫煙時の配慮

　営業や配達等の業務で使用する車両内などであっても、喫煙者に対し、望まない受動喫煙を防止するため、同乗者の意向に配慮するよう周知する。

各種施設における受動喫煙防止対策

第一種施設		・別紙1※1の技術的基準を満たす特定屋外喫煙場所を除き、労働者に敷地内で喫煙させないこと。 ・技術的基準を満たすための効果的手法等の例には、別紙2に示すものがあること。
第二種施設	喫煙専用室	・別紙1※2のたばこの煙の流出を防止するための技術的基準を満たすものでなければならないこと。 ・技術的基準を満たすための効果的手法等の例には、別紙2に示すものがあること。
	指定たばこ専用喫煙室	・別紙1※3の指定たばこの煙の流出を防止するための技術的基準を満たすものでなければならないこと。 ・技術的基準を満たすための効果的手法等の例には、別紙2に示すものがあること。 　ア　喫煙専用室と指定たばこ専用喫煙室を除き、労働者に施設の屋内で喫煙させないこと 　イ　指定たばこ専用喫煙室を設ける施設の営業について広告または宣伝をするときは、指定たばこ専用喫煙室の設置施設であることを明らかにしなければならないこと。 　ウ　受動喫煙を望まない者が指定たばこ専用喫煙室において業務や飲食を避けることができるよう配慮すること。 　エ　施設の屋内を全面禁煙とし、屋外喫煙所（閉鎖系のみ）を設ける場合は助成を受けることができること。
	喫煙目的施設	ア　喫煙目的室を設ける施設の営業について広告または宣伝をするときは、喫煙目的室の設置施設であることを明らかにしなければならないこと。 イ　受動喫煙を望まない者が、喫煙目的室であって飲食等可能な室内において、業務や飲食を避けることができるよう配慮すること。
	既存特定飲食提供施設	ア　喫煙可能室を設ける施設の営業について広告または宣伝をするときは、喫煙可能室の設置施設であることを明らかにし

なければならないこと。

イ　受動喫煙を望まない者が喫煙可能室において業務や飲食を避けることができるよう配慮すること。

　　受動喫煙を望まない者を喫煙可能室に同行させることのないよう、労働者に周知すること。

ウ　既存特定飲食提供施設の飲食ができる場所を全面禁煙として喫煙専用室または屋外喫煙所を設置する場合には、別紙1の技術的基準を満たす喫煙専用室を設ける、または、屋外喫煙所を設けることが望ましいこと。

　　これらの措置（屋外喫煙所にあっては閉鎖系に限る。）に要する経費の一部について助成を受けることができること。

エ　次に掲げる事項が実施されているか管理権原者に確認すること。

（ア）　既存特定飲食提供施設の要件に該当することを証する書類を備えること。

（イ）　喫煙可能室設置施設の届出を保健所に行うこと。

※1：特定屋外喫煙場所を設置する場合の要件（概略）
（1）　喫煙をすることができる場所が区画されていること。
（2）　喫煙をすることができる場所である旨を記載した標識を掲示すること。
（3）　第一種施設を利用する者が通常立ち入らない場所に設置すること。
※2：喫煙専用室の技術的水準
（1）　出入口において、室外から室内に流入する空気の気流が、0.2メートル毎秒以上であること。
（2）　たばこの煙が室内から室外に流出しないよう、壁、天井等によって区画されていること。
（3）　たばこの煙が屋外または外部の場所に排気されていること。
※3：指定たばこ専用喫煙室の技術的水準
　　※2のたばこの煙の流出を防止するための技術的基準に適合すること。

別紙1　健康増進法における技術的基準等の概要
　　https://www.jaish.gr.jp/horei/hor1-60/hor1-60-26-1-3.html
別紙2　技術的基準を満たすための効果的な手法等の例
　　https://www.jaish.gr.jp/horei/hor1-60/hor1-60-26-1-4.html

第9章　受動喫煙対策

受動喫煙防止対策に対する支援

支援制度の問合せ先

（1）受動喫煙防止対策助成金に関する事項：都道府県労働局労働基準部

　　　　　　　　　　　　　　　　　　　健康課または健康安全課

（2）受動喫煙防止対策の技術的な相談

　　　厚生労働省ホームページで最新の問合せ先を確認すること。

（3）たばこの煙の濃度等の測定機器の無料貸出し

　　　厚生労働省ホームページ（同上）で最新の問合せ先を確認すること。

《参考》

職場における受動喫煙防止のためのガイドライン（令元.7.1　基発0701第

1号）

https://www.mhlw.go.jp/content/000524718.pdf

たばこ煙の流出防止措置の効果を確認するための測定方法の例

https://www.mhlw.go.jp/content/10900000/000525313.pdf

改正健康増進法の施行に関するQ＆A（平31.4.26公表）

https://www.mhlw.go.jp/content/10900000/00525322.pdf

4　受動喫煙と安全配慮義務

　職場での受動喫煙により健康被害を被ったとする労働者が損害賠償を求め
た訴訟で、労働者の主張が認められた事件があります。裁判で初めて受動喫
煙による危険性から職員の生命・健康を保護するよう配慮すべき義務を負っ
ていることを明らかにした事件で、一部ですが雇用主である区の責任を認め
て5万円の慰謝料支払命令を下した江戸川区職員（受動喫煙）事件（東京地
裁　平16.7.12判決　労判878号5頁）があります。「当時の喫煙対策として
は喫煙時間や喫煙場所を限るという意味での分煙が一般的であり、行政が示
した各種の分煙対策でも、ゆるやかな分煙対策を段階的に進めていくことを
予定していたことなどは、「上記の配慮すべき義務の内容を検討するに当
たってしんしゃくすべき事柄である」。」として、一部ですが使用者の責任を
認めています。

　このように、使用者は一定の範囲において受動喫煙の危険性から労働者の
生命・健康を保護するよう配慮すべき義務（安全・衛生配慮義務）を負って

—179—

いることを認め、その義務の内容を検討するに当たっては、行政が示した各種の分煙対策が行われていたかどうかが斟酌すべきであるとしています。

したがって、受動喫煙による害についての安全配慮義務を履行するためには、健康増進法に定められている対策および労働安全衛生法68条の２による「受動喫煙防止ガイドライン」の内容を実施する必要があるといえます。

江戸川区職員（受動喫煙）事件（東京地裁　平16.7.12判決　労判878号）

【事件の概要】

原告Ｘは平成７年４月１日にＹ職員として採用され、平成８年３月31日までは都市開発部再開発課再開発一係の職員としてＹ本庁社内北棟一階の執務室で、同年４月１日から平成11年３月31日までは、保健所予防課業務係の職員として、Ｙ保健所内２階事務室に勤務していた。

執務室：三方に窓、棟全体用の中央式空気調和機、室専用の換気扇３機、空気清浄機３機が設置され、同部門の職員88名中37名、同係の職員７名中４名が喫煙者。平成７年10月末頃には、室専用の換気扇６機増設、その付近に設置された喫煙場所で職員は喫煙

事務室：保健所全体用の中央式空気調和機と排風機の設置。同室内の職員58名中15名、同係の職員10名中２名が喫煙者。同室内東側隅および同室外エレベーターホールに喫煙場所の設置。各々換気扇１機、空気清浄機能付きの空気調節装置１機が設置され、職員はそこで喫煙。

Ｙが措置義務を怠ったことにより、上記条件においてＸを受動喫煙下に置いて健康被害等を与えたとして、主位的に安全配慮義務違反の債務不履行、予備的に不法行為または国家賠償法１条１項に基づき、医療費および慰謝料の一部（計31万5650円）につき、Ｘが損害賠償請求をした事案である。

【判決の要旨】

Ｙ（被告・江戸川区）は、物や人の管理に当たり、一定の範囲において受動喫煙の危険性からＸ（原告・江戸川区職員）の生命および健康を保護するよう配慮すべき義務（安全・衛生配慮義務）を負っていた。

その義務の内容は、危険の態様、程度、被害結果の状況等に応じ、具体的状況に従って決すべきものである。

第9章　受動喫煙対策

一、受動喫煙の危険性は、眼症状や鼻症状などの急性影響および慢性影響としての肺がん等のリスクの増加であり、受動喫煙の暴露時間や暴露量を無視して一律には論じ得ない性質のものであったこと、

二、当時（平成7〜8年頃）のわが国では、喫煙に寛容な社会的認識がなお残っており、喫煙対策の推進に当たっても喫煙者と非喫煙者双方の立場を尊重することが重要と考えられていたこと、

三、当時の喫煙対策としては喫煙時間や喫煙場所を限るという意味での分煙が一般的であり、行政が示した各種の分煙対策でも、ゆるやかな分煙対策を段階的に進めていくことを予定していたこと

などは、「上記の配慮すべき義務の内容を検討するに当たってしんしゃくすべき事柄である」。

　Xの配属期の殆どについて、Yの配慮義務違反は認められない。しかし、平成8年の2カ月間についてみると、（ⅰ）Xは、上司に対し、大学病院の診断書を示し、何とかしてほしいと申し出た。（ⅱ）診断書の内容から直ちに急性障害と受動喫煙との間に法的因果関係を認められるかはともかく、（ⅲ）Yは、診断書に記載された指摘を踏まえ、Xを受動喫煙環境の下に置くことで健康状態の悪化を招かないよう、速やかに必要な措置（Xの席近くにあった喫煙場所を遠ざける、自席での禁煙を更に徹底させる等）を講じるべきであった。

《実務のポイント〜喫煙室の設置場所》

Q9-1　昨年、社屋を新築し、2階の社員食堂の一角に喫煙室を設けました。しかし、食堂で食事をしている社員から、たばこの臭いがするという苦情が出ています。厚生労働省の「職場における喫煙対策のためのガイドライン」の示す基準は満たしているのですが、どうしたものでしょうか。

A　食堂の一角という設置場所が好ましくないということがありますが、移動させれば多額の費用がかかります。喫煙者が退室する速度は0.7m/sほどあり、喫煙室等へ向かう気流の風速0.2m/sよりも大きいのでタバコの煙が退室時に漏れるなどの問題点が指摘されています。喫煙

室の入り口が食堂の方向を向いているのがより問題なので、入り口を付け替えるということで臭いの苦情はおさまるのではないでしょうか。設置場所や、入り口の方向について、設置前にリスクアセスメントをするべきでした。

5　喫煙者に対する禁煙指導

　喫煙者にとってもタバコは有害です。したがって、職場における健康障害の防止措置を行うためには、受動喫煙対策を講じて非喫煙者を守ればよいということではありません。建物内全面禁煙を行い、職場で喫煙をしにくい環境を作ることは、喫煙者の禁煙を促す効果もあります。

　健康診断や保健指導の場で喫煙者に禁煙することを勧奨することも忘れてはいけません。喫煙者に禁煙も推奨する「働く人を喫煙と受動喫煙の害から守るためのたばこ対策宣言」が日本産業衛生学会から出されているのでご覧になるとよいでしょう。

〈参考サイト〉

改正健康増進法Ｑ＆Ａ

https://www.mhlw.go.jp/content/10900000/00052322.pdf

たばこの規制に関する世界保健機関枠組条約

http://www.mofa.go.jp/mofaj/gaiko/treaty/pdfs/treaty159_17a.pdf

WHOたばこ規制枠組条約第8条の実施のためのガイドライン

http://www.mhlw.go.jp/topics/tobacco/dl/fctc8_guideline.pdf

日本産業衛生学会：働く人を喫煙と受動喫煙の害から守るためのたばこ対策宣言

https://www.sanei.or.jp/files/topics/statement/Declaration_on_Tobacco_Control.pdf

第10章 情報機器作業における労働衛生管理

　2019年7月、旧「VDT作業における労働衛生管理のためのガイドライン」（以下「VDTガイドライン」という）を情報機器作業における労働衛生管理のためのガイドライン」（令元.7.12　基発0712第3号　以下「情報機器ガイドライン」という）に名称変更し、内容も改正されました。

　VDTガイドラインは事業者が作業環境をできる限りVDT（Visual Display Terminals）作業に適した状況に整備するとともに、VDT作業が過度に長時間にわたり行われることのないように適正な作業管理を行うこと、また事業者が、作業者の健康管理を適正に行うことが重要であるとする基本的考え方によるものでした。

　情報機器ガイドラインは、VDTガイドラインのこのような基本的な考え方について変更せず、従来の視覚による情報をもとに入力操作を行うという作業を引き続きガイドラインの対象としつつ、情報技術の発達や、多様な働き方に対応するよう健康管理を行う作業区分を見直し、その他、最新の学術的知見を踏まえ、VDTガイドラインを見直したものです。

1 　対象となる作業と対象者

対象となる作業：事務所（事務所則1条1項に規定する事務所をいう）において行われる情報機器作業（パソコンやタブレット端末等の情報機器を使用して、データの入力・検索・照合等、文章・画像等の作成・編集・修正等、プログラミング、監視等を行う作業をいう）

対象者：一般正社員、パートタイマー、派遣労働者、臨時職員等の就業形態の区別なく、作業者が情報機器を使用する場合は全て情報機器ガイドラインの対象とする。

　自営型テレワーカーについても、できる限り情報機器ガイドラインに準じて労働衛生管理を行うよう指導等することが望ましい。

2 対策の検討および進め方に当たっての留意事項

対策を進めるに当たっての留意事項は以下のとおりです。

① 事業者は、安全衛生に関する基本方針を明確にし、安全衛生管理体制を確立するとともに、具体的な安全衛生計画を作成し、計画に基づき、作業環境の改善、適正な作業管理の徹底、作業者の健康管理の充実等の労働衛生管理活動を計画的かつ組織的に進めていく必要があること。

② 作業者がその趣旨を理解し、積極的に措置の徹底に協力することが極めて重要であるので、適切な労働衛生教育を実施することが不可欠であること。

③ 各事業場においては、情報機器ガイドラインをもとに、衛生委員会等で十分に調査審議すること。また、情報機器を使用する作業の実態に応じて、情報機器作業に関する労働衛生管理基準を定め、当該基準を職場の作業実態によりよく適合させるため、衛生委員会等において、一定期間ごとに評価を実施し、必要に応じて見直しを行うことが重要であること。

④ この基準をより適正に運用するためには、労働安全衛生マネジメントシステムに関する指針（平成11年労働省告示第53号）に基づき、事業者が労働者の協力の下に一連の過程を定めて継続的に行う自主的な安全衛生活動の一環として取り組むことが効果的であること。

3 労働衛生管理

（1）作業環境管理

作業者の心身の負担を軽減し、作業者が支障なく作業を行うことができるよう、次により情報機器作業に適した作業環境管理を行うことが求められています。

照明・採光	・明暗の対照が著しくなく、まぶしさを生じさせない室内照明。 ・ディスプレイ画面上の照度は500ルクス以下、書類上とキーボード上の照度は300ルクス以上を目安とすること。 ・ディスプレイ画面の明るさ、書類とキーボード面の明るさと周辺の明るさの差はなるべく小さくすること。

第10章　情報機器作業における労働衛生管理

		・ディスプレイ画面に太陽光等が入射する場合は、窓にブラインドやカーテン等を設け適切な明るさとすること。 ・間接照明等のグレア防止用照明器具を用いること。 ・その他グレア防止のための有効な措置を講じること。
情報機器等の選択	デスクトップ型機器	ディスプレイの要件 　a　情報機器作業を負担なく遂行できる画面サイズ。 　b　ディスプレイ画面上の輝度またはコントラストは作業者が容易に調整できるものであること。 　c　必要に応じ、作業環境および作業内容等に適した反射処理をしたものであること。 　d　ディスプレイ画面の位置、前後の傾き、左右の向き等を調整できるものであることが望ましい。 入力機器（キーボード、マウス等） 　a　入力機器の要件 　　（a）　キーボードは、ディスプレイから分離していること。 　　（b）　キーボードのキーは、文字が読みやすく、キーの大きさとキーの数が操作を行うために適切であること。 　　（c）　マウスは、使用する者の手に適した形状と大きさで、持ちやすく操作がしやすいこと。 　　（d）　キーボードのキーとマウスのボタンは、押下深さ（ストローク）と押下力が適当であり、操作したことを作業者が知覚し得ることが望ましい。 　b　目的とする情報機器作業に適した入力機器を使用できるようにすること。 　c　必要に応じ、パームレスト（リストレスト）を利用できるようにすること。
	ノート型機器	・目的とする情報機器作業に適したノート型機器を適した状態で使用させること。 ・ディスプレイは、デスクトップ型機器のディスプレイの要件のとおり。長時間、情報機器作業を行う場合は、外付けディスプレイなども使用することが望ましい。 ・入力機器（キーボード、マウス等）は、デスクトップ型機器の入力機器の要件のとおり。小型のノート型機器で長時間の情報機器作業を行う場合については、外付けキーボー

— 185 —

		ドを使用することが望ましい。 ・必要に応じて、マウス等を利用できるようにすることが望ましい。 ・数字を入力する作業が多い場合は、テンキー入力機器を利用できるようにすることが望ましい。
	タブレット、スマートフォン等	・情報機器作業に適した機器を適した状態で使用させること。 ・長時間、作業を行う場合には、適切なオプション機器（ディスプレイ、キーボード、マウス等）を適切な配置で利用できるようにすること。
	その他の情報機器	〈上記以外の新しい表示装置や入力機器等使用する場合〉 作業者への健康影響を十分に考慮して、目的とする情報機器作業に適した機器を適した状態で使用させること。
	ソフトウェア	・情報機器作業の内容、作業者の技能、能力等に適合したものであること。 ・作業者の求めに応じて、作業者に対して、適切な説明が与えられるものであること。 ・作業上の必要性、作業者の技能、好み等に応じて、インターフェイス用のソフトウェアの設定が容易に変更可能なものであること。 ・操作ミス等によりデータ等が消去された場合に容易に復元可能なものであること。
	椅子	・安定していて、かつ、容易に移動できること。 ・床からの座面の高さが調整できること。 ・適当な背もたれがあること。背もたれは、傾きを調整できることが望ましい。 ・必要に応じて適当な長さの肘掛けがあること。
机または作業台		・作業面は、キーボード、書類、マウスその他情報機器作業に必要なものが適切に配置できる広さであること。 ・作業者の脚の周囲の空間は、情報機器作業中に脚が窮屈でない大きさのものであること。 ・高さの調整ができない机または作業台は、床からの高さは作業者の体形にあった高さとすること。 ・高さの調整が可能な机または作業台は、作業者の体形にあった高さに調整できること。

第10章　情報機器作業における労働衛生管理

騒音の低減措置	情報機器および周辺機器から不快な騒音が発生す場合には、騒音の低減措置を講じること。
その他	換気、温度および湿度の調整、空気調和、静電気除去、休憩等のための設備等について事務所衛生基準規則に定める措置等を講じること。

（2）作業管理

　作業者が、心身の負担が少なく作業を行うことができるよう、次により作業時間の管理を行うととも（1）により整備した情報機器、関連什器等を調整し、作業の特性や個々の作業者の特性に合った適切な作業管理を行うことが求められています。

作業時間等	一日の作業時間	・情報機器作業が過度に長時間にわたり行われることのないように指導すること。
	一連続作業時間および作業休止時間	・一連続作業時間が1時間を超えない。 ・連続作業間に10分～15分の作業休止時間を設ける。 ・一連続作業時間内において1回～2回程度の小休止を設ける。
	業務量への配慮	・個々の作業者の特性を十分に配慮した無理のない適度な業務量となるよう配慮すること。
調整	作業姿勢	・椅子に深く腰をかけて背もたれに背を十分にあて、履き物の足裏全体が床に接した姿勢を基本とすること。十分な広さがあり、すべりにくい足台を必要に応じて備えること。 ・椅子と大腿部膝側背面との間には手指が押し入る程度のゆとりがあり、大腿部に無理な圧力が加わらないようにすること。
	ディスプレイ	・おおむね40cm以上の視距離が確保できるようにし、この距離で見やすいように必要に応じて適切な眼鏡による矯正を行うこと。 ・画面の上端が眼の高さとほぼ同じか、やや下になる高さにすることが望ましい。 ・画面とキーボードまたは書類との視距離の差が極端に大きくなく、かつ、適切な視野範囲になるようにすること。 ・ディスプレイは、作業者にとって好ましい位置、角度、明

— 187 —

		るさ等に調整すること。 ・ディスプレイに表示する文字の大きさは、小さすぎないように配慮し、文字高さがおおむね3mm以上とするのが望ましい。
	入力機器	マウス等のポインティングデバイスにおけるポインタの速度、カーソルの移動速度等は、作業者の技能、好み等に応じて適切な速度に調整すること。
	ソフトウェア	表示容量、表示色数、文字等の大きさおよび形状、背景、文字間隔、行間隔等は、作業の内容、作業者の技能等に応じて、個別に適切なレベルに調整すること。

（3）情報機器等と作業環境の維持管理

　作業環境を常に良好な状態に維持し、情報機器作業に適した情報機器等の状況を確保するため、次により点検と清掃を行い、必要に応じ、改善措置を講じることが求められています。

日常の点検事項（作業者による）	・作業開始前または一日の適当な時間帯に、採光、グレアの防止、換気、静電気除去等について点検させること。 ・ディスプレイ、キーボード、マウス、椅子、机または作業台等の点検を行わせること。
定期点検	・照明・採光、グレアの防止、騒音の低減、換気、温度・湿度の調整、空気調和、静電気除去等の措置状況について定期に点検すること。 ・ディスプレイ、キーボード、マウス、椅子、机または作業台等の調整状況について定期に点検すること。
清掃	日常および定期に作業場所、情報機器等の清掃を行わせ、常に適正な状態に保持すること。

（4）健康管理

　作業者の健康状態を正しく把握し、健康障害の防止を図るため、作業者に対して、次により健康管理を行うことあ求められています。

第10章　情報機器作業における労働衛生管理

ア　健康診断

配置前健康診断	新たに情報機器作業を行うこととなった作業者（再配置の者を含む。）の配置前に、情報機器作業の作業区分※1に応じて、作業者に対し、次の項目※2について必要な調査または検査を実施すること。
定期健康診断	情報機器作業の作業区分に応じて、作業者に対し、1年以内ごとに1回、定期に、次の項目※3について必要な調査または検査を実施すること。
事後措置	配置前または定期の健康診断によって早期に発見した健康阻害要因を詳細に分析し、有所見者に対して次に掲げる保健指導等の適切な措置を講じるとともに、予防対策の確立を図ること。

※1　作業時間または作業内容に相当程度拘束性があると考えられるものは全ての者が健康診断対象者

作業時間または作業内容に相当程度拘束性があると考えられないものは自覚症状を訴える者のみ健診対象

情報機器作業の作業区分

https://www.jaish.gr.jp/horei/hor1-60/hor1-60-23-1-4.html

※2、3　項目は第5章健康診断　Q5-7参照

イ　健康相談

メンタルヘルス、健康上の不安、慢性疲労、ストレス等による症状、自己管理の方法等についての健康相談の機会を設けるよう努めること。

パートタイマー等を含む全ての作業者が相談しやすい環境を整備する等特別の配慮を行うことが望ましい。

ウ　職場体操等

就業の前後または就業中に、体操、ストレッチ、リラクゼーション、軽い運動等を行うことが望ましい。

（5）労働衛生教育

職場における作業環境・作業方法の改善、適正な健康管理を円滑に行うため及び情報機器作業による心身への負担の軽減を図ることができるよう、次の労働衛生教育を実施しましょう。

— 189 —

〈情報機器作業従事者に対する労働衛生教育カリキュラム〉

（教育時間 3 時間30分）

　・情報機器作業における労働衛生管理のためのガイドラインの概要
　・作業管理：作業計画・方法、作業姿勢、ストレッチ・体操など
　・作業環境管理：情報機器の種類・特徴・注意点、作業環境が作業の効率
　　　　　　　　　や健康に及ぼす影響
　・健康管理：情報機器作業の健康への影響（疲労、視覚への影響、筋骨格
　　　　　　　　系への影響、メンタルヘルスなど）、職場体操等

〈情報機器作業管理者に対する労働衛生教育カリキュラム〉

（教育時間 7 時間）

　・情報機器ガイドラインの概要
　・作業管理：作業計画・方法、作業姿勢、ストレッチ・体操など
　・作業環境管理：情報機器の種類・特徴・注意点、作業環境が作業の効率
　　　　　　　　　や健康に及ぼす影響と、その改善及び維持
　・健康管理：情報機器作業の健康への影響
　　　　　　　　健康診断とその結果に事後措置、健康相談、職場体操等

　詳細は「情報機器作業に係る労働衛生教育実施要領」（昭61.3.31基発187,
改正令元.10.11基発1011第 4 号）を参照してください。

（6）配慮事項等

高年齢者	・照明条件やディスプレイに表示する文字の大きさ等を作業者ごとに見やすいように設定すること。 ・作業時間や作業密度に対する配慮を行うことが望ましい。 ・作業の習熟の速度が遅い作業者については、それに合わせて追加の教育、訓練を実施する等の配慮を行うことが望ましい。
障害を有する作業者	障害に応じた対策を講じること。 ・音声入力装置等を使用できるようにするなどの必要な対策を講じること。 ・拡大ディスプレイ、弱視者用ディスプレイ等を使用できるようにするなどの必要な対策を講じること。
テレワークを行う労働者	・情報機器ガイドラインのほか、「情報通信技術を利用した事業場外勤務の適切な導入および実施のためのガイドライン」（平

第10章　情報機器作業における労働衛生管理

	30.2.22　基発0222　第1号、雇均発0222　第1号）を参照して必要な健康確保措置を講じること。 ・事業者が業務のために提供している作業場以外でテレワークを行う場合については、事務所衛生基準規則、労働安全衛生規則および情報機器ガイドラインの衛生基準と同等の作業環境となるよう、テレワークを行う労働者に助言等を行うことが望ましい。
自営型テレワーカー	・「自営型テレワークの適正な実施のためのガイドライン」（平30.2.2　雇均発0202　第1号）に基づき、情報機器作業の適切な実施方法等の健康を確保するための手法について、自営型テレワーカーに情報提供することが望ましい。 ・必要に応じて情報機器ガイドラインを参考にし、情報提供することが望ましい。

情報機器作業における労働衛生管理のためのガイドライン
https://www.jaish.gr.jp/horei/hor1-60/hor1-60-23-1-2.html
情報機器作業における労働衛生管理のためのガイドラインと解説
https://www.mhlw.go.jp/content/000539603.pdf

第11章 高年齢労働者の安全と健康確保対策

　近年、労働災害による休業4日以上の死傷者数のうち、60歳以上の労働者の占める割合が増加傾向にある※という状況を踏まえ、「高年齢労働者の安全と健康確保のためのガイドライン」（通称：エイジフレンドリーガイドライン）（令2.3.16　基安発0316第1号）が策定され、高年齢労働者の安全と健康確保対策が推進されています。エイジフレンドリーガイドラインは、高年齢労働者の就労状況や業務の内容等の実情に応じて、国や関係団体等による支援も活用して、法令で義務付けられているものに必ず取り組むことに加えて、実施可能な高齢者労働災害防止対策に積極的に取り組むよう努めることを求めています。

　※2020年の休業4日以上の死傷者数131,156人中60歳以上が34,928人（26.6％）

　「高年齢労働者の安全と健康確保のためのガイドライン」では、以下の対策の実施を求めています。

1　安全衛生管理体制の確立

（1）　経営トップによる方針表明と体制整備
・企業の経営トップによる高齢者労働災害防止対策に取り組む方針の表明をすること。
・高年齢者労働災害防止対策に取り組む体制を明確化すること。
・安全衛生委員会等での高齢者労働災害防止対策に関する事項を調査審議すること。

［考慮事項］
・高齢者労働災害防止対策を担当する組織としては、安全衛生部門、業種・事業場規模によっては人事管理部門等が担当することも考えられること。
・産業医を中心とした産業保健体制、または保健師等、産業医が選任されていない事業場では地域産業保健センター等の外部機関を活用すること。

・高年齢労働者が、職場で気付いた労働安全衛生に関するリスクや働く上で
　負担に感じていること、自身の不調等を相談できるよう、社内に相談窓口
　を設置したり、孤立することなくチームに溶け込んで何でも話せる風通し
　の良い職場風土づくりが効果的であること。
・働きやすい職場づくりは労働者のモチベーションの向上につながるという
　認識を共有することが有効であること。

（2）　高年齢労働者の身体機能の低下等による労働災害についてリスク
　　　アセスメントの実施
　　・高年齢労働者の身体機能の低下等による労働災害発生リスクについ
　　　て、災害事例やヒヤリハット事例から洗い出し、対策の優先順位を
　　　検討すること。
　　・「危険性又は有害性等の調査等に関する指針」（平18.3.10　危険性
　　　又は有害性等の調査等に関する指針公示第1号）に基づく手法で取
　　　り組むよう努めるものとすること。
　　・リスクアセスメントの結果を踏まえ、以下の2職場環境の改善から
　　　5安全衛生教育までに示す事項を参考に優先順位の高いものから取
　　　り組む事項を決めること。
　　・年間推進計画を策定し、当該計画に沿って取組を実施し、当該計画
　　　を一定期間で評価し、必要な改善を行うことが望ましいこと。

［考慮事項］
・高年齢労働者の特性（健康状況、体力の低下）や課題を想定したリスクア
　セスメントの実施。
・リスクアセスメントが定着していない場合（小売業、飲食店、社会福祉施
　設等）は、同一業種の他の事業場の好事例等を参考に、職場環境改善に関
　する労働者の意見を聴く仕組みを作ること。
・「エイジアクション100」のチェックリスト※1を活用すること。
・フレイル※2やロコモティブシンドローム※3の考慮。
・社会福祉施設、飲食店等では、作業頻度や作業環境の違いにより家庭生活
　の作業とは異なるリスクが潜んでいることに留意すること。
・社会福祉施設等で行われている利用者の事故防止に関するヒヤリハット事

第11章　高年齢労働者の安全と健康確保対策

例の収集の取組を労働災害の防止に活用すること。

・労働安全衛生マネジメントシステムの労働安全衛生方針の中に、「年齢にかかわらず健康に安心して働ける」等の内容を盛り込むこと。

※1　ガイドライン別添1

　　　エイジアクション100　高年齢労働者の安全と健康確保のためのチェックリスト

　　　　https://jsite.mhlw.go.jp/miyagi-roudoukyoku/content/contents/000621640.pdf

※2　フレイル：加齢とともに、筋力や認知機能等の心身の活力が低下し、生活機能障害や要介護状態等の危険性が高くなった状態

※3　ロコモティブシンドローム：年齢とともに骨や関節、筋肉等運動器の衰えが原因で「立つ」、「歩く」といった機能（移動機能）が低下している状態。

2 職場環境の改善

（1）　身体機能の低下を補う設備・装置の導入（主としてハード面の対策）

・高齢者でも安全に働き続けることができるよう、施設、設備、装置等の改善を検討し、必要な対策を講じる。

・以下の例を参考に、事業場の実情に応じた優先順位をつけて改善に取り組む。

〈共通的な事項〉

○通路を含め作業場所の照度を確保する。

○階段には手すりを設け、可能な限り通路の段差を解消する。

○床や通路の滑りやすい箇所に防滑素材（床材や階段用シート）を採用する。

○滑りやすい箇所で作業する労働者に防滑靴を利用させる。

○滑りの原因となる水分・油分を放置せずに、こまめに清掃する。

○やむをえず危険箇所を解消することができない場合には、安全標

— 195 —

識等の掲示により注意喚起を行う。

〈危険を知らせるための視聴覚に関する対応〉

○警報音等は聞き取りやすい中低音域の音を採用する。

○有効視野を考慮した警告・注意機器(パトライト等)を採用する。

〈暑熱な環境への対応〉

○涼しい休憩場所を整備する。

○通気性の良い服装を準備する。

○熱中症の初期症状を把握できるウェアラブルデバイス等のIoT機器を利用する。

〈重量物取扱いへの対応〉

○不自然な作業姿勢を解消するために、作業台の高さや作業対象物の配置を改善する。

○身体機能を補助する機器(パワーアシストスーツ等)を導入する。

〈介護作業等への対応〉

○リフト、スライディングシート等の導入により、抱え上げ作業を抑制する。

〈情報機器作業への対応〉

○パソコン等を用いた情報機器作業では、照明、画面の文字サイズの調整、必要な眼鏡の使用等によって適切な視環境や作業方法を確保する。　等

（２）　高年齢労働者の特性を考慮した作業管理（主としてソフト面の対策）

・敏捷性や持久性、筋力の低下等の高年齢労働者の特性を考慮して、作業内容等の見直しを検討し、実施すること。

・以下の例を参考に、事業場の実情に応じた優先順位をつけて改善に取り組む。

［対策の例］

〈共通的な事項〉

・事業場の状況に応じて、勤務形態や勤務時間を工夫する（短時間勤務、

隔日勤務、交替制勤務等）。

・ゆとりのある作業スピード、無理のない作業姿勢等に配慮した作業マニュアルを策定すること。

・注意力や集中力を必要とする作業について作業時間を考慮すること。

・身体的な負担の大きな作業では、定期的な休憩の導入や作業休止時間の運用を図ること。等

〈暑熱な環境への対応〉

・一般に年齢とともに暑い環境に対処しにくくなるので、意識的な水分補給を推奨すること。

・始業時の体調確認を行い、体調不良時に速やかに申し出るよう日常的に指導すること。

〈情報機器作業への対応〉

・作業休止時間を適切に設けること。

・データ入力作業等相当程度拘束性がある作業では、個々の労働者の特性に配慮した無理のない業務量とすること。

3 高年齢労働者の健康や体力の状況の把握

（1） 健康状況の把握

・労働安全衛生法で定める雇入時および定期の健康診断を確実に実施する。

・以下に掲げる例を参考に、高年齢労働者が自らの健康状況を把握できるような取組を実施するよう努める。

［取組の例］

・労働安全衛生法で定める健康診断の対象にならない者が、地域の健康診断等（特定健康診査等）の受診を希望する場合、勤務時間の変更や休暇の取得について柔軟に対応すること。

・労働安全衛生法で定める健康診断の対象にならない者に対して、事業場の実情に応じて、健康診断を実施するよう努めること。

・健康診断の結果について、産業医、保健師等に相談できる環境を整備す

ること。
・健康診断の結果通知にあたって、産業保健スタッフから健康診断項目毎の結果の意味を丁寧に説明する等、高年齢労働者が自らの健康状況を理解できるようにすること。
・日常的に高年齢労働者の健康状況等に気を配ること。

（2） 体力の状況の把握
　・高年齢労働者の労働災害を防止する観点から、事業者、高年齢労働者双方が体力の状況を客観的に把握し、事業者はその体力にあった作業に従事させるとともに、高年齢労働者が自らの身体機能の維持向上に取り組めるよう、主に高年齢労働者を対象とした体力チェックを継続的に行うことが望ましいこと。
　・体力チェックの対象となる労働者から理解が得られるよう、わかりやすく丁寧に体力チェックの目的を説明するとともに、事業場における方針を示し、運用の途中で適宜その方針を見直すこと。

［対策の例］
・加齢による心身の衰えのチェック項目（フレイルチェック）等を導入すること。
・厚生労働省作成の「転倒等リスク評価セルフチェック票」等を活用すること。
・事業場の働き方や作業ルールにあわせた体力チェックを実施すること。この場合、安全作業に必要な体力について定量的に測定する手法と評価基準は、安全衛生委員会等の審議を踏まえてルール化することが望ましいこと。

ガイドライン別添2
転倒等リスク評価セルフチェック表
　https://jsite.mhlw.go.jp/tochigi-roudoukyoku/content/contents/guideline-d.pdf
転倒等災害リスク評価　セルフチェック実施マニュアル
　https://www.mhlw.go.jp/new-info/kobetu/roudou/gyousei/anzen/dl/

第11章　高年齢労働者の安全と健康確保対策

101006-1a_07.pdf

［考慮事項］
・体力チェックの評価基準を設けない場合は、体力チェックを高年齢労働
　者の気付きにつなげるとともに、業務に従事する上で考慮すべきことを
　検討する際に活用することが考えられること。
・体力チェックの評価基準を設ける場合は、合理的な水準に設定し、職場
　環境の改善や高年齢労働者の体力の向上に取り組むことが必要である
　こと。
・安全に行うために必要な体力の水準に満たない労働者がいる場合は、そ
　の労働者の体力でも安全に作業できるよう職場環境の改善に取り組むと
　ともに、労働者も必要な体力の維持向上の取組が必要であること。
・高年齢労働者が病気や怪我による休業から復帰する際、休業前の体力
　チェックの結果を休業後のものと比較することは、体力の状況等の客観
　的な把握、体力の維持向上への意欲や作業への注意力の高まりにつなが
　り、有用であること。

（3）　健康や体力の状況に関する情報の取扱い
　健康情報等を取り扱う際には、「労働者の心身の状態に関する情報の
適正な取扱いのために事業者が講ずべき措置に関する指針」（平30.9.7
労働者の心身の状態に関する情報の適正な取扱い指針公示第1号）を踏
まえた対応が必要であること。
　また、労働者の体力の状況の把握に当たっては、個々の労働者に対す
る不利益な取扱いを防ぐため、労働者自身の同意の取得方法や情報の取
扱方法等の事業場内手続について安全衛生委員会等の場を活用して定め
る必要があること。

4　高年齢労働者の健康や体力の状況に応じた対応

（1）　個々の高年齢労働者の健康や体力の状況を踏まえた措置
　　脳・心臓疾患が起こる確率は加齢にしたがって徐々に増加するとされており、高年齢労働者については基礎疾患の罹患状況を踏まえ、労働時間の短縮や深夜業の回数の減少、作業の転換等の措置を講じる。

［考慮事項］
・健康診断や体力チェック等の結果、当該高年齢労働者の労働時間や作業内容を見直す必要がある場合は、産業医等の意見を聴いて実施すること。
・業務の軽減等の就業上の措置を実施する場合は、高年齢労働者に状況を確認して、十分な話合いを通じて本人の了解が得られるよう努めること。

（2）　高年齢労働者の状況に応じた業務の提供
　　健康や体力の状況は高齢になるほど個人差が拡大するとされており、個々の労働者の状況に応じ、安全と健康の点で適合する業務をマッチングさせるよう努める。

［考慮事項］
・業種特有の就労環境に起因する労働災害があることや、労働時間の状況や作業内容により、個々の労働者の心身にかかる負荷が異なることに留意すること。
・危険有害業務を伴う労働災害リスクの高い製造業、建設業、運輸業等の労働環境と、第三次産業等の労働環境とでは、必要とされる身体機能等に違いがあることに留意すること。
・疾病を抱えながら働き続けることを希望する高齢者の治療と仕事の両立を考慮すること。
・ワークシェアリングで健康や体力の状況や働き方のニーズに対応することも考えられる。

第11章　高年齢労働者の安全と健康確保対策

（3）　心身両面にわたる健康保持増進措置

　　・「事業場における労働者の健康保持増進のための指針」（昭63.9.1
　　　健康保持増進のための指針公示第1号）に基づき、事業場における
　　　健康保持増進対策の推進体制の確立を図る等組織的に労働者の健康
　　　づくりに取り組むよう努めること。

　　・集団および個々の高年齢労働者を対象として、身体機能の維持向上
　　　のための取組を実施することが望ましいこと。

　　・常時50人以上の労働者を使用する事業者は、対象の高年齢労働者に
　　　対してストレスチェックを確実に実施し、ストレスチェックの集団
　　　分析を通じた職場環境の改善等のメンタルヘルス対策に取り組む
　　　こと。

　　・「労働者の心の健康の保持増進のための指針」（平18.3.31　健康保
　　　持増進のための指針公示第3号）に基づき、メンタルヘルス対策に
　　　取り組むよう努めること。

　　これらの事項を実施するに当たっては、以下に掲げる対策の例を参考
　に、リスクの程度を勘案し、事業場の実情に応じた優先順位をつけて取
　り組むこと。

［対策の例］

・健康診断や体力チェックの結果等に基づき、必要に応じて運動指導や栄
　養指導、保健指導、メンタルヘルスケアを実施すること。

・フレイルやロコモティブシンドロームの予防を意識した健康づくり活動
　を実施すること。

・身体機能の低下が認められる高年齢労働者については、身体機能の維持
　向上のための支援を行うことが望ましいこと。例えば、運動する時間や
　場所への配慮、トレーニング機器の配置等の支援が考えられる。

・保健師や専門的な知識を有するトレーナー等の指導の下で高年齢労働者
　が身体機能の維持向上に継続的に取り組むことを支援すること。

・労働者の健康管理を経営的視点から考え、戦略的に実践する健康経営の
　観点から企業が労働者の健康づくり等に取り組むこと。

・保険者と企業が連携して労働者の健康づくりを効果的・効率的に実行す

— 201 —

るコラボヘルス※の観点から職域単位の健康保険組合が健康づくりを実施する場合には、連携・共同して取り組むこと。

※コラボヘルスとは、健康保険組合等の保険者と事業主が積極的に連携し、明確な役割分担と良好職場環境のもと加入者（家族、従業員）の予防・健康づくりを効果的・効率的に実施することをいいます。

5　安全衛生教育

（1）　高年齢労働者に対する教育
- ・雇入れ時等の安全衛生教育、技能講習や特別教育を確実に実施すること。
- ・高齢者対象の教育では、作業内容とリスクについて理解を得やすくさせるため、時間をかけ、写真や図、映像等の文字以外の情報も活用すること。
- ・再雇用や再就職等により経験のない業種、業務に従事する場合、特に丁寧な教育訓練を行うこと。

［考慮事項］

以下の点を考慮して安全衛生教育を計画的に行い、その定着を図ることが望ましいこと。
- ・高年齢労働者が働き方や作業ルールにあわせた体力チェックの実施を通じ、自らの身体機能の客観的な認識の必要性を理解することが重要であること。
- ・高年齢労働者の転倒災害は危険に感じられない場所で発生していることも多いため、安全標識や危険箇所の掲示に留意するとともに、わずかな段差等の周りの環境にも常に注意を払うよう意識付けをすること。
- ・身体機能の低下が労働災害リスクにつなげることを自覚し、体力維持や生活習慣の改善の必要性を理解することが重要であること。
- ・サービス業に多い軽作業や危険と感じられない作業でも、災害に至る可能性があることを周知すること。
- ・勤務シフト等から集合研修が困難な事業場では、視聴覚教材を活用した

第11章　高年齢労働者の安全と健康確保対策

教育も有効であること。
・危険予知トレーニング（KYT）を通じた危険感受性の向上教育や、VR技術を活用した危険体感教育の活用も考えられること。
・介護を含むサービス業ではコミュニケーション等の対人面のスキルの教育も労働者の健康の維持に効果的であると考えられること。
・IT機器に詳しい若年労働者と現場で培った経験を持つ高年齢労働者がチームで働く機会の積極的設定等を通じ、相互の知識経験の活用を図ること。

（2）　管理監督者等に対する教育
　　・教育を行う者や管理監督者、共に働く労働者に対しても、高年齢労働者に特有の特徴と高年齢労働者に対する安全衛生対策についての教育を行うことが望ましいこと。
　　・高齢者労働災害防止対策の具体的内容の理解のために、高年齢労働者を支援する機器や装具に触れる機会を設けることが望ましいこと。

［教育内容］
　事業場内で教育を行う者や高年齢労働者が従事する業務の管理監督者に対しての教育内容は以下の点が考えられること。
・加齢に伴う労働災害リスクの増大への対策についての教育
・管理監督者の責任、労働者の健康問題が経営に及ぼすリスクについての教育
・脳・心臓疾患を発症する等緊急の対応が必要な状況が発生した場合の救命講習や緊急時対応の教育

6　労働者に求められる取組

　事業者が実施する労働災害防止対策の取組に協力するとともに、自己の健康を守るための努力の重要性を理解し、自らの健康づくりに積極的に取り組むよう努める。
【具体的な取組】
・健康診断等による健康や体力の状況の客観的な把握と維持管理

—203—

・日常的な運動、食習慣の改善等による体力の維持と生活習慣の改善

・自らの身体機能や健康状況を客観的に把握し、健康や体力の維持管理に努める。
・法定の定期健康診断を必ず受ける。法定の健康診断の対象とならない場合には、地域保健や保険者が行う特定健康診査等を受ける。
・体力チェック等に参加し、自身の体力の水準を確認する。
・日ごろからストレッチや軽いスクワット運動等を取り入れ、基礎的体力の維持に取り組む。
・適正体重の維持、栄養バランスの良い食事等、食習慣や食行動の改善に取り組む。

エイジフレンドリー補助金

1 対象者（①～③のすべてに該当する事業者）
　①高年齢労働者（60歳以上）を常時１名以上雇用している
　②中小企業事業者
　③労働保険に加入している

2 補助金額
　補助対象：高年齢労働者のための職場環境改善に要した経費（物品の
　　　　　　購入・工事の施工等）
　補　助　率：１/２
　上　限　額：100万円（消費税を含む）
　※この補助金は、事業場規模、高年齢労働者の雇用状況等を審査の
　　上、交付決定を行います（全ての申請者に交付されるものではあり
　　ません）。

第11章　高年齢労働者の安全と健康確保対策

○　**中小規模事業場　安全衛生サポート事業（個別支援）**
　労働災害防止団体が、中小規模の事業場に対して、安全衛生に関する知識・経験が豊富な専門職員を派遣して、高年齢労働者対策を含めた安全衛生活動の支援（現場確認、ヒアリング、アドバイス）を行います。
◆中央労働災害防止協会（製造業、下記以外の業種関係）
　　本部　技術支援部業務調整課　電話03-3452-6366

第12章 職業性疾病1

1　労働安全衛生関係法令における主な化学物質管理の体系

　労働現場で取り扱われている化学物質は約7万物質あり、年間100kg以上製造（または輸入）されているものとして毎年約1,500物質が新規届出されています。年間100kg以下製造または輸入の少量新規化学物質は年間約8,500あります。これらの化学物質について、労働者の健康障害を発生させる危険・有害性の程度により、以下のように分類されています。

① 　製造、輸入、譲渡、提供、使用が禁止されている8物質
② 　製造に対し、厚生労働大臣の許可を受けなければならない7物質
③ 　特別規則による管理を必要とする104物質
④ 　安全データシート（SDS（Safety Data Sheets））交付対象の674物質
⑤ 　指針による指導対象約800物質
⑥ 　安衛法の一般原則における規制
⑦ 　危険有害性情報のある約4万物質

　③の特別規則の対象とされていなくても使用量や作業方法によっては、健康障害を起こしうる化学物質があり、それらには個別の物質、業務ごとに取るべき具体的な措置が法令上規定されているわけではなく、⑥の労働安全衛生規則第三編、衛生基準、第一章有害な作業環境のような一般的な規定があるだけです。また、2005年に労働安全衛生法が改正されて、リスクを事業者が把握する端緒となる危険性または有害性の調査（リスクアセスメント）が努力義務（安衛法28条の2）とされたのですが、事業者がその必要性を認識しない場合には、現状では適切な措置が十分行われないという問題がありました。そうした中で印刷工場の胆管がん発症、化学工場の膀胱がん発症、アクリル酸系水溶性ポリマー製造事業場における肺疾患発症のように、有害性が明らかになっていない物質により労働者の健康障害が発生するという問題が起こりました。これらの災害のほかにも、リスクアセスメントによる有害性の検討が適切に実施されておらず、事業者が使用する化学物質によるリスクを認識していない、化学物質の有害性に合った適切な保護具が選択されて

いない、作業手順が定められていないなど、事業者が講じるべき適切な措置が取られていなかったものも少なくありません。

　胆管がん発症を受けて、2014年に、④の安全データシート交付対象物質について、危険性または有害性等の調査（リスクアセスメント）の実施が義務づけられました（安衛法57条の3）。

《印刷工場の胆管がん発症》

　2012年3月に大阪府内の印刷事業場の労働者から化学物質の使用により胆管がんを発症したとして労災請求があり、調査の結果、原因物質は1,2ジクロロプロパンとジクロロメタンと推定された。

　1,2ジクロロプロパンは、工業的使用量も多くはなく、有害性が未知な部分が多かったが、有害性情報が十分ではない物質を安易に使用していた。本件をきっかけに因果関係がわかり、国内で他にも労災認定された。2014年5月末日現在、印刷業における胆管がんの労災請求は87人、印刷業以外における胆管がんの労災請求は20人で、多くの業種に分布している。それまで胆管がんは、国際的にも職業がんの知見はなかった。しかし、有害性が不明であること（分類できない）は無害であることを意味しない。

　ジクロロメタンは工業的によく使われていたが、この高濃度で長期間ばく露した事例で初めてヒトへの発がん性が判明した。毒でない物は存在せず、ばく露量次第である。

○1,2ジクロロプロパンを発がん物質として特定化学物質障害予防規則で規制（平成25年10月施行）

○ジクロロメタンを発がん物質として特定化学物質障害予防規則で規制（平成26年11月施行）

《化学工場の膀胱がん発症》

　2016年12月21日、福井県の化学工場においてオルトートルイジン、2,4-キシリジン等を原料として染料・顔料中間体を製造する作業に従事し、膀胱がんが発症した労働者7名が労災認定された。労働安全衛生総合研究所による災害調査により、オルト-トルイジンを含む有機溶剤で

—208—

作業服が濡れることがしばしばあり、内側がオルト-トルイジンに汚染されたゴム手袋を繰り返し使用していたことがわかり、オルト-トルイジンの経皮ばく露が主な原因と推測された。個人ばく露測定の結果は、日本産業衛生学会が勧告する許容濃度の1ppmより極めて低いものだったが、再現作業の前後で、作業員の尿中のオルト－トルイジンが増加していた。

○オルト－トルイジンを特定化学物質に追加するとともに、経皮吸収によるばく露防止対策を強化

《アクリル酸系水溶性ポリマー製造事業場の肺疾患発症》

2016年5月、ポリマー（樹脂等）の製造を行う化学工場の製品の包装等を行う工程（投入、計量、袋詰め、梱包、運搬など）の作業に従事していた6名の労働者が肺疾患を発症した。発症時の年齢は20代～40代で、6名のうち5名は業務歴が2年前後と短期間だった。

相当量の架橋型アクリル酸系水溶性高分子化合物の吸入性粉じんのばく露業務に一定期間従事した労働者に発症した呼吸器疾患であって、一定の所見が認められるものについては、当該業務が相対的に有力な原因となって発症した蓋然性が高いと考えられる。

○予防的観点から、粉状の架橋型アクリル酸系水溶性高分子化合物の製造、取扱いを行う管内の事業場に対し、局所排気装置の排気能力の増強等により発散防止措置を強化、呼吸用保護具を電動ファン付き呼吸用保護具等の防護係数の高いものへ変更の措置を講ずるよう指導する。

○「特定の吸入性有機粉じん等による肺疾患の防止について」（平29.4.28　基安発0428第2号）により、ばく露防止措置の指導実施

労働安全衛生法に基づく化学物質に対する規制の体系

(2019年12月5日時点)

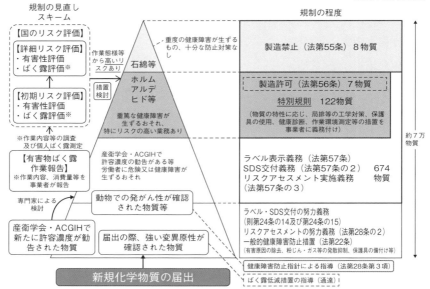

(厚生労働省労働基準局安全衛生部化学物質対策課化学物質評価室「がん原性指針対象物質の追加」)

【製造禁止】製造、輸入、譲渡、提供、使用を禁止

【特別規則】個別の規則(有機則、特化則など)で、製造・取扱いに際して、具体的な措置(排気装置の設置、マスクの使用、健康診断の実施など)を義務付け

【リスクアセスメント】製造・取扱いに際して、危険・有害性を調査・評価することを義務付け

【ラベル表示】譲渡・提供する場合に、容器にその物質の危険・有害性を絵表示することを義務付け

【SDS交付】譲渡・提供する場合に、その物質の危険・有害性、取扱い上の注意等を記載した文書を交付することを義務付け

第12章　職業性疾病1

2 製造等禁止の物質（安衛法55条、安衛令16条）

　以下の①から⑨の物質を製造し、輸入し、譲渡し、提供し、または使用することは禁止されています。ただし、石綿の分析のための試料の用に供される石綿および石綿の使用状況の調査に関する知識または技能の習得のための教育の用に供される石綿は製造禁止の対象から外されています。

① 黄りん　マッチ、② ベンジジンおよびその塩、③ 4 アミノジフエニルおよびその塩

④ 石綿（次に掲げる物で厚生労働省令※で定めるものを除く）
・石綿の分析のための試料の用に供される石綿
・石綿の使用状況の調査に関する知識または技能の習得のための教育の用に供される石綿
・上に掲げる物の原料または材料として使用される石綿
※石綿障害予防規則47、48条

⑤ 4-ニトロジフエニルおよびその塩、⑥ ビス（クロロメチル）エーテル

⑦ ベーターナフチルアミンおよびその塩

⑧ ベンゼンを含有するゴムのりで、その含有するベンゼンの容量が当該ゴムのりの溶剤（希釈剤を含む）の5％を超えるもの

⑨ ②、③、⑤～⑦に掲げる物をその重量の1％を超えて含有し、または④に掲げる物をその重量の0.1％を超えて含有する製剤その他の物

3 製造の許可を必要とする物質（安衛法56条、安衛令17条）

　がん等の慢性・遅発性障害を引き起こす物質のうち、特に有害性が高く労働者に重度の健康障害を生じるおそれがあるものとして、以下の労働安全衛生施行令17条で定めるもの（安衛令別表第3第1号に掲げる第1類物質および石綿分析用試料等）の製造については許可制度を設けています。

① ジクロルベンジジンおよびその塩（がん原性物質）
② アルフアーナフチルアミンおよびその塩（がん原性物質）
③ 塩素化ビフエニル（別名PCB）（がん原性物質）
④ オルトートリジンおよびその塩（がん原性物質）

— 211 —

⑤　ジアニシジン及びその塩（がん原性物質）

⑥　ベリリウムおよびその化合物（ベリリウム肺をおこす）

⑦　ベンゾトリクロリド（がん原性物質）

⑧　①から⑥までに掲げる物をその重量の１％を超えて含有し、または７に掲げる物をその重量の0.5％を超えて含有する製剤その他の物（合金にあつては、ベリリウムをその重量の３％を超えて含有するものに限る。）

4　特別規則による規制

（1）有機溶剤

　有機溶剤とは、他の物質を溶かす性質を持つ有機化合物の総称です。油、ロウ、樹脂、ゴム、塗料など水に溶けないものを溶かすので、様々な職場で溶剤として塗装、洗浄、印刷等の作業に幅広く使用されています。

　有機溶剤は常温では液体ですが、一般に揮発性が高いため、蒸気となって作業者の呼吸を通じて体内に吸収されやすく、また、油脂に溶ける性質があることから皮膚からも吸収されます。身近なものでは石油、灯油、シンナーがあります。

有機溶剤の性質

○常温では液体であり、揮発性が高い。

　沸点が低く常温での蒸気圧が高い。

○揮発した蒸気は、作業者の呼吸を通じて体内に吸収されやすく、油脂に溶ける性質があることから皮膚からも吸収される。

○危険有害性

　蒸気を吸入すると健康を害する。引火しやすい。

○空気より重い

有機溶剤による一般的な慢性中毒症状

　神経系の障害（頭重、頭痛、不眠、焦燥感、めまい、下肢倦怠、神経痛等）消化器系の障害（食欲不振、胃の症状等）

大量吸入時の急性症状

　頭痛、めまい(酒に酔った感じ)等を起こし、ついに麻酔状態に陥り、意識を喪失し、生命も危険となる。

定義1

有機則の対象となる有機溶剤	労働安全衛生法施行令別表6の2に掲げる54種類の有機溶剤をいう（有機則1条1項1号）。
有機溶剤等	労働安全衛生法施行令別表6の2に掲げられた有機溶剤または有機溶剤含有物（有機溶剤と有機溶剤以外の物との混合物で、有機溶剤の含有率が5％（重量パーセント）を超えるもの）をいう（有機則1条1項2号）。

定義2

有機溶剤業務とは （有機則1条1項2号）

イ 有機溶剤等を製造する工程における有機溶剤等のろ過、混合、攪拌、加熱又は容器若しくは設備への注入の業務

ロ 染料、医薬品、農薬、化学繊維、合成樹脂、有機顔料、油脂、香料、甘味料、火薬、写真薬品、ゴム若しくは可塑剤又はこれらのものの中間体を製造する工程における有機溶剤等のろ過、混合、攪拌又は加熱の業務

ハ 有機溶剤含有物を用いて行う印刷の業務

ニ 有機溶剤含有物を用いて行う文字の書込み又は描画の業務

ホ 有機溶剤等を用いて行うつや出し、防水その他物の面の加工の業務

ヘ 接着のために有機溶剤等の塗布の業務

ト 接着のために有機溶剤等を塗布された物の接着の業務

チ 有機溶剤等を用いて行う洗浄（ヲに掲げる業務に該当する洗浄の業務を除く。）又は払しょくの業務

リ 有機溶剤含有物を用いて行う塗装の業務（ヲに掲げる業務に該当する塗装の業務を除く。）

ヌ 有機溶剤等が付着している物の乾燥の業務

ル 有機溶剤等を用いて行う試験又は研究の業務

ヲ 有機溶剤等を入れたことのあるタンク（有機溶剤の蒸気の発散するおそれがないものを除く。以下同じ。）の内部における業務

屋内作業場等とは （有機則1条2項）

● 屋内作業場
● 船舶の内部
● 車両の内部
● タンク等の内部
➡ 地下室の内部その他通風が不十分な屋内作業場
➡ 船倉の内部その他通風が不十分な船舶の内部
➡ 保冷貨車の内部その他通風が不十分な車両の内部
➡ タンクの内部
➡ ピットの内部
➡ 坑の内部
➡ ずい道の内部
➡ 暗きょ又はマンホールの内部
➡ 箱桁の内部
➡ ダクトの内部
➡ 水管の内部
➡ そのほか通風が不十分な場所（航空機、コンテナー、蒸気管、煙道、ダム、船体ブロックの各内部等）

ア 使用する有機溶剤等の危険有害性の確認と周知

① 使用する溶剤、塗料、原料等の製品に添付されている安全データシート（SDS（Safety Data Sheets））により有機溶剤の種類、含有率を確認する。

② 各有機溶剤の有害性を確認する。

③ 安全データシートが付されていない場合は、供給元（代理店などの納入元、メーカー）に提供を求める。

④ 有機溶剤等に含まれる化学物質の危険有害性、および有機溶剤等に係る事故発生時の措置について、作業者に周知徹底する（安衛法101条4項）とともに、必要な対策を講じる。

第12章　職業性疾病1

イ　作業主任者の選任（有機則19条、19条の２）

屋内作業場等において有機溶剤業務を行うときは、作業主任者を選任し、次の事項を行わせることが必要です。（試験研究の業務を除く）

① 作業の方法を決定し、労働者を指揮すること。
② 局所排気装置、プッシュプル型換気装置または全体換気装置を１月以内ごとに点検すること。
③ 保護具の使用状況を監視すること。
④ タンク内作業における措置が講じられていることを確認すること。

ウ　発散源対策（有機則５条、６条）

第１種有機溶剤	密閉
第２種有機溶剤	密閉、局所排気装置、プッシュプル型排気装置のいずれか
第３種有機溶剤	全体換気（防毒マスクの併用） タンク等の内部の吹き付け塗装については密閉、局所排気装置、プッシュプル型排気装置のいずれか

《実務のポイント～局所排気装置の使い方》

　有機溶剤を取り扱う作業場に局所排気装置が設置されているのは当然のこととして、大事なのはその使い方です。作業台に卓上用の扇風機を置き、局所排気装置の吸い込む気流に対して、斜め方向から風を送っているところを見ました。理由を尋ねたところ、製品を早く乾燥させるためだということでした。はたして、それで局所排気装置の吸い込む気流に影響を与えていないのかについて、作業者は全く考えていません。有機溶剤作業主任者や衛生管理者が制御風速の測定をして、その結果によっては対策をたてなくてはいけません。もちろん、作業者の教育も必要です。

エ　呼吸用保護具（有機則32条、33条）

臨時に行う有機溶剤業務、短時間の有機溶剤業務、発散面の広い有機溶剤業務等を行う場合で、局所排気装置等を置かない場合、送気マスクまたは有

— 215 —

機ガス用防毒マスクを使用させなければなりません（タンク等の内部での短時間の業務、有機溶剤等を入れたことのあるタンクの内部での業務については、送気マスクに限る）。なお、有機ガス用防毒マスクは有効時間に注意が必要です。マスクの使用方法は、第15章２保護具参照

オ　作業環境測定（有機則28条〜28条の４）

　第１種有機溶剤および第２種有機溶剤に係る有機溶剤業務を行う屋内作業場では、６月以内ごとの作業環境測定とその評価、結果に応じた適切な改善を行うことが必要です。

カ　掲示（安衛則18条、有機則24条、25条）

　以下の事項を作業中でも容易にわかるよう見やすい場所に掲示しなければなりません。

① 　作業主任者の氏名・職務の掲示（安衛則18条）
② 　有機溶剤が人体に及ぼす作用等の掲示（有機則24条）
③ 　取り扱う有機溶剤等の区分の表示（有機則25条）
　（第１種：赤、第２種：黄、第３種：青）

キ　貯蔵・保管（有機則35条）

　貯蔵および空容器の保管貯蔵するときは、有機溶剤等がこぼれ、漏えいし、または発散するおそれのない栓等をした堅固な容器を用い、施錠できる換気の良い場所に保管しなければなりません。

　空容器は、当該容器を密閉するか、または当該容器を屋外の一定の場所に集積しなければなりません。

ク　適用除外認定（有機則２条）

　消費する有機溶剤等の量が少量で、許容消費量を超えないときは、所轄労働基準監督署長の適用除外認定を受けることができます。

ケ　有機溶剤健康診断の実施（有機則29条）

　有機溶剤業務に常時従事する労働者に対し、雇入れの際、有機溶剤業務への配置換えの際、その後６か月以内に１回定期に有機溶剤健康診断を実施し

— 216 —

第12章　職業性疾病1

なければなりません。

《実務のポイント～有機溶剤の保管》

　有機溶剤の保管は安全管理からも重要です。ある工場で、建屋の修理を出入りの建築業者（一人親方）に発注し、休日に簡単な工事を行ったときに災害が発生しました。工場の片隅に、有機溶剤の入った一斗缶が数個置かれていたのですが、それらはしっかりとふたが閉められていないものもありました。

　一斗缶の置かれている場所のあたりで、その建築業者は脚立に乗ってアーク溶接を行ったのですが、散った火花によって一斗缶内の有機溶剤が引火して火災が発生しました。業者は全身火傷を負い、不幸にも労災保険の特別加入手続きをしていなかったので、治療費や生活にも困るという事態になったのです。

　有機溶剤の保管庫を設置するだけでなく、確実にその中に保管させるということも行わせなければなりません。

Q12－1　厚生労働省通達「有機溶剤中毒予防規則の一部を改正する省令の施行について」（昭53.12.25　基発707）の第4項「第八条関係」（2）の解釈についてお尋ねします。「臨時に有機溶剤業務を行う」とは、本来の通常業務以外に行う一時的な有機溶剤業務をいい、実勢として短時間作業が望ましいが、短時間に限るものではないとの解釈で良いでしょうか。

A　ご質問にある施行通達（昭53.12.25　基発707）に、「一時的必要に応じて本来の業務以外の有機溶剤業務を行うことをいい」とありますが、そのような作業にかかる時間が短時間が望ましいとまで言っているわけではありません。「一般的には、当該有機溶剤業務に要する時間は短時間である」と言っているだけです。「必ずしもそのような場合に限る趣旨ではない（＝短時間でなくてもいい。）」のです。

　例としてあげられている、本来業務ではない通路の表示は作業が数時間かかることもあるわけですが、そのような長時間の作業も、一般的に

－217－

は「臨時に有機溶剤業務を行う」場合に該当するとしているわけです。

Q12-2 有機則9条（短時間有機溶剤業務を行う場合の設備の特例）に対して「短時間業務であっても繰り返し行う作業は対象ではない」と厚労省リーフレット「有機溶剤を正しく使いましょう」に記されていますが、ここでいう「繰り返し行う」とは次のどの意味になりますか。
　①　その日の就業時間中に短時間業務を複数回行うことを繰り返し行うことをいう。
　②　通月で短時間業務を複数回行うことを繰り返し行うことをいう。
　③　通年で短時間業務を複数回行うことを繰り返し行うことをいう。
※短時間とは：概ね3時間以内（中災防「有機則の解説」抜粋）

A 例示された①から③の中では、「①　その日の就業時間中に短時間業務を複数回行うことを繰り返し行うという。」と「②　通月で短時間業務を複数回行うことを繰り返し行うという。」は明らかに繰り返しに該当すると考えられます。

　以下の通達では「繰り返し」の回数・定義を明確にしていませんし、「③通年で短時間業務を複数回行うことを繰り返し行うという。」の複数回の回数も不明なので、③についての判断は難しいです。厳しく考えれば、複数回繰り返すことは一時的には該当しないと判断される可能性もあると思いますが、使用量や作業内容も考慮されると考えます。

　厚生労働省通達「有機溶剤中毒予防規則の一部を改正する省令の施行について」（昭53.12.25基発707資料出所　厚生労働省法令等データベース）では以下のように記載されています。

　5　第九条関係
（1）　第一項及び第二項の「当該場所における有機溶剤業務に要する時間が短時間」とは、出張して行う有機溶剤業務のように、当該場所において一時的に行われる有機溶剤業務に要する時間が短時間であることをいうものであり、同一の場所において短時間の有機溶剤業務をくり返し行う場合は、該当しないものであること。
（2）　第一項及び第二項の「短時間」とは、おおむね三時間を限度とするものであること

— 218 —

第12章　職業性疾病1

> **Q12-3**　女性労働基準規則（女性則）に関する質問ですが、女性をトルエンを多量に取り扱う現場に就業させることは可能ですか。
>
> **A**　トルエンの取扱い量が基準になっているわけではありません。女性労働者を就業させてはいけない業務とは、以下の有機溶剤を使用するもので、①タンク、船倉内などで規制対象の化学物質を取り扱う業務で、呼吸用保護具の使用が義務づけられているもの、②労働安全衛生法令に基づく作業環境測定を行い、「第3管理区分となった屋内作業場での全ての業務のいずれかに該当するもの」です。
> エチレングリコールモノエチルエーテル（セロソルブ）
> エチレングリコールモノエチルエーテル、アセテート（セロソルブアセテート）
> エチレングリコールモノメチルエーテル（メチルセロソルブ）
> キシレン、N,N-ジメチルホルムアミド、トルエン、二硫化炭素、メタノール
> 　したがって、トルエン取扱い業務が①、②に該当するか否かで就労可能かどうかが決まります。
> 根拠条文：労働基準法64条の3　女性労働基準規則2条、3条

（2）特定化学物質

　特定化学物質とは、職業がん、皮膚炎、神経障害などを発症させるおそれのある化学物質のことで、現在59種類あり以下のように分類され、特定化学物質障害予防規則の規制対象になっています。

特定化学物質の分類

　第1類物質　　　※製造許可物質
がん等の慢性障害を引き起こす物質の内、特に有害性が高いもの
　第2類物質
がん等の慢性障害を引き起こす物質の内、第1類物質以外のもの
　　特定第2類物質　第2類物質の内、大量漏洩により急性中毒を引き起こす物質

— 219 —

特別有機溶剤等	有機溶剤として規制されていた物質等でがん原性の可能性のあるもの
オーラミン等	物質にがん原性は見られないが製造工程にがん原性のあるもの
管理第2類物質	特定第2類物質、特別有機溶剤等及びオーラミン等以外のもの

特別管理物質
第一類物質、第二類物質の中で、職業がんなど労働者に重度の健康障害を生ずるおそれがあり、発症までに長い期間がかかるもの

第3類物質
大量漏洩により急性中毒を引き起こす物質（漏洩防止措置が必要）

特定化学物質の分類と措置内容

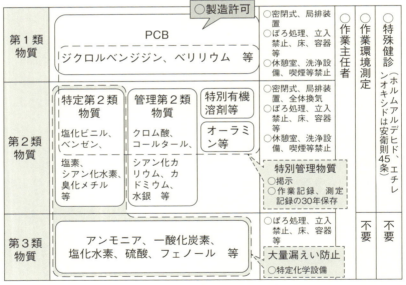

ア　全体に共通する規制
① 特定化学物質を製造もしくは取り扱う作業場の床を不浸透性の材料で造ること（特化則21条）。

② 関係者以外の立ち入りを禁止すること（特化則24条）。

③ 名称や注意事項を表示した堅固な容器・包装を用い、保管場所を特定し、空き容器の管理をすること（特化則25条）。

④ 特定化学物質作業主任者を選任して労働者の指揮や装置の点検などに当たらせること（特化則27条、28条）など

イ　第1類物質と第2類物質に共通する規制

① 作業場での喫煙飲食の禁止（特化則38条の2）

② 作業環境測定（特化則36条～36条の4）

③ 休憩室の設置（特化則37条）

④ 洗浄洗濯設備の設置（特化則38条）

ウ　特別管理物質

第1類物質と第2類物質のうち、がん原性物質またはその疑いのある物質については特別管理物質とされて以下のような規制がされています。

① 名称、注意事項などの掲示（特化則38条の3）

② 労働者の作業や健康診断の記録を30年間保存すること（特化則38条の4、40条2項）

③ 作業環境測定の結果の30年保存（特化則36条3項）

エ　漏えいの防止

第3類物質等を製造・取り扱う設備の腐食防止（特化則13条）、接合部の漏えい防止措置（特化則14条）バルブ等の開閉方向の表示（特化則15条）、バルブ等の材質等（特化則16条）、送給原材料の表示（特化則17条）、計測装置・警報設備の設置等（特化則18条の2）による漏えい防止措置

オ　作業環境測定（特化則36条）

第1類物質または第2類物質の空気中における濃度を6か月に1回測定しなければならない。

カ　健康診断（特化則39条）

特定化学物質を取扱う労働者に対して、雇入れ時、当該業務への配置替え

— 221 —

時その後 6 か月以内ごと（ベリリウムおよびニッケルカルボニルを取扱う労働者に対する胸部エックス線直接撮影による検査は 1 年以内ごと）に 1 回定期に実施しなければなりません。また、特定化学物質を取扱う業務（安衛令 22 条 2 項の業務に限る）に常時従事したことのある労働者で、現在雇用している者に対しても 6 か月以内ごとに同様の健康診断を実施しなければなりません。

※エチレンオキシドとホルムアルデヒドについては、特化則に基づく特殊健康診断を行う必要はありませんが、安衛則 45 条に基づく特定業務従事者健康診断を、配置替え時およびその後 6 か月以内ごとに 1 回行わなければなりません。

キ　一酸化炭素中毒の予防

特定化学物質障害予防規則は一酸化炭素（第 3 類物質）の製造・取扱いについて規制していますが、一酸化炭素による中毒事故の多くは、自然換気が不十分な場所での内燃機関や火気等の使用により発生しています。その対策として、以下のことを行う必要があります。

① 自然換気が不十分な場所では内燃機関を使用しないこと

② やむを得ず使用する場合は、十分な換気を行い、一酸化炭素が滞留しないようにすること

③ コンクリートの養生等で練炭等を燃焼させる場所へは、立入禁止措置を講じ、周知すること

④ ③の場所へ立ち入る場合は、十分な換気を行い、検知器等で換気が行われたことを確認すること

特別有機溶剤等

クロロホルムほか 9 物質は、有機溶剤の中に位置づけられていましたが、発がん性を踏まえて、特定化学物質の第 2 類物質の「特別有機溶剤等」の中に位置づけられるとともに、特別管理物質になっています。エチルベンゼン等、1,2-ジクロロプロパン等も「特別有機溶剤等」の中に位置づけられています。

第12章　職業性疾病1

特別有機溶剤等

特定化学物質	第1類物質		
	第2類物質	特定第2類物質	エチルベンゼン等（屋内の塗装業務）
		特別有機溶剤等（旧エチルベンゼン等）	1、2-ジクロロプロパン等（洗浄・払拭業務）
			クロロホルム等（有機溶剤業務） クロロホルム、四塩化炭素、1、4-ジオキサン、1、2-ジクロロエタン、ジクロロメタン、スチレン、1、1、2、2-テトラクロロエタン、テトラクロロエチレン、トリクロロエチレン、メチルイソブチルケトン
		オーラミン等	
		管理第2類物質	
	第3類物質		

有機溶剤としての措置（有機則）＋発がん性に着目した措置（特化則）
【例：特別管理物質として記録を30年保存】

1　作業記録の作成（特化則38条の4）

　常時作業に従事する労働者について1か月以内ごとに次の事項の記録が必要。

　①　労働者の氏名　②　従事した作業の概要および当該作業に従事した期間　③　特別管理物質により著しく汚染される事態が生じたときは、その概要および事業者が講じた応急の措置の概要

2　記録の保存の延長（特化則36条、36条の2、38条の4、40条）

　有害性（発がん性）の遅発性の影響を踏まえ、次の書類の30年間の保存が必要。なお、記録の保存は、書面の保存に代えて電磁的記録による保存が可能です。

　①　健康診断個人票　②　作業環境測定の記録　③　作業環境測定の評価の記録　④　作業記録

3　有害性等の掲示（特化則38条の3）

　作業に従事する労働者が見やすい箇所に、次の事項の掲示が必要。

　①　名称　②　人体に及ぼす作用　③　取扱上の注意事項　④　使用保護具

「溶接ヒューム」が特定化学物質に（令和3年4月1日施行）

1　測定および換気関係

（1）金属アーク溶接等作業を行う屋内作業場については、全体換気装置による換気の実施またはこれと同等以上の措置（プッシュプル型換気装置、局所排気装置を含む）を行わなければならない。

（2）金属アーク溶接等作業を継続して行う屋内作業場において、新たな金属アーク溶接等作業の方法を採用しようとするとき、または当該作業の方法を変更しようとする場合は、あらかじめ、当該金属アーク溶接等作業に従事する労働者の身体に装着する試料採取機器（個人サンプラー）等を用いて行う測定により、空気中の溶接ヒュームの濃度を測定しなければならない。

　経過措置として、令和3年4月1日から令和4年3月31日までの間に、金属アーク溶接等を行う屋内作業場については個人サンプラーによる測定を必ず実施しなければならない。

（3）上記測定の結果に応じて、換気装置の風量の増加その他必要な措置を講じなければならない。

　この措置を講じたときは、その効果を確認するため、（2）と同様に再度個人サンプラーによる測定をしなければならない。

（4）上記（2）および（3）による測定を行ったときは、その結果を記録し金属アーク溶接等作業を行わなくなった日から3年間保存しなければならない。

2　保護具関係

（1）金属アーク溶接等作業を行う者については、溶接ヒュームによる健康障害防止のため、前記1（2）、（3）で得られた結果などを踏まえ、有効な呼吸用保護具を使用させなければならない。

　屋外や臨時作業においても呼吸用保護具は使用しなければならない。

（2）（1）のうち、前記1（2）による測定結果をもって措置する部分については、令和4年4月1日から適用される。

3　作業主任者の選任（令和4年4月1日〜）

4　その他
- ・ぼろ等の処理　・不浸透性の床　・関係者以外の立ち入り禁止措置
- ・運搬貯蔵時の容器等の使用等　・休憩室の設置　・洗浄設備の設置
- ・喫煙または飲食の禁止　・有効な呼吸用保護具の備え付け等

5　労働安全衛生規則の一般規制

第13章　職業性疾病2　8有害な作業環境管理　参照

6　労働安全衛生法に基づく規制（自主的取組）

　職場で取り扱う化学物質の危険・有害性、適切な取り扱い方法などを知らなかったことで発生する爆発や中毒などの労働災害を防止するためには、化学物質の危険・有害性などの情報が確実に伝達され、情報を入手した事業場は情報を活用してリスクアセスメントを実施し、リスクに基づく合理的な化学物質管理を行うことが重要です。したがって、表示・文書交付制度は、化学物質管理の原点となる制度です。

　「化学品の分類および表示に関する世界調和システム」（GHS）に関する国連勧告が2003年7月に出されました。GHSは化学品の危険有害性を一定の基準に従って分類し、絵表示等を用いて分かりやすく表示し、その結果をラベルやSDSに反映させ、災害防止、健康保護および環境の保護に役立てようとするものです。事業者はGHS分類を活用して、ラベルやSDSによる情報提供を行います。そのため、GHSの意味と分類を理解しておく必要があります。

　国内においては、GHSに対応する日本工業規格が2012年に定められ。2019年に改正されて以下のようになっています。なお、暫定措置として2022年5月24日まではJISZ7253：2014にしたがってラベルとSDSを作成してもよいことになっています。
- ・JISZ7252：2019「GHSに基づく化学物質等の分類方法」
- ・JISZ7253：2019「GHSに基づく化学品の危険有害性情報の伝達方法—ラベル、作業場内の表示および安全データシート（SDS)」

●「化学品の分類および表示に関する世界調和システム」（The Globally Harmonized System of Classification and Labelling of Chemicals：GHS）は2003年7月に国連勧告として採択されたものです。

●GHSは化学品の危険有害性を世界的に統一された一定の基準に従って分類し、絵表示等を用いて分かりやすく表示し、その結果をラベルやSDS（Safety Data Sheet：安全データシート）に反映させ、災害防止および人の健康や環境の保護に役立てようとするものです。

●GHS文書は2年に一度改訂されており、2019年には改訂8版が出版されました。GHS文書（通称：パープルブック）全文は以下を参照してください。

・日本語版は以下のとおり

jniosh.johas.go.jp/groups/ghs.08pdf

化学物質管理を自律的に行う仕組の構築

昭和52年
新規物質
届出制度 → 製造・輸入業者による
化学物質の危険性・有害性に関する情報の把握

昭和47年
ラベル表示義務化
↓
平成28年
義務対象拡大 → 把握した情報の関係事業者等への伝達
（ラベル表示、SDS交付） ← 平成11年
SDS交付義務化

平成28年
義務化 → 事業者によるリスクアセスメントの実施

結果を踏まえたリスク低減措置の実施
（使用中止・代替化、局所排気装置等の設置、保護具の使用等）

（厚生労働省化学物質対策課　中村宇一氏作成）

（1）容器等の表示義務（安衛法57条）

　以下の化学物質を容器等に入れて譲渡または提供する者は、定められた表示事項を容器等に表示しなければなりません（安衛法57条、安衛令18条、安衛則24条の14）。

① 製造許可の対象物質（7物質）

② 労働安全衛生法施行令で定める表示義務対象物質（667物質）

③ 上記物質を含有する混合物（表示義務対象物質ごとに裾切値※が定められています）

※当該物質の含有量がその値未満の場合、表示・文書交付の義務の対象とならない。

ラベル表示事項

① 名称

② 人体に及ぼす作用

③ 貯蔵または取り扱い上の注意

④ 表示をする者の氏名（法人にあっては、その名称）、住所および電話番号

⑤ 注意喚起語

⑥ 安定性および反応性

⑦ 当該物を取り扱う労働者に注意を喚起するための標章

注意を喚起するための標章

【炎】	可燃性/引火性ガス 引火性液体 可燃性固体 自己反応性化学品 など	【円上の炎】	支燃性/酸化性ガス 酸化性液体・固体	【爆弾の爆発】	爆発物 自己反応性化学品 有機過酸化物
【腐食性】	金属腐食性物質 皮膚腐食性 眼に対する重大な損傷性	【ガスボンベ】	高圧ガス	【どくろ】	急性毒性 （区分1～3）
【感嘆符】	急性毒性（区分4） 皮膚刺激性（区分2） 眼刺激性（区分2A） 皮膚感作性 特定標的臓器毒性 （区分3） など	【環境】	水生環境有毒性	【健康有害性】	呼吸器感作性 生殖細胞変異原性 発がん性 生殖毒性 特定標的臓器毒性 （区分1、2） 吸引性呼吸器有害性

（2）文書の交付義務物質（安衛法57条の2）

　以下の化学物質を譲渡または提供する者は、SDS（安全データシート）を交付しなければなりません。

① 　製造許可の対象物質（7物質）

② 　労働安全衛生法施行令で定める文書交付義務物質（667物質）

③ 　上記物質を含有する混合物（文書交付義務対象物質ごとに裾切値が定められています）

SDS（安全データシート）記載事項

① 　名称

② 　成分およびその含有量

③ 　物理的および化学的性質

④ 　人体に及ぼす作用

⑤ 　貯蔵または取り扱い上の注意

⑥ 　流出その他の事故が発生した場合の応急措置

⑦ 　通知を行う者の氏名、住所および電話番号

⑧ 　危険性または有害性の要約

⑨ 　安定性および反応性

⑩ 　適用される法令

⑪ 　その他参考となる事項

（3）表示・SDS交付の努力義務物質

　法による表示・通知の義務付けの対象となっていない化学物質、化学物質を含有する製剤その他の労働者の危険または健康障害を生ずるおそれのある物で厚生労働大臣が定めるもの（以下「危険有害化学物質等」という。）についても、ラベル表示およびSDS交付について努力義務とされています（安衛則24条の14、24条の15）。

　それらの具体的方法について安衛則24条の16に基づき、「化学物質等の危険性または有害性等の表示または通知等の促進に関する指針」（平27. 9. 18 基発0918第3号）が公表されています。

　「化学物質等の危険性または有害性等の表示または通知等の促進に関する

第12章　職業性疾病1

指針」

https://www.jaish.gr.jp/anzen/hor/hombun/hor1-2/hor1-2-229-1-0.htm

---

危険性または有害性の考え方

　指針の対象となる化学物質等については、安衛則24条の14第1項の規定に基づき厚生労働大臣が定める危険有害化学物質等を定める告示に示されており、同日に官報に公示された日本工業規格Z7253（GHSに基づく化学品の危険有害性情報の伝達方法──ラベル、作業場内の表示および安全データシート（SDS））の附属書A（A.4を除く）の定めにより危険有害性クラス、危険有害性区分およびラベル要素が定められた物理化学的危険性または健康有害性を有するものとなっている。

　事業者は、日本工業規格Z7252（GHSに基づく化学物質等の分類方法）、経済産業省が公開している事業者向けGHS分類ガイダンス等に基づき、取り扱う全ての化学物質等について、危険性または有害性の有無を判断するものとする。また、GHSに従った分類を実施するに当たっては、独立行政法人製品評価技術基盤機構が公開している「GHS分類結果データベース」や厚生労働省が作成し公表している「GHSモデルラベル」および「GHSモデルSDS」等を参考にすること。

職場のあんぜんサイト：GHS対応モデルラベル・モデルSDS一覧表

JISZ7253との整合性

　JISZ7253に準拠して危険有害化学物質等を譲渡し、または提供する際の容器等への表示、特定危険有害化学物質等を譲渡し、または提供する際の安全データシートの交付および化学物質等を労働者に取り扱わせる際の容器等への表示を行えば、表示、通知および事業場内表示に係る労働安全衛生関係法令の規定および指針を満たすこと。（平24.3.29基発0329第11号）

（4）労働者への危険有害性情報の周知（安衛法101条4項）

　労働安全衛生法57条の2第1項または第2項の規定により通知された事項

を、化学物質、化学物質を含有する製剤その他の物で当該通知された事項に係るものを取り扱う各作業場の見やすい場所に常時掲示し、または備え付けることその他の労働安全衛生規則で定める方法により、当該物を取り扱う労働者に周知させなければなりません。

文書交付義務の対象となる物質（674物質およびそれを含有する混合物）
・労働安全衛生法56条による製造許可の対象物質（7物質）
・労働安全衛生法施行令で定める文書交付義務対象物質（667物質）

（5）化学物質のリスクアセスメント
ア　労働安全衛生法28条の2による化学物質のリスクアセスメント

特別規則の対象とはなっていない化学物質によって多くの中毒災害や慢性障害が発生しています。その原因は、化学物質の危険・有害性がわかっていないことや誤って混合するなどの不注意な取扱いによるものです。このような災害を防ぐために、労働安全衛生法ではリスクアセスメントが努力義務とされています。

「化学物質等による危険性又は有害性等の調査に関する指針」（危険性又は有害性性等に関する指針公示2号　平18.3.30）（旧指針）は、平成28年6月1日をもって廃止されたので、安衛法第28条の2により努力義務として実施される化学物質に関するリスクアセスメントについての指針は公表されていません。

「化学物質等による危険性又は有害性等の調査に関する指針」（平27.9.18危険性又は有害性等の調査等に関する指針公示第3号）（新指針）の「12」に「表示対象物又は通知対象物以外のものであって、化学物質、化学物質を含有する製剤その他の物で労働者に危険又は健康障害を生ずるおそれのあるものについては、法第28条の2に基づき、この指針に準じて取り組むよう努めること。」とされています。したがって、化学物質のリスクアセスメントについては、義務・努力義務を問わず、新指針に従って行うことになります。

イ　労働安全衛生法57条の3による化学物質のリスクアセスメント

職場における化学物質の種類は約7万種類、年間100kgを超える製造・輸入の物質の新規届出は年間約1,000物質、年間100kg以下を製造・輸入の少

量新規化学物質は常時３万物質強であり、また、化学物質に起因する労働災害については、特定化学物質障害予防規則などの特別規則の対象となっていない有害物によるものが８割を占めています。

このような状況では、従来の健康障害を発生させた化学物質を後追い的に特別規則による規制（ハザードベースの規制）に規制対象物質を拡大するという手法だけでは対応困難であることから、現在は以下のようなリスクベースの規制へと変わっています。

○事業者が化学物質の危険性・有害性情報に基づいて自らリスクアセスメントを行い、その結果に基づき自律的に措置を実施

○重篤な健康障害のおそれのある物質については、国がリスク評価を行い、リスクが高い場合に規制

現在は、安全データシート（SDS）の交付義務対象である674物質（2020年12月現在）については危険性または有害性等の調査（リスクアセスメント）の実施が事業者に義務づけられています（安衛法57条の３第１項、安衛令18条の２）。

事業者には、リスクアセスメントの結果に基づき労働安全衛生法令の措置を講じる義務があるほか、労働者の危険または健康障害を防止するために必要な措置を講じることが努力義務となっています（安衛法57条の３第２項）。

前述アのようにリスクアセスメント等の適切・有効な実施を図るため「化学物資等による危険性または有害性等の調査等に関する指針」（平27.9.18危険性または有害性等の調査等に関する指針公示第３号）が示されています。

① **リスクアセスメントの実施時期**（安衛則34条の２の７第１項）

〈法律上の実施義務〉

1　対象物を原材料などとして新規に採用したり、変更したりするとき

2　対象物を製造し、または取り扱う業務の作業の方法や作業手順を新規に採用したり変更したりするとき

3　1、2に掲げるもののほか、対象物による危険性または有害性などについて変化が生じたり、生じるおそれがあったりするとき

※新たな危険有害性の情報が、SDSなどにより提供された場合など

〈**指針による努力義務**〉（指針５、（２））

1　労働災害発生時

　※過去のリスクアセスメント（RA）に問題があるとき

2　過去のRA実施以降、機械設備などの経年劣化、労働者の知識経験
　などリスクの状況に変化があったとき

3　過去にRAを実施したことがないとき

　※施行日（平成28年6月1日）前から取り扱っている物質を、施行日
　　前と同様の作業方法で取り扱う場合で、過去にRAを実施したこと
　　がない、または実施結果が確認できない場合

②　リスクアセスメントの実施体制

　リスクアセスメントとリスク低減措置を実施するための体制を整えます。
安全衛生委員会などの活用などを通じ、労働者を参画させます。

担当者	説明	実施内容
総括安全衛生管理者など	事業の実施を統括管理する人（事業場のトップ）	リスクアセスメントの実施を統括管理
安全管理者または衛生管理者、作業主任者、職長、班長など	労働者を指導監督する地位にある人	リスクアセスメントの**実施を管理**
化学物質管理者	化学物質などの適切な管理について必要な能力がある人の中から指名	リスクアセスメントの**技術的業務を実施**
専門的知識のある人	必要に応じ、化学物質の危険性と有害性や、化学物質のための機械設備などについての専門的知識のある人	対象となる化学物質、機械設備のリスクアセスメントへの参画
外部の専門家	労働衛生コンサルタント、労働安全コンサルタント、作業環境測定士、インダス	より詳細なリスクアセスメント手法の導入など、**技術的な助言を得るために活用**

— 232 —

	トリアル・ハイジニストなど	が望ましい

※事業者は、上記のリスクアセスメントの実施に携わる人（外部の専門家を除く）に対し、必要な教育を実施するようにします。

③　リスクアセスメントの手順
化学物質リスクアセスメントの手順

手順1　　化学物質等による危険性または有害性の特定

（安衛法57条の3第1項）

　作業標準等に基づき、必要な単位で作業を洗い出した上で、SDSに記載されているGHS分類等に則して、各作業ごとに危険性または有害性を特定する。

手順2　　特定された危険性または有害性によるリスクの見積もり

（安衛則34条の2の7第2項）

　リスクアセスメントは、対象物を製造し、または取り扱う業務ごとに、次のア〜ウのいずれかの方法またはこれらの方法の併用によって行う。（危険性についてはアとウに限る）

　ア　対象物が労働者に危険を及ぼし、または健康障害を生ずるおそれの程度（発生可能性）と、危険または健康障害の程度（重篤度）を考慮する方法

　具体的には以下の方法がある。

マトリクス法	発生可能性と重篤度を相対的に尺度化し、それらを縦軸と横軸とし、あらかじめ発生可能性と重篤度に応じてリスクが割り付けられた表を使用してリスクを見積もる方法
数値化法	発生可能性と重篤度を一定の尺度によりそれぞれ数値化し、

	それらを加算または乗算などしてリスクを見積もる方法
枝分かれ図を用いた方法	発生可能性と重篤度を段階的に分岐していくことによりリスクを見積もる方法
コントロール・バンディング	**化学物質リスク簡易評価法（コントロール・バンディング）**などを用いてリスクを見積もる方法
災害のシナリオから見積もる方法	化学プラントなどの化学反応のプロセスなどによる災害のシナリオを仮定して、その事象の発生可能性と重篤度を考慮する方法

> イ　労働者が対象物にさらされる程度（ばく露濃度など）とこの対象物の有害性の程度を考慮する方法

具体的は以下の方法がある。このうち実測値による方法が望ましい。

実測値による方法	対象の業務について**作業環境測定などによって測定した作業場所における化学物質などの気中濃度**などを、その化学物質などの**ばく露限界**（日本産業衛生学会の許容濃度、米国産業衛生専門家会議（ACGIH）のTLV-TWAなど）**と比較する方法**
使用料などから推定する方法	**数理モデルを用いて**対象の業務の作業を行う労働者の周辺の化学物質などの**気中濃度を推定**し、その化学物質の**ばく露限界と比較する方法**
あらかじめ尺度化した表を使用する方法	対象の化学物質などへの労働者の**ばく露の程度**とこの化学物質などによる**有害性を相対的に尺度化**し、これらを縦軸と横軸とし、あらかじめばく露の程度と有害性の程度に応じて**リスクが割り付けられた表を使用してリスクを見積もる方法**

> ウ　その他、アまたはイに準じる方法

危険または健康障害を防止するための具体的な措置が労働安全衛生関係法

第12章　職業性疾病1

令の各条項に規定されている場合に、これらの規定を確認する方法などがある。

①　特別則（労働安全衛生法に基づく化学物質等に関する個別の規則）の対象物質（特定化学物質、有機溶剤など）については、特別則に定める具体的な措置の状況を確認する方法
②　安衛令別表1に定める危険物および同等のGHS分類による危険性のある物質について、安衛則第四章爆発、火災等の防止などの規定を確認する方法

手順3　　リスクを低減するための措置内容の検討
（安衛法57条の3第1項）

　リスクアセスメントの結果に基づき、労働者の危険または健康障害を防止するための措置の内容を検討する。
ア　危険性または有害性のより低い物質への代替、化学反応のプロセスなどの運転条件の変更、取り扱う化学物質などの形状の変更など、またはこれらの併用によるリスクの低減
　※危険有害性の不明な物質に代替することは避ける。
イ　化学物質のための機械設備などの防爆構造化、安全装置の二重化などの工学的対策または化学物質のための機械設備などの密閉化、局所排気装置の設置などの衛生工学的対策
ウ　作業手順の改善、立入禁止などの管理的対策
エ　化学物質などの有害性に応じた有効な個人用保護具の使用

手順4　　優先度に対応したリスク低減措置の実施
（安衛法57条の3第2項努力義務）

　検討したリスク低減措置の内容を速やかに実施するよう努める。
　死亡、後遺障害または重篤な疾病のおそれのあるリスクに対しては、暫定的措置を直ちに実施する。

— 235 —

リスク低減措置の実施後に、改めてリスクを見積もるとよい。

手順5　リスクアセスメント結果の労働者への周知

（安衛則34条の2の8）

リスクアセスメントを実施したら、以下の事項を労働者に周知する。
1　周知事項
　①　対象物の名称
　②　対象業務の内容
　③　リスクアセスメントの結果（特定した危険性または有害性、見積もったリスク）
　④　実施するリスク低減措置の内容
2　周知の方法は以下のいずれかによる。
　※SDSを労働者に周知する方法と同様です。
　①　作業場に常時掲示、または備え付け
　②　書面を労働者に交付
　③　電子媒体で記録し、作業場に常時確認可能な機器(パソコン端末など)を設置
3　労働安全衛生法59条1項に基づく雇入れ時の教育と同条2項に基づく作業変更時の教育において、上記の周知事項を含めるものとする。
4　リスクアセスメントの対象の業務が継続し、上記の労働者への周知などを行っている間は、それらの周知事項を記録し、保存しておく。

リスクアセスメント実施に対する相談窓口、専門家による支援

1．相談窓口（コールセンター）を設置し、電話やメール等で相談を受付
　SDSやラベルの作成、リスクアセスメント（「化学物質リスク簡易評価法（コントロール・バンディング）」の使い方など）について相談できます。
※コントロール・バンディングの支援サービス：コールセンターが入力を支援し、評価結果をメールなどで通知
2　専門家によるリスクアセスメントの訪問支援
　相談窓口における相談の結果、事業場の要望に応じて専門家を派遣、リスクアセスメントの実施を支援

（厚生労働省　化学物質管理に関する相談窓口・訪問指導のご案内
https://www.mhlw.go.jp/stf/seisakunitsuite/bunya/0000046255.html）

主なリスクアセスメント支援ツール

●掲載先／■主体	概要（掲載情報）
●職場のあんぜんサイト（http://anzeninfo.mhlw.go.jp/user/anzen/kag/ankgc07.htm）■厚生労働省	✓化学物質リスク簡易評価法（コントロール・バンディング） ・液体等取扱作業（粉じん作業を除く） ・鉱物性粉じん又は金属性粉じん発生作業 ✓検知管を用いた化学物質のリスクアセスメントガイドブック ✓爆発・火災リスクアセスメントスクリーニング支援ツール ✓工業塗装、印刷、めっき作業のリスクアセスメントシート ✓CREATE-SIMPLE（クリエイト・シンプル）
（職場のあんぜんサイトからリンク）●■独立行政法人労働者健康安全機構　労働安全衛生総合研究所	✓プロセス災害防止のためのリスクアセスメント等実施シート 厚生労働省のスクリーニング支援ツールよりも精緻なリスクアセスメントを実施することが可能（一定の専門知識を要する）。
（職場のあんぜんサイトからリンク）●ECETOC-TRAサイト■欧州化学物質生態毒性・毒性センター（ECETOC）	✓ECETOCが開発したリスクアセスメントツール（ECETOC-TRA）。 EXCELファイル（英語版）をダウンロードして作業方法等を入力することで定量的な評価が可能。日本語マニュアルあり。 （（一社）日本化学工業協会が日本語版を提供（会員又は有料利用。）。）
（職場のあんぜんサイトからリンク）●EMKG Software 2.2■the Federal Institute for Occupational Safety Health（BAuA）	✓独安衛研（BAuA）が提供する定量的評価が可能なリスクアセスメントツール（英語版） ✓EMKG-EXPO-TOOL（EMKG　2.2からばく露評価部分を抽出）

（令和元年11月　厚生労働省労働基準局安全衛生部「労働災害防止のための取組み」）

— 237 —

《ラベルでアクション》
～事業場における化学物質管理の促進のために～化学物質の有害性の調査

人に対する一定の危険性または有害性が明らかになっている化学物質について、
1）譲渡または提供する際のラベル表示
2）譲渡または提供する際の安全データシート（SDS）の交付
3）事業場で取扱う際のリスクアセスメントの実施
の3つの対策が義務付けられています。

事業者と労働者が、取り扱う化学物質の危険性や有害性を認識し、事業者はリスクに基づく必要な措置を検討・実施し、労働者は危険有害性を理解してリスクに応じた対策を実行することが大切です。

このため、「ラベルでアクション」をキャッチフレーズとして、化学物質のもつ危険有害性を把握し行動を起こすよう、すべての関係者に対し促していきます。

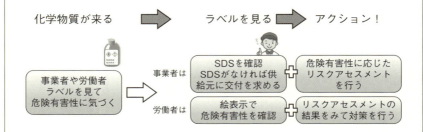

○ 事業者・労働者の実施事項
1　製品の容器や包装のラベル表示を確認しましょう。
　　絵表示（GHSマーク）から、どんな危険有害性があるのかわかります。
2　ラベルに絵表示があったら、SDS（安全データシート）を確認しましょう。
　　手元にSDSがなければ納入元・メーカーから取り寄せます。
3　SDSで把握した危険有害性に応じ、リスクアセスメントを行いま

第12章　職業性疾病1

しょう。

4　リスクの高さに応じた対策（リスク低減対策）を講じましょう。

　　リスクに応じて換気や保護具着用を実行します。

　　リスクアセスメントの結果やリスク低減対策を労働者に周知します。

5　労働者それぞれがラベル表示を理解し、リスクに応じた対策を取れるよう、教育を行いましょう。

事業者が化学物質管理を自律的に行う仕組みの構築

○譲渡提供者（メーカー・流通業者）の実施事項

　ラベル表示とSDSの交付は、譲渡提供者の義務です。確実な実施のため、定期的に点検を行いましょう。

（厚生労働省）

7　指針・通達による指導

（1）新規化学物質の有害性の調査

　労働安全衛生法57条の4に基づき届出のあった化学物質のうち強い変異原性※が認められた1037物質、また、既存化学物質のうち国による試験等において強い変異原性が認められた242物質の製造、取扱いの際は、「**変異原性が認められた化学物質による健康障害を防止するための指針**」（平5.5.17　基発312の3の別添1）に沿って、以下の措置を講ずることとされています。

①　ばく露防止対策

②　作業環境測定

③　労働衛生教育

④　ラベルの表示、SDSの交付

⑤　記録の保存　など

※変異原性：生物や細胞に突然変異を起こさせる性質で、物質、放射線、紫外線などがある．がん原性と重複することから、重要な指標とされる。発がん性のある化合物には強い変異原性が認められるが、逆に、変異原性があるものが全て発がん性があるとは限らない。

— 239 —

(2) がんその他の重度の健康障害を生ずるおそれのある化学物質

厚生労働大臣は、労働者にがんを起こすおそれのある化学物質について、「労働安全衛生法第28条第3項の規定に基づき厚生労働大臣が定める化学物質による健康障害防止指針(がん原性指針)」(改正令2.2.7健康障害を防止するための指針公示第27号(以下「化学物質による健康障害を防止するための指針」という))を公表しています(安衛法28条3項)。

対象物質は、国による長期毒性試験の結果、哺乳動物にがんを生じさせることが判明したものです。これらの物質の人に対するがん原性は、現在確定していませんが、労働者がこれらの物質に長期間ばく露された場合、がんを生じる可能性が否定できないことから、「化学物質による健康障害を防止するための指針」の対象とされています。

指針公表までの流れ

指針では以下の措置を講じることを求めています。
① 製造量、取扱量、作業の頻度、作業の態様等を総合的に勘案し、使用条件等の変更、作業工程の改善、設備の密閉化、局所排気装置等の設置、呼吸用保護具の使用、曝露時間の短縮、作業基準の作成等の対象物質へのばく露を低減させるための措置を講じること。
② 屋内作業場については、作業環境測定を実施し、測定結果と評価の結果を30年間保存すること。
③ 労働衛生教育の実施
④ 労働者の作業を記録し、その記録を30年間保存すること。
⑤ 危険有害性等の表示および譲渡提供時のSDS交付等を行うこと。
※一旦がん原性指針の対象とされた物質または業務であっても、リスク評価の結果、特定化学物質障害予防規則等により発がん性の観点で規制がなされた場合は、当該規制の範囲については指針の対象から除外する。

下の40物質とこれらを重量の1%を超えて含有するものを合わせたもの(「対象物質等」という)が指針の対象です。これらの物質は、長期毒性試

験の結果、哺乳動物にがんを生じさせることが判明したものです。人に対する発がん性は、現在確定していませんが、労働者がこれらの物質に長期間ばく露された場合、がんを生じる可能性が否定できないことから、「化学物質による健康障害を防止するための指針」の対象としています。

がん原性をもつ物質

（　）内はCAS登録番号　　最終改正2020年2月7日

1　四塩化炭素	21　1-クロロ-2-ニトロベンゼン
2　1,4-ジオキサン	22　2,4-ジクロロ-1-ニトロベンゼン
3　1,2-ジクロルエタン（別名二塩化エチレン）	23　1,2-ジクロロプロパン
4　パラーニトロクロルベンゼン	24　ノルマルーブチル-2,3-エポキシプロピルエーテル
5　クロロホルム	25　パラーニトロアニソール
6　テトラクロルエチレン（別名パークロルエチレン）	26　1-ブロモ-3-クロロプロパン
7　酢酸ビニル	27　2-アミノ-4-クロロフェノール
8　1,1,1-トリクロルエタン	28　1-ブロモブタン
9　パラージクロルベンゼン	29　N,N-ジメチルアセトアミド
10　ビフェニル	30　ジメチル-2,2-ジクロロビニルホスフェイト（別名DDVP）(62-73-7)
11　アントラセン	
12　ジクロロメタン	31　スチレン（100-42-5）
13　N,N-ジメチルホルムアミド	32　1,1,2,2-テトラクロロエタン（別名四塩化アセチレン）(79-34-5)
14　2,3-エポキシ-1-プロパノール	
15　キノリンおよびその塩	33　トリクロロエチレン（79-01-6）
16　1,4-ジクロロ-2-ニトロベンゼン	34　メチルイソブチルケトン(108-10-1)
17　ヒドラジンおよびその塩並びにヒドラジン一水和物	35　エチルベンゼン（100-41-4）
18　2-ブテナール	36　4-ターシャリーブチルカテコール(98-29-3)
19　塩化アリル	37　多層カーボンナノチューブ
20　オルトーフェニレンジアミンおよびその塩	38　メタクリル酸＝2,3-エポキシプロピル（106-91-2）
	39　アクリル酸メチル（96-33-3）
	40　アクロレイン（107-02-8）

※がん原生：がんを誘発する性質
がん原性指針対象物質（最終改正令和2（2020）年2月7日）
https://anzeninfo.mhlw.go.jp/user/anzen/kag/ankgc05.htm

8　新規化学物質の有害性調査　（安衛法57条の４）

　既存の化学物質として政令で定める化学物質（安衛法57条の４第３項の規定によりその名称が公表された化学物質を含む）以外の化学物質（新規化学物質）を製造し、または輸入しようとする事業者は、以下のことを行わなければなりません（安衛法57条の４）。

○新規化学物質を輸入または製造する事業者は、労働者の健康に与える影響についての調査（有害性調査）※を実施し、厚生労働大臣に届け出なければなりません。（当該新規化学物質を試験研究のため製造・輸入する場合。また一定量（１年間に100kg）以下で製造・輸入することについて厚生労働大臣の確認を受けた場合などを除く）。

○厚生労働大臣は、新規届出があった物質について、名称等を公表するとともに有害性調査結果について、学識経験者の意見を聴き必要に応じ以下の事項を実施します。

①　届出事業者への健康障害防止措置の勧告

②　強い変異原性があると認められた化学物質について、健康障害を防止するための措置を実施

※微生物を用いる変異原性試験またはがん原性試験とされている。

9　既存の化学物質の有害性の調査

（1）有害物ばく露作業報告制度　（安衛法100条、安衛則95条の６）

　労働者の健康障害防止措置を推進する上では、化学物質のリスク評価に基づき健康障害防止措置を導入することが重要です。しかし、中小企業等においては、リスクアセスメントの実施等事業者の自律的な化学物質管理が十分でないということで、国が労働者の化学物質にばく露する状況を把握し、これをもとに、リスク評価を行い、リスクの程度に応じて特別規則による規制を行うことが必要であるとして、労働安全衛生法100条および労働安全衛生規則95条の６に基づき、「有害物ばく露作業報告制度」が行われています。労働者に健康障害を生ずるおそれのある一定の化学物質を製造し、または取り扱う作業場において、労働者に当該物のガス、蒸気または粉じんにばく露するおそれのある作業を行わせた場合には、事業者は所轄労働基準監督署長

に当該報告を提出しなければなりません。報告対象化学物質は、（改正）告示により毎年異なる物質が指定されています。

報告の対象となる物質※について、年間500kg以上の製造または取扱いがある事業場は、例外なく報告が必要です。

※2020年度は、【1313-27-5】モリブデン化合物（三酸化モリブデンに限る。）
2021年度は対象物質なし。

詳細は「労働者の有害物によるばく露評価ガイドライン」に記載されています。
（https://www.mhlw.go.jp/stf/seisakunitsuite/bunya/0000113892.html）
＊については、「職場における化学物質のリスク標価推進事業」（国の委託事業）で実施しています。

「国が行う化学物質等による労働者の健康障害防止に係るリスク評価実施要領の策定について」（平18.5.11　基安発第0511001）

報告件数が数万件に及ぶため、事業者ごとにリスク評価結果をフィードバックすることは困難ですが、事業者から照会があれば回答します。照会については、厚生労働省労働基準局化学物質評価室にお問い合わせください。
（代表電話：03-5253-1111）

（2）報告対象物の選定経緯

　労働安全衛生規則95条の6に基づく有害物ばく露作業報告の対象物については、前述のとおり、毎年度、厚生労働省告示（改正告示「労働安全衛生規則95条の6の規定に基づき厚生労働大臣が定める物等」）により、指定されています。報告の対象となる物質について、年間500kg以上の製造・取扱いがある事業場は、例外なく報告が必要です。

（3）調査の結果

　厚生労働省は、「有害物ばく露作業報告制度」の報告に基づき、リスク評価を実施し、労働者に重い健康障害を及ぼすおそれのある化学物質については必要な規制を実施しています。2013年はリスク評価の結果、インジウム化合物、コバルトおよびその無機化合物、エチルベンゼンについて規制が必要ということで、労働安全衛生法施行令、労働安全衛生規則、特定化学物質障害予防規則の改正が行われました。

第13章 職業性疾病2

1 鉛

　鉛中毒は空気中に飛び散った鉛を吸い込んだり、はがれた鉛に触れた手をなめたりすることで発症します。鉛の急性中毒では、嘔吐、腹痛、ショックなどを発症し、鉛が体内に蓄積され、手足のしびれや筋肉のけいれんなどの神経症状がおきて激しい痛みにみまわれ、死に至る危険もあります。現在は、鉛中毒予防規則による管理が行われており、重篤な鉛中毒が発症することは少なくなっています。

　しかし、橋梁等の改修工事においては、鉛等の有害物を含有する塗料の掻き落とし作業で作業員の鉛中毒が発症する災害が発生しています。そこで、厚生労働省は「鉛等有害物を含有する塗料の剥離やかき落とし作業における労働者の健康障害防止について」（平26.5.30　基安化発0530第1号）を発出し、「剥離等作業は必ず湿潤化して行うこと。湿潤化が著しく困難な場合は、当該作業環境内で湿潤化した場合と同等程度の粉じん濃度まで低減させる方策を講じた上で作業を実施すること。」と鉛中毒予防対策を徹底するよう指導しています。

鉛中毒

急性中毒：嘔吐、腹痛、ショックなど

慢性中毒：主に消化器症状、神経症状、一部では貧血

鉛業務

鉛中毒予防規則1条規定の鉛業務並びに労働安全衛生法施行令別表第4
第8号から第11号までおよび第17号に掲げる業務

鉛業務の対策

1　発散源対策 （5条～21条）	業務内容に応じた発散源対策を講じること。 鉛製錬等の業務、銅製錬等の業務、鉛蓄電池の製造等の業務、電線等の製造の業務、鉛合金の製造等の業務、鉛化合物の製造の業務、鉛ライニングの業務、鉛ライニングを施した物の溶接等の業務、鉛装置の破砕等の業務、転写紙の製造の業務、含鉛塗料等の製造の業務、はんだ付けの業務、施釉に係る施設、絵付けの業務、焼入れの業務、コンベヤー、粉状の鉛等の乾燥の業務等
2　換気装置の構造・性能等 （24条～32条）	局所排気装置等のフード、ダクト、除じん装置、ファンについて、鉛則に適合したものとすること。 全体換気装置は労働者1人について100m³毎時以上の換気能力とすること。
3　鉛作業主任者の選任および職務 （33、34条）	鉛作業主任者の選任と職務を行わせること。
4　局所排気装置、除塵装置等の定期自主検査 （35、36条）	1年以内に1回定期に自主検査を行い、補修の状況等の記録を3年間保存する。
5　鉛の貯蔵等 （43条）	粉状の鉛等を屋内に貯蔵するときは、次の措置を講じなければならない。 1　粉状の鉛等がこぼれ、またはその粉じんが発散するおそれのない容器等に収納すること。 2　粉状の鉛等がこぼれたときは、真空そうじ機または水洗によってそうじすること。
6　休憩室の設置と設備の要件 （45条）	1　鉛業務を行う作業場以外の場所に休憩室を設けなければならない。 2　休憩室については、次の措置を講じなければならない。 ・入口には、水を流し、または十分湿らせたマットを置く等労働者の足部に付着した鉛等または焼結鉱等を除去するための設備を設けること。等
7　作業場における	鉛業務を行う屋内の作業場所で労働者が喫煙し、または

第13章　職業性疾病2

飲食・喫煙の禁止とその旨の掲示 （51条）	飲食することを禁止し、その旨を当該作業場所の労働者が見やすい箇所に表示しなければならない。
8　作業環境測定の実施 （52条）	鉛業務を行う場所は、1年以内に1回、空気中の鉛の濃度を測定し、講じた予防措置も含めその記録を3年間保存しなければならない。
9　健康診断の実施 （53、54条）	安衛令別表第4の業務に常時従事する労働者に対し、雇入れの際、配置替えの際及びその後6月（安衛令別表第4第17号および鉛則1条5号リからルまでの鉛業務等に就労する労働者に対しては、1年）以内ごとに1回、定期に、法定の項目について健康診断を行わなければならない。
10　呼吸用保護具の使用 （59条）	鉛装置の内部における業務に労働者を従事させるときは、労働者に有効な呼吸用保護具および労働衛生保護衣類を使用させなければならない。

鉛等有害物を含有する塗料の剥離やかき落とし作業時の健康障害防止

○鉛等有害物を含有する塗料の剥離等作業を、近隣環境への配慮のために隔離措置された作業場や屋内等の狭隘で閉鎖された作業場（以下「隔離区域等内作業場」という。）で作業を行う場合は、次の措置を行ってください。

・剥離等作業は必ず湿潤化して行うこと。湿潤化が著しく困難な場合は、当該作業環境内で湿潤化した場合と同等程度の粉じん濃度まで低減させる方策を講じた上で作業を実施すること。

・隔離区域等内作業場に粉じんを集じんするため適切な除じん機能を有する集じん排気装置を設けること。この際、集じん排気装置の排気口は外部に設けること。また、集じん排気装置は作業場の空間に応じて十分な排気量を有するものとすること。

・隔離区域等内作業場より粉じんを外部に持ち出さないよう洗身や作業衣等の洗浄等を徹底すること。

・隔離区域等内作業場については、関係者以外の立ち入りを禁じ、区域内で作業や監視を行う労働者については、電動ファン付き呼吸用

保護具またはこれと同等以上の性能を有する空気呼吸器、酸素呼吸器若しくは送気マスクを着用させること。なお、電動ファン付き呼吸用保護具については、フィルターを適切な期間ごとに交換するなど適切に管理して使用させること。

・呼吸用保護具については、隔離区域等内作業場より離れる都度、付着した粉じんを十分に拭い、隔離区域等内作業場とは離れた汚染されていない場所に保管すること。

・隔離区域等内作業場の粉じんを運搬し、または貯蔵するときは、当該粉じんが発散するおそれがないよう堅固な容器を使用し、または確実な包装をすること。また、それらの保管については、一定の場所を定めておくこと。

「鉛等有害物を含有する塗料の剥離やかき落とし作業における労働者の健康障害防止について」（平26.5.30　基安化発0530第1号）

Q13-1 「鉛フリーはんだ」を使用している作業について、何か規制はありますか。（産業医）

A　鉛はんだについては、電子機器の大量廃棄に伴う環境問題に配慮して、ヨーロッパで、電子機器に含まれる有害物質の規制（RoHS指令）の対象とされていることもあり、日本でも、鉛を含有しない「鉛フリーはんだ」への代替が進んでいます。

厚生労働省では、中央労働災害防止協会に委託して、「鉛フリーはんだ」に含まれる金属等の成分および有害性について調査し、「鉛フリーはんだ」を用いる関連作業等について労働衛生管理等をとりまとめています。「平成17年度　鉛フリーはんだ関連作業等における化学物質管理マニュアル」を参考に労働衛生管理を行ってください。

中には、インジウム、銀、ビスマスなどの有害物質を含有するものもあるので、まず、使用している鉛フリーはんだの成分を調べてください。

「平成17年度　鉛フリーはんだ関連作業等における化学物質管理マニュアル」

第13章　職業性疾病2

http://www.jwes.or.jp/jp/shi-ki/ms/pb.freemanual.pdf

2　高気圧による健康障害防止

　潜函工法などの圧気工法における高圧室内作業や潜水業務においては、高気圧下で作業を行うことにより、以下のように高気圧から大気圧への減圧による減圧障害、体内の酸素、窒素、二酸化炭素の圧力が高まることによる酸素中毒、窒素中毒、二酸化炭素中毒といった高気圧障害になるおそれがあります。そのため、高気圧作業安全衛生規則（以下「高圧則」）により規制されています。主な高気圧障害の特徴は次のとおりです。

減圧障害

・空気（動脈ガス）塞栓症：急速に浮上したり、十分に息を吐かずに浮上した場合に、肺が過膨張となり、行き場を失った肺内の空気が肺胞を傷つけ、肺の間質気腫を起こす。さらに、肺の毛細血管に空気が侵入し、気泡状となって動脈を経由し、脳動脈などを閉塞し、意識障害や脳梗塞を引き起こす。

・減圧症：加圧により体内組織の不活性ガスの溶解量が増加し、減圧のときに減圧の速度が速いと、溶解した不活性ガスの体外への排出が追いつかずに体内で気泡化し、血液循環を阻害したり組織を圧迫して、皮膚のかゆみ、関節や筋肉、胸部・腹部の痛み、運動障害、めまい、意識障害などの症状が生じる。

酸素中毒：大気圧下における空気中の濃度の分圧は20kPa（0.2気圧）程度だが、160kPa（1.6気圧）を超える程度の高い分圧の酸素を吸入すると中枢神経が冒される急性酸素中毒となり、吐き気、めまい、視野狭窄、呼吸困難、痙攣（けいれん）発作などの症状が生じる。また、50kPa（0.5気圧）を超える分圧の酸素を長時間呼吸すると肺が冒される慢性酸素中毒となり、胸部違和感、咳・痰、肺活量の減少などの症状が生じる。

窒素酔い：400kPa（4気圧）を超える程度の高い分圧の窒素を吸入すると、麻酔作用により飲酒時のように愉快で大雑把になり、判断力が低下するなどの症状が生じる。

二酸化炭素中毒：体内の二酸化炭素が過剰になって正常な生体機能を維持できなくなった状態で、頭痛、めまい、発汗、意識障害などの症状が生じる。

（1）高気圧室内業務に係る規制

※潜函工法等の圧気工法により、大気圧下を超える気圧下の作業室または
シャフトの内部で行う作業（トンネル工事、軟弱地盤や地下水を有する
地盤の掘削工事等）

作業室の気積 （2条）	労働者1人当たりの気積を4m³以上とすること。
気こう室の床面積・ 気積 （3条）	気こう室の床面積を1人当たり0.3m²以上、気積を1人 当たり0.6m³以上とすること。
送気管の配管等 （4条）	送気管を、シャフトの中を通すことなく当該作業室また は気こう室へ配管しなければならない。 送気管には、作業室に近接する部分に逆止弁を設けなけ ればならない。
圧力計 （7条）	作業室内、きこう室内の圧力を表示する圧力計の設置
作業主任者 （10条）	作業室ごとに、高圧室内作業主任者を選任し、規定の事 項を行わせなければならない。
作業計画 （12条の2）	高圧室内業務や潜水業務を行うときは、あらかじめ定め られた事項について、作業計画を定め、その作業計画に 基づいて作業を行うとともに、計画を労働者に周知しな ければならない。
ガス分圧の制限 （15条）	呼吸用ガスの酸素、窒素、二酸化炭素の分圧を以下の範 囲内に収まるようにしなければならない。 ・酸素　18kPa以上160kPa以下 ・窒素　400kPa以下 ・二酸化炭素　0.5kPa以下
酸素ばく露量の制限 （16条）	高圧室内作業者や潜水作業者の酸素ばく露量（単位： UPTD）を　①1日については600　②1週間について は2,500を超えないようにしなければならない。 酸素ばく露量の計算方法（告示※2条） ※　高気圧作業安全衛生規則第八条第二項等の規定に基 づく厚生労働大臣が定める方法等

第13章　職業性疾病2

減圧の速度 　（18条） 厚生労働大臣が定める区間等（告示３条）	・気こう室において高圧室内作業者に減圧を行うときは、減圧の速度は毎分0.08MPa以下、各圧力で一定時間減圧を停止すること等によらなければならない。 ・減圧を終了した者に対して、当該減圧を終了した時から14時間は、重激な業務に従事させてはならない。
作業の状況等の記録 　（20条の２）	高圧室内業務を行う都度、12条の２第２項各号に掲げる事項を記録した書類並びに高圧室内作業者の氏名および減圧の日時を記載した書類を作成し５年間保存しなければならない。

（2）潜水業務に係る規制

※潜水器を用い、かつ、空気圧縮機等による送気またはボンベからの給気を
　受けて、水中で行う業務（港湾整備工事、ダム・水道設備のメンテナンス、
　海域環境調査、海難救助等）

空気槽 　（８条） 予備空気槽の内容積の計算方法（告示１条※）	1　潜水作業者に、空気圧縮機により送気するときは、潜水作業者ごとに、送気を調節するための空気槽および予備空気槽を設けなければならない。 2　予備空気槽は、次の定めるところに適合するものでなければならない。 　①　予備空気槽内の空気の圧力は、常時、最高の潜水深度における圧力の1.5倍以上であること。 　②　予備空気槽の内容積は、厚生労働大臣が定める方法により計算した値以上であること。 3　送気を調節するための空気槽が前項各号に定める予備空気槽の基準に適合するものであるとき、又は当該基準に適合する予備ボンベ（事故の場合に必要な空気をたくわえてあるボンベをいう。）を潜水作業者に携行させるときは、第一項の規定にかかわらず、予備空気槽を設けることを要しない。
空気清浄装置、圧力計・流量計 　（９条）	空気圧縮機により送気する場合には、空気清浄装置、圧力調整器を使用させるときは圧力計を、それ以外のときは流量計を設けなければならない。

— 251 —

潜水士 （12条）	潜水士免許を受けた者でなければ潜水業務につかせては ならない。
送気量および送気圧 （28条）	・空気圧縮機または手押ポンプにより潜水作業者に送気 するときは、その水深の圧力下における送気量を、毎 分60リットル以上としなければならない。 ・潜水作業者に圧力調整器を使用させる場合には、潜水 作業者ごとに、その水深の圧力下において毎分40リッ トル以上の送気を行うことができる空気圧縮機を使用 し、かつ、送気圧をその水深の圧力に0.7MPaを加え た値以上としなければならない。
さがり綱 （33条）	潜水作業者が潜降し、浮上するためのさがり綱を備え、 これを潜水作業者に使用させなければならない。

※高気圧作業安全衛生規則第8条第2項の規定に基づく厚生労働大臣が定める方
　法等（改正平30.2.9　厚生労働省告示第24号）

（3）高圧室内業務と潜水業務の双方に関係する規制

　健康診断については、第5章　健康診断　参照
　病者の就業禁止については、第8章　病者の就業禁止　参照

特別教育 （11条）	次の業務に労働者を就かせるときは、特別教育を行わな ければならない。 1　作業室および気こう室へ送気するための空気圧縮機 　を運転する業務 2　作業室への送気の調節を行うためのバルブ又はコッ 　クを操作する業務 3　気こう室への送気または気こう室からの排気の調節 　を行うためのバルブまたはコックを操作する業務 4　潜水作業者への送気の調節を行うためのバルブ又は 　コックを操作する業務 5　再圧室を操作する業務 6　高圧室内業務

第13章　職業性疾病2

③ 電離放射線障害の防止対策

電離放射線は、医療における検査・診断、および治療、工業用の非破壊検査等、エックス線装置による検査の業務、原子炉の運転の業務など、さまざまな産業分野で使われていいます（安衛令　別表第二放射線業務）。

電離放射線に起因して発生すると考えられる疾病としては、急性放射線症（急性放射線死を含む）などの急性放射線障害、慢性放射線皮膚障害などの慢性的被ばくによる電離放射線障害、白血病などの電離放射線による悪性新生物、白内障などの電離放射線による退行性疾患等があります（労災認定基準　昭51.11.8　基発810）。

（1）外部被ばくの防護

外部被ばくとは、放射線発生装置（エックス線装置、荷電粒子加速装置、放射線物質装備機器）および放射性物質の取扱い作業でのエックス線、その他の放射線からの被ばくをいいます。

ア　放射線源の隔離	放射線装置は原則として区画された専用の場所（放射線装置室）に設置し、管理区域、立入禁止区域を設定して必要のない者の立入を禁止する（電離則3条、15条、18条）。 密封された放射性物質の取扱いは専用の器具を用いるか、または遠隔操作装置によって取り扱うようにし、素手で扱ってはいけない（電離則18条の3）。
イ　遮へい	放射線装置や放射性物質の取扱い当たっては含鉛手袋、鉛エプロン、防護めがね等の着用によって被ばく線量の低減を図る必要があります。放射線源と作業者の間に遮へい壁等を設けて作業位置の放射線レベルを下げるようにする。
ウ　作業管理	取り扱う放射性物質や作業場所の放射線レベル等を考慮した作業方法、作業時間などに関する適正な作業計画を立てる。一定の放射線業務については作業主任者を選任して作業を行う。

— 253 —

（2）内部被ばく

内部被ばくとは空気中または水中に分散された放射性物質が体内に摂取され、身体の組織に取り込まれ、その放射線（アルファ線、ベータ線、中性子線等）による被ばくをいいます。放射性物質が体内に取り込まれる経路は次のようなものがあるので、これらを最初の段階でコントロールすることが対策の基本となります。

経路　空気汚染（肺→体内）

表面汚染（手指、衣服等の汚染→食物等の汚染→消化管→体内）

飲食物の汚染（飲食物→消化管→体内）

皮ふ（傷口などの汚染→体内）

ア　汚染区域の隔離	①管理区域の設定、②放射性物質取扱い作業室以外での放射性物質の取扱い禁止
イ　汚染管理	局所排気装置の設置、空気中の濃度の測定、取扱い作業室等の構造等、容器等の構造、表面汚染の防止およびこれらの管理：表面汚染の測定、退去者・持ち出し物品の汚染検査
ウ　作業管理	・放射性物質を閉じ込める ・作業環境の汚染を低減する ・摂取させない（呼吸保護具等の着用）

（3）被ばく管理

○被ばく限度：

（実効線量限度）５年100mSv以下かつ１年50mSv以下
　　　　　　　　妊娠可能な女性は３月につき５mSv以下　　｝電離則４条

（等価線量限度）眼の水晶体：１年 50mSv以下
　　　　　　　　　　　　　　５年100mSv以下　　　　　　｝電離則５条
　　　　　　　　皮膚：１年500mSv以下

（注）緊急作業においては、緊急作業期間中に100mSv（東電福島第一原発事故時は一時的に250mSv）

○線量の測定等

放射線業務従事者および管理区域に一時的に立ち入る者は、電子線量計、

第13章　職業性疾病2

ガラスバッチ、クイクセルバッチ等によって線量を測定しなければなりません（電離則8条）。測定することにより、被ばく限度を超えないようにし、また低減化を図る必要があります。

　線量が1日で1mSvを超えるおそれがある場合、電子線量計のように毎日の読み取りが可能なものとする必要があります。

　国際放射線防護委員会（ICRP）が2011年4月、眼の水晶体の等価線量限度について、「定められた5年間の平均で20mSv/年、かついずれの1年においても50mSv/を超えない」ことを勧告し、これは国際原子力機関（IAEA）の「放射線防護と放射線源の安全：国際基本安全基準」に取入れられました。このICRP勧告を踏まえて、放射線業務従事者の眼の水晶体に受ける等価線量が、5年間につき100mSvおよび1年間につき50mSvを超えないようにしなければならないと改正されました（電離則5条、平29.4.18　基安発0418第5号）。

　経過措置：一定の医師※については、眼の水晶体に受ける等価線量の限度は以下のとおりとされています。

・令和3年4月1日〜令和5年3月31日の間　1年間につき50mSv
・令和5年4月1日〜令和8年3月31日の間　3年間につき60mSvおよび
　1年間につき50mSv
　※　放射線業務従事者のうち、遮蔽その他の適切な放射線防護措置を講
　　じてもなおその眼の水晶体に受ける等価線量が5年間につき100mSv
　　を超えるおそれのある医師であって、その行う診療に高度の専門的な
　　知識経験を必要とし、かつ、そのために後任者を容易に得ることがで
　　きないもの。

（4）特別な作業の管理

　核燃料加工施設、原子力発電所など一定の原子力施設で核燃料物質を扱う作業、事故由来廃棄物等の処分に係る作業を行う場合は、作業の方法および順序、放射線の監視、汚染の検査および除去に関する作業規程を作成し、これにより作業を行い、関係労働者に周知する必要があります。

（5）健康管理

　電離放射線健康診断の実施とその結果に基づく事後措置を行なわなければ

なりません（電離則56条）健康診断の結果の記録は30年間保存しなければなりません（電離則57条）。ただし、5年間保存した後において、（公財）放射線影響協会に引き渡すことができます。

（6）安全衛生教育

以下の作業に対応した特別教育を実施しなければなりません。
・透過写真撮影業務に係る特別の教育
・加工施設等において核燃料物質等を取り扱う業務に係る特別の教育
・原子炉施設において核燃料物質等を取り扱う業務に係る特別の教育
・事故由来廃棄物等の処分の業務に係る特別の教育
・特例緊急作業に係る特別の教育

（7）作業環境測定

以下の管理区域について、1月以内ごとに1回、定期に、外部放射線による線量当量率または線量当量を放射線測定器を用いて測定し、その結果を記録し、これを5年間保存しなければなりません（電離則54条）。
・放射線業務を行う作業場のうち管理区域に該当する部分
・放射性物質取扱作業室
・事故由来廃棄物等取扱施設
・坑内における核原料物質の掘採の業務

4　酸素欠乏症等の防止対策

酸素欠乏症※1や硫化水素中毒※2（酸素欠乏症等）は、ひとたび発生すると死亡災害など重篤な災害に繋がりかねません。しかし、そのため、酸素欠乏症等防止規則に定められた措置を講じれば、このような災害の発生を防ぐことができます。

※1　酸素欠乏症：目まいや意識喪失、さらには死に至る場合がある。

※2　硫化水素中毒：硫化水素ガスは、嗅覚のまひや眼の損傷、呼吸障害、肺水腫を引き起こし、死に至る場合もある。

○酸素欠乏危険箇所例（安衛令　別表第6）
　・穀物や飼料が入れてある貯蔵庫などの内部

第13章　職業性疾病 2

・雨水や海水などが滞留し、また滞留したことがある槽、暗渠、マンホールなどの内部
・長期間密閉されていた鋼製タンク、船倉などの内部　など
（注）硫化水素については、し尿、汚水、魚等の腐敗や、排水ピット等で泥水を攪拌することで発生することもあります。

（1）酸素欠乏災害対策

　酸素欠乏等防止規則において、「酸素欠乏」とは、「空気中の酸素の濃度が18％未満である状態」をいい、「酸素欠乏等」は、「酸素欠乏」の状態または「空気中の硫化水素の濃度が百万分の十（10ppm）を超える状態」、「硫化水素中毒」とは「硫化水素の濃度が百万分の十を超える空気を吸入することにより生ずる症状が認められる状態」と定義しています（酸欠則2条）。
　酸素欠乏症等の災害を防止するために以下の対策を講じる必要があります。

酸素欠乏災害防止対策

1　酸素欠乏危険場所の事前確認	作業場所が酸素欠乏危険場所に該当するか、作業中に酸素欠乏空気および硫化水素の発生・漏洩・流入等のおそれはないかを、酸素または硫化水素の濃度測定等により事前に確認し、危険因子を洗い出すこと。
2　立入禁止の表示（9条）	酸素欠乏危険場所またはこれに隣接する場所で作業を行うときは、立ち入ることを禁止し、かつ、その旨を見やすい箇所に表示すること。
3　酸素欠乏危険作業主任者の選任（11条）	酸素欠乏症にかかるおそれのある場所で作業を行うときは、酸素欠乏症の発生を防止するため、事業者は酸素欠乏危険作業主任者を選任しなくてはならない
4　特別教育の実施（12条）	酸素欠乏危険作業に係る業務は、特別教育を受けた者が行う。
5　作業を実施する前に、酸素濃度、硫化水素濃度の測定（3条）	・作業主任者は、その日の作業を開始する前に、作業場の酸素濃度を測定する。 ・休憩などですべての作業者が作業場を離れた後、再び作業を開始する場合や、作業者の身体、換気装置等に異常があった場合にも測定する。

— 257 —

6　換気の実施 （5条）	爆発、酸化等の防止のために換気することができない場合または作業の性質上換気することが著しく困難な場合を除き、換気して、その作業場所の酸素濃度を18%以上に保つようにしなければならない。 ①　換気は酸素濃度の測定前に行うこと。 ②　換気および濃度測定を行うときは、空気呼吸器等の保護具を使用して行うこと。 ③　送気式換気を行う場合には、送気用吸気口の付近には、発電機等の排気ガスを発生させるものを置かないこと。 ④　排気用吸気口は、できるだけ排出したい空気に近づけること。 ⑤　排気式換気を行う場合には、排気管吐出口周辺には作業者を立ち入らせないこと。 ⑥　送排気式換気を行う場合には、吐出口と吸気口を離して、作業場所を均一に換気できるようにすること。 ⑦　作業中は、換気装置の運転を停止しないこと。 ⑧　ボンベからの圧縮酸素は、絶対に使用しないこと。
7　保護具の使用 （5条の2）	作業開始前の濃度測定や換気をすることが技術的に難しい場所での作業、また、事故の場合に救出するときには、酸素欠乏症や二次災害を防ぐため、呼吸用保護具の使用が必要であること。給気式の空気呼吸器やホースマスク等を使用すること。
8　監視人等の配置 （13条）	酸素欠乏危険作業に労働者を従事させるときは、常時作業の状況を監視し、異常があったときに直ちにその旨を酸素欠乏危険作業主任者等に通報する者を置く等の措置を講ずること。
9　非常用設備の設置および訓練等 （15条）	・酸素欠乏危険作業に労働者を従事させるときは、空気呼吸器等、はしご、繊維ロープなどの非常用設備を備え付けておくこと。 ・万一の際に適切な対応が出来るよう定期的に訓練を行うこと。 ・非常用設備について定期的に点検を行うこと。

第13章　職業性疾病2

（2）二次災害の防止

　酸欠等の災害発生時、被災者を救出するために酸欠危険場所に入った者も被災する二次災害が発生しています。作業員が意識を失った段階で、酸欠危険場所の内部は酸素欠乏状態または高濃度の有害物が存在する危険性が極めて高いと判断されます。エアラインマスクまたは空気呼吸器を着用せずに酸欠危険場所に立ち入ることは絶対に避けなければなりません。

5　粉じん障害の防止対策

　じん肺およびじん肺合併症は古くからある職業性疾病ですが、いまだに年間300件台の認定者がいます。じん肺は一度かかるともとの正常な肺にはもどらず、粉じん作業をやめた後も病気は進行します。まだ、アーク溶接作業が粉じん作業であることを認識していない事業場もあります。

　じん肺には根本的な治療方法がないことを考えると、粉じんの発生源対策、局所排気装置等の適正な稼働、呼吸用保護具の適正な着用などにより粉じんへのばく露防止対策を徹底することが重要です。

（1）粉じん障害防止規則の定義

①　粉じん作業：粉じん障害防止規則別表第一に掲げる作業
　　作業場における粉じんの発散の程度および作業の工程その他からみて、この省令に規定する措置を講ずる必要がないと所轄都道府県労働局長が認定した作業を除く。
②　特定粉じん発生源：粉じん障害防止規則別表第二に掲げる箇所をいう。
③　特定粉じん作業：粉じん作業のうち、その粉じん発生源が特定粉じん発生源であるものをいう

（2）第9次粉じん障害防止総合対策の重点事項

　厚生労働省では、粉じん障害防止対策をより一層推進するため、第9次粉じん障害防止総合対策（平成30年度〜令和4年度）を策定して対策を行っています。事業者に対しては「粉じん障害を防止するため事業者が重点的に講ずべき措置」を実施するよう求めています。

— 259 —

ア　岩石・鉱物の研磨作業、またはばり取り作業と、鉱物等の破砕作業にかかる粉じん障害防止対策

屋外での作業を含め、以下の作業に従事する労働者に、有効な呼吸用保護具を使用させなければなりません（粉じん則27条）。

〈呼吸用保護具の着用が必要な作業〉

・手持式または可搬式動力工具による岩石または鉱物を裁断し、彫り、または仕上げする作業
・鉱物の研磨作業またはばり取り作業
・手持式動力工具を用いた鉱物等の破砕作業

イ　ずい道等建設工事における粉じん障害防止対策

「ずい道等建設工事における粉じん対策に関するガイドライン」（平12.12. 26基発768号の2、改正令2.7.20基発0720第2）に基づく対策を徹底する必要があります。

必要に応じて建設業労働災害防止協会の「新版ずい道等建設工事における換気技術指針」も参照してください。

ずい道等建設工事における粉じん対策に関するガイドラインの概要

1　粉じん発生源に係る措置
　　粉じんの発散を防止するための措置を講じること。
2　換気装置による換気の実施等
2　換気の実施等の効果を確認するための、ガイドラインで定めた方式による粉じん濃度測定の実施およびその結果に応じた換気装置の風量の増加その他必要な措置の実施
3　有効な呼吸用保護具の使用
　　コンクリート等を吹き付ける場所における作業等に従事する労働者に対する電動ファン付き呼吸用保護具の使用
　　作業中にファンが有効に作動する必要があるため、予備電池の用意や休憩室での充電設備の備え付けをすること
4　労働衛生教育

— 260 —

第13章　職業性疾病2

（1）　粉じん作業特別教育
（2）　呼吸用保護具の適正な使用に関する教育

ウ　呼吸用保護具の使用の徹底と適正な使用の推進

①　保護具着用管理責任者の選任
　　「防じんマスクの選択、使用等について」（平17.2.7基発0207006）に基づき、作業場ごとに、「保護具着用管理責任者」を選任すること。

②　呼吸用保護具の適正な選択、使用および保守管理の推進
　　労働者に対し、防じんマスクなどの使用の必要性について教育を行い「保護具着用管理責任者」に以下のことを実施させること。
　　●呼吸用保護具の選択、使用、顔面への密着性の確認等に関する指導
　　●呼吸用保護具の保守管理および廃棄
　　●呼吸用保護具のフィルタの交換の基準を定め、フィルタの交換を記録する台帳を整備すること等フィルタ交換の管理

〈電動ファン付き呼吸用保護具を使いましょう〉

電動ファン付き呼吸用保護具は、マスク面体内が陰圧にならないため、防護性能が高く楽に呼吸できます。じん肺管理区分が管理2、管理3イの労働者が粉じん作業に従事する場合には、電動ファン付き呼吸用保護具を使用させることが望ましいこととされています。

エ　じん肺健康診断の着実な実施

①　粉じん作業に労働者（じん肺法施行規則別表の粉じん作業に従事している者）を従事させる際には、以下のじん肺健康診断の実施が義務づけられています。
　　・就業時健康診断（じん肺法7条）・定期健康診断（じん肺法8条）
　　・定期外健康診断（じん肺法9条）・離職時健康診断（じん肺法9条の2）

②　じん肺有所見労働者に対する健康管理教育等の推進
　　じん肺有所見労働者のじん肺の増悪の防止を図るため、産業医等による継続的な保健指導を実施するとともに、「じん肺有所見者に対する健康管

— 261 —

理教育ガイドライン」（平9.2.3基発70）に基づく健康管理教育を推進すること。

じん肺有所見労働者は、喫煙が加わると肺がんの発生リスクがより一層上昇すること、一方、禁煙により発生リスクの低下が期待できることから、じん肺有所見労働者に対する肺がんに関する検査の実施およびじん肺有所見労働者に対する積極的な禁煙の働きかけを行うこと。

オ　離職後の健康管理の推進

じん肺管理区分２または３の労働者は離職後、都道府県労働局に申請することにより、健康管理手帳が交付され、健康管理手帳所持者は無料で健康診断を年に１回受けることができるので、離職する労働者に健康管理手帳制度について周知すること。

カ　その他地域の実情に即した事項

事業者は、必要に応じ、第８次粉じん障害防止総合対策の「粉じん障害を防止するため事業者が重点的に講ずべき措置」の以下の措置を引き続き講じること。

①　アーク溶接作業と岩石等の裁断等作業に係る粉じん障害防止対策

②　金属等の研磨作業に係る粉じん障害防止対策

ずい道等建設工事における粉じん対策に関するガイドラインの概要

http://www.mhlw.go.jp/content/11305000/000650345.pdf

離職するじん肺有所見者のためのガイドブック

（http://www.mhlw.go.jp/new-info/kobetu/roudou/gyousei/anzen/0703-1.html）

アーク溶接とじん肺

大阪日倫工業事件（大阪高裁　昭53.7.21判決）

約21年間電気熔接作業に従事し粉じんを少しずつ吸入し続けた者が、転職し新会社（大阪日輪）でさらに１年７か月間同作業を継続し、いわゆるじん肺に罹患した（管理区分２）場合につき、新会社に安全保護義務違反による損害賠償責任を認めた事例

大阪日倫は電気熔接作業をさせるに際しては控訴人が、じん肺にかか

ることのないよう船底タンクに充満する粉じんを外部に排出させるための十分な換気措置を行ない、あるいは安全マスクを使用させ、マスクの交換フィルターを支給するなど、その健康に危険を与えないようにする安全保護義務があるのに、これをつくさなかった債務不履行により、控訴人がじん肺に罹患するに至らせたものというべきである。

控訴人は昭和27年9月以来職場を転々とし、昭和48年9月28日大阪日倫に臨時雇として雇傭されるに至るまで約21年間、電気熔接作業に従事し粉じんを少しづつ吸入しつづけていたことが伺われるが、昭和48年に大阪日倫に雇傭されるまでに既にじん肺にかかっていたことを確認するに足る証拠がない。そうすると、控訴人がじん肺にかかったのは、大阪日倫に雇傭され電気熔接作業に従事してから昭和50年5月2日にじん肺症の決定的な結果が判明した期間中であり、控訴人が被控訴人大阪日倫の電気熔接作業に従事したことと、右発病との間には法律上の因果関係があるものというべきである。

6　石綿による健康障害の防止

石綿は、その繊維を吸入すると、石綿肺、肺がん、中皮腫等の重度の健康障害を引き起こすことが明らかになっています。

石綿の種類

クロシドライト（青石綿）、アモサイト（茶石綿）、アクチノライト、トレモライト、アンソフィライト、クリソタイル（白石綿）

2006年9月から石綿および石綿含有製品（石綿をその重量の0.1％を超えて含有するもの）は、労働安全衛生法で輸入、製造、使用などが禁止されています。

石綿建材を使用する建築物の解体棟数は、2030年頃のピークに向けてさらに増加していく見通しであることから、今後の解体等工事における事前調査（分析）用試料や分析技術の教育用の資料として、石綿を確保する必要があります。そこで石綿分析用試料に限って労働安全衛生法56条に基づく製造時

の厚生労働大臣の許可の対象とされました。
　今後増加する見通しの建築物、工作物・船舶の解体・改修工事の石綿対策については以下の規制が行われています。

(1) 発注者などからの情報提供（石綿則8条、9条）
・建築物の解体などの作業（石綿の除去作業を含む）や、封じ込め、囲い込みの作業の発注者は、工事の請負人に対し、その建築物などの石綿含有建材の使用状況など（設計図書など）を通知するよう努めなければなりません（石綿則8条）。
・注文者は、請負業者が、労働安全衛生法などの規定が遵守できるような契約条件（解体方法、費用、工期など）となるよう配慮しなければなりません（石綿則9条）。

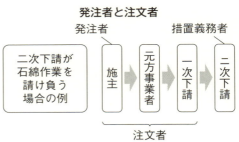

(2) 事前調査の実施と結果の掲示
　建築物、工作物または船舶（鋼製のものに限る）の解体等の作業（封じ込め、囲い込みを含む）を行うときは、解体等対象建築物等について、**設計図書などの文書**および**目視による方法**で石綿等の使用の有無を調査しなければなりません（石綿則3条1項、2項、5項、7項）。
　事前調査で石綿等の使用の有無が明らかとならなかったときは、**分析調査**を行わなければなりません。ただし、石綿等が使用されているものとみなして法令に規定する措置を講ずるときは分析調査の省略可。
　○**事前調査を目視等によらなくてよい場合**（石綿則3条3項）
　　　以下の場合等で要件に該当するときは、所定の文書等を確認する方法で事前調査を行うことができます。
　　・過去に事前調査に相当する調査が行われている場合
　　・船舶の再資源化解体の適正な実施に関する法律に基づく「有害物質一覧表確認証書」等の交付を受けた船舶・着工日が平成18年9月1日以降である建築物、船舶、施設等

第13章　職業性疾病2

○**事前調査・分析調査を行う者の要件**（石綿則3条4項、6項、令2.7.27
告示276、277号）令5.10.1施行

事前調査を実施することができる者

種　　別	調査できる建物
・特定建築物石綿含有建材調査者 ・一般建築物石綿含有建材調査者 ・令和5年9月までに日本アスベスト調査診断協会に登録された者	全ての建築物
・一戸建て等石綿含有建材調査者	一戸建て住宅・共同住宅の住戸の内部に限定

分析調査を実施することができる者

・厚生労働大臣が定める分析調査者講習を受講し、修了考査に合格した
　者
・（公社）日本作業環境測定協会の「石綿分析技術の評価事業」でAラン
　ク、Bランクの認定分析技術者
・（一社）日本環境測定分析協会の「アスベスト偏光顕微鏡実技研修（建
　材定性分析エキスパートコース）修了者」
・（一社）日本環境測定分析協会に登録の「建材中のアスベスト定性分
　析技能試験（技術者対象）合格者」
・（一社）日本環境測定分析協会に登録の「アスベスト分析法委員会認
　定JEMCAインストラクター」

○**事前調査の結果等の報告**（石綿則4条の2、令2.7.27告示278号）令4.4.1
施行

　　次のいずれかの工事を行おうとするときは、石綿等の使用の有無に関
わらず、あらかじめ電子システムにより、事前調査結果の概要等を所轄
労働基準監督署長に報告しなければなりません。
　　＊様式第1号により報告することもできる。

— 265 —

＊複数の事業者が同一の工事を請け負っている場合は、元請事業者が報告義務を負う。

- 解体部分の床面積が80m³以上の建築物の解体工事
- 請負金額が100万円以上の建築物の改修工事
- 請負金額が100万円以上の下記の工作物の解体工事又は改修工事
- 反応槽、加熱炉、ボイラー、圧力容器
- 配管設備（建築物に設ける給水・排水・換気・暖房・冷房・排煙設備等を除く）
- 焼却設備　・煙突（建築物に設ける排煙設備等を除く）
- 貯蔵設備（穀物を貯蔵するための設備を除く）
- 発電設備（太陽光発電設備・風力発電設備を除く）
- 変電設備、配電設備、送電設備（ケーブルを含む）
- トンネルの天井板
- プラットホームの上家・遮音壁、軽量盛土保護パネル
- 鉄道の駅の地下式構造部分の壁・天井板

○記録の作成・保存、掲示等（石綿則3条5項、7項）

■事前調査・分析調査の結果、以下の項目を記録し調査終了日から3年間保存しなければなりません。解体等の作業場には、以下の項目（ゴシック部分）の概要を、労働者が見やすい箇所に掲示しなければなりません。

■石綿使用建築物等解体等作業を行う作業場には、事前調査の記録の写しを備え付けなければなりません。

調査結果の記録項目
- **事業場の名称**　・建築物の種別　・発注者からの通知の有無
- **調査方法および調査個所**　・**調査結果（分析結果を含む）**
- **調査者氏名および所属**　・**調査終了日**　・**材料ごとの石綿等の使用の有無および石綿等が使用されていないと判断した根拠等**
（ゴシック部分は掲示する項目）

第13章　職業性疾病2

（3）作業計画の作成、労働基準監督署への届出

ア　作業計画（石綿則4条）

　石綿使用建築物等解体等作業を行うときは、作業計画を定め、それにより解体等作業を行わなければなりません。

　作業計画は、関係労働者に周知させなければなりません。

作業計画の内容

1　石綿使用建築物等解体等作業の方法および順序

2　石綿等の粉じんの発散を防止し、または抑制する方法

3　石綿使用建築物等解体等作業を行う労働者への石綿等の粉じんのばく露を防止する方法

イ　計画届（安衛法88条、安衛則90条、石綿則5条）

■建設業等で次の仕事を開始しようとするときは、計画届を作成し、工事開始の14日前までに、所轄労働基準監督署長に提出しなければなりません。レベル2の作業※も、計画届の対象となります。

　計画届を提出すべき業種は、建設業と土石採取業に限られるので、これら以外の業種が作業を行う場合には、計画届でなく作業届（建築物解体等作業届）を提出しなければなりません。

仕事の内容

・建築物・工作物・船舶に**吹き付けられている石綿等の除去・封じ込め・囲い込み**（石綿等が使用されている仕上げ用塗り材を除く。）

・建築物・工作物・船舶に張り付けられている**石綿等が使用されている保温材・耐火被覆材等の除去・封じ込め・囲い込み**（石綿等の粉じんを著しく発散するおそれのあるものに限る。）

※レベル2の作業とは、以下の分類によります。

レベル1の作業　石綿吹き付け材

・著しく発じん量の多い作業　作業場所の隔離　高濃度の発じん量に対応した防じんマスク、保護衣の使用　厳重なばく露対策が必要

— 267 —

レベル2の作業　石綿含有保温材、耐火被覆材等

・比重が小さく、発じんしやすい製品の除去作業　レベル1に準じて高い
　レベルのばく露対策が必要

レベル3の作業　成形板等

・発じん量の比較的低い作業であるが、破砕、切断等の作業においては発
　じんを伴う湿式作業を原則　防じんマスクの使用

(4) 隔離・立入禁止などの作業前の準備（石綿則6条、7条、15条）

ア　作業場所の隔離と負圧の保持（石綿則6条）

　吹き付け石綿の除去・封じ込めの作業や石綿の切断などを伴う囲い込みの
作業、または保温材・耐火被覆材・断熱材の石綿の切断などを伴う除去・囲
い込み・封じ込めの作業を行うときは、次の措置を取らなければなりません。

1　作業場所の隔離

2　ろ過集じん方式の集じん・排気装置の設置

3　作業場所の出入口に前室、洗身室および更衣室を設置し、退出時
　に、前室、洗身室および更衣室の順に通過するように互いに連接させ
　ること。

4　作業場所と前室を負圧に保つこと。

5　初めて作業を行う場合には、作業開始後速やかに、ろ過集じん方式
　の集じん・排気装置の排気口からの石綿等の粉じんの漏えいの有無を
　点検すること。

6　ろ過集じん方式の集じん・排気装置の設置場所を変更したときその
　他当該集じん・排気装置に変更を加えたときは、当該集じん・排気装
　置の排気口からの石綿等の粉じんの漏えいの有無を点検すること。

7　その日の作業開始前および作業の中断時は、前室が負圧に保たれて
　いることを点検すること。

8　5～7の点検時に異常を認めたときは、直ちに作業を中止し、ろ過
　集じん方式の集じん・排気装置の補修または増設その他の必要な措置
　を講ずること。

イ　立入禁止（石綿則7条、15条）

　作業に従事する労働者以外の者が立ち入ることを禁止し、その旨を見やすい箇所に表示しなければなりません（石綿則7条）。

　特定元方事業者は、関係請負人に作業の実施についての通知や作業の時間帯の調整などの必要な措置を取らなければなりません。

　石綿等を取り扱い（試験研究のため使用する場合を含む。）、若しくは試験研究のため製造する作業場または石綿分析用試料等を製造する作業場には、関係者以外の者が立ち入ることを禁止し、かつ、その旨を見やすい箇所に表示しなければなりません（石綿則15条）。

（5）作業中の措置

ア　保護具の着用（石綿則14条、44条、45条）

　建築物などの解体などの作業（石綿の除去作業を含む）や、封じ込め・囲い込みの作業をするときは、労働者に呼吸用保護具、作業衣または保護衣を使用させなければなりません。

　隔離した作業場所における吹き付けられた石綿の除去作業では、呼吸用保護具は、電動ファン付き呼吸用保護具またはこれと同等以上の性能がある送気マスクなどに限ります。

呼吸用保護具・着衣の選定

作業内容	作業場所	呼吸用保護具	着衣
石綿の除去・封じ込め・囲い込みの作業	隔離空間内部	電動ファン付き呼吸用保護具、またはこれと同等以上の性能を有する空気呼吸器、酸素呼吸器、もしくは送気マスク	フード付き保護衣
・石綿の切断などを伴わない囲い込み ・石綿含有成形板などの切断などを伴わない除去	隔離空間外部	取替え式防じんマスク（RS3またはRL3）と同等以上のもの	保護衣または作業着
		取替え式防じんマスク（RS2またはRL2）と同等以上のもの	
上記以外の作業		使い捨て防じんマスクと同等以上のもの	

イ　湿潤化（石綿則13条）

■石綿除去等のために隔離した作業場所の、隔離を解くときには十分湿潤化し、さらに、**次の者が除去の完了の確認**した後でなければ隔離を解くことはできません（石綿則6条3項）。

> ・当該除去作業の石綿作業主任者
> ・事前調査を実施する資格を有する者（建築物に限る）

ウ　石綿含有成形品の除去等の施工方法（石綿則6条の2、令2.7.27告示279号）

　石綿含有成形品（スレート、ボード、タイル、シートなど）の除去は、**切断・破砕等以外の方法**により行わなければなりません。ただし、技術上困難な場合は除きます。

　やむを得ず**けい酸カルシウム板第1種**の切断・破砕等をするときは、ビニルシートなどにより作業場所を**隔離**し、常時**湿潤な状態**に保って作業をしなければなりません。隔離場所を負圧に保つ必要はありません。

エ　石綿含有仕上げ塗材の除去等の施工方法（石綿則6条の3）

　石綿含有仕上げ塗材を、電動工具（ディスクグラインダー、ディスクサンダー）で除去するときは、ビニルシートなどにより作業場所を隔離し、常時湿潤な状態に保って作業をしなければなりません。隔離場所を負圧に保つ必要はありません。

　＊常時湿潤な状態に保つ措置には、剥離剤を使用する方法が含まれます。
　＊高圧水洗工法、超音波ケレン工法等の場合は、作業場所の隔離は不要です。

オ　石綿等の切断等の際、湿潤化できない場合の措置（石綿則13条）

　解体時の建築物または船舶に吹き付けられた石綿等の除去作業または石綿を含む保温材・耐火被覆材・断熱材の除去作業を行うときは、著しく困難な場合を除き、石綿を湿潤な状態にしなければなりません。

　湿潤な状態にすることが著しく困難なときは、除じん性能付き電動工具の

第13章　職業性疾病 2

使用など、石綿粉じんの発散防止措置に努めなければなりません（石綿則13条1項）。

　石綿等の切断等の作業等を行う場所に、石綿等の切りくず等を入れるためのふたのある容器を備えなければなりません（石綿則13条2項）。

（6）石綿作業の資格・教育・健康診断・記録

ア　特別教育（安衛則36条、石綿則27条）

作業に従事する労働者に特別教育を行わなければなりません。

イ　作業主任者の選任（石綿則19条、20条）

石綿作業主任者を選任し、次の事項を行わせなければなりません。

① 　作業に従事する労働者が石綿粉じんにより汚染され、またはこれらを吸入しないように、作業の方法を決定し、労働者を指揮すること
② 　保護具の使用状況を監視すること

ウ　健康診断の実施（石綿則40条）

石綿等の取扱いまたは試験研究のための製造に伴い石綿の粉じんを発散する場所における業務に常時従事する労働者に対し、雇入れまたは当該業務への配置替えおよび定期に、石綿健康診断とじん肺健康診断を行わなければなりません。退職まで、石綿業務を離れた後も、石綿健康診断の対象となります。じん肺健康診断については、第5章　健康診断、有害業務の健康診断参照

エ　作業の記録の項目追加（石綿則35条）

石綿等の粉じんを発散する場所において常時作業に従事する労働者については、1か月を超えない期間ごとに作業の記録を作成し、これを作業を離れた日から40年間保存することとされています。

オ　写真等による作業の実施状況の記録（石綿則35条の2）

石綿使用建築物等解体等作業を行ったときは、作業計画(石綿則4条1項)に従って作業を行わせたことについて、写真等の記録とともに所定事項を記録し、作業を終了した日から3年間保存しなければなりません。

— 271 —

記録を作成するため必要な場合には、記録の作成者や発注者の労働者に、適切な呼吸用保護具と作業衣を着用させて、隔離された作業場所に立ち入らせることができます。

7　騒音障害の防止対策

（1）労働安全衛生規則による騒音対策
　強烈な騒音を発する屋内作業場における業務に労働者を従事させるときは、労働安全衛生規則では以下の措置を義務付けています。
① 　作業をしている屋内作業場が強烈な騒音を発する場所であることを、標識によって明示する等の措置（安衛則583条の２）。
② 　強烈な騒音の伝ぱを防ぐため、隔壁を設ける等必要な措置（安衛則584条）。
③ 　安衛則588条で定める著しい騒音を発する屋内作業場は、６月以内ごとに１回、定期に、等価騒音レベル※を測定し、以下の事項を記録して３年間保存しなければならない（安衛則590条）。
　ⅰ測定日時、ⅱ測定方法、ⅲ測定箇所、ⅳ測定条件
　ⅴ測定結果、ⅵ測定を実施した者の氏名
　ⅶ測定結果に基づいて改善措置を講じたときは、当該措置の概要
④ 　作業環境測定結果の評価結果に基づき、管理区分に応じた、施設または設備の設置または整備、作業工程または作業方法の改善その他作業環境を改善するため必要な措置を講じること。
⑤ 　強烈な騒音を発する場所における業務においては、耳栓その他の保護具を備えなければならない（安衛則595条）。
※時間とともに変動する騒音について一定期間の平均的な騒音を表わす指標

（2）ガイドラインによる対策
　労働安全衛生規則に基づく措置を含め事業者が自主的に講ずることが望ましい騒音障害防止対策を体系化した「騒音障害防止のためのガイドライン」（平4.10.1　基発546）が示されています。
　「騒音障害防止のためのガイドライン」」（平4.10.1基発546）
　http://www.jaish.gr.jp/anzen_pg/hou_det.aspx?joho_no=869

第13章　職業性疾病2

ア　屋内作業場
（ア）作業環境測定
　労働安全衛生規則588条では、「著しい騒音を発する屋内作業場」として8項目が挙げられ、同規則第590条において「6月以内ごとに1回、定期に、等価騒音レベルを測定しなければならない」と定められています。同規則に列挙された項目に加え、「騒音障害防止のためのガイドライン」では52項目の作業場が、各種の測定結果から「等価騒音レベルで85db（A測定※1）以上になる可能性が大きい作業場」とされ、これらの作業場では、作業環境測定基準（昭和51年労働省告示第46号）に基づく等価騒音レベル測定（A測定およびB測定※2）を6月以内ごとに1回（但し、施設、設備、作業工程または作業方法を変更した場合はその都度）、1測定点につき10分間行うことが求められています。

　作業環境測定結果の評価は、A測定結果およびB測定結果（実施した場合）に基づいて行い、作業場を、第Ⅰ管理区分から第Ⅲ管理区分までの3つの区分に分類します。
　※1　作業場を縦、横6m以下の等間隔で引いた交点を測定点とし、床上
　　　　1.2mから1.5mの間で測定
　※2　発生源に近接して作業が行われる場合、その位置にて測定
（イ）管理区分に応じた騒音対策
　騒音防止対策は、①音源対策、②伝搬経路に対する対策、③作業者側の対策の3つがあります。「騒音障害防止のためのガイドライン」では、管理区分に応じ、これらの対策を単独、若しくは組合せ、効果的な対策を講じることが求められています。

管理区分Ⅰ	作業環境の継続的維持に努めること。
管理区分Ⅱ	場所を標識により明示すること。 作業方法の改善等により管理区分Ⅰとなるよう努めること。 必要に応じ保護具を使用すること。
管理区分Ⅲ	場所を標識により明示し、および保護具使用の掲示を行うこと。 作業方法の改善等により管理区分Ⅰまたは管理区分Ⅱとなるようにすること。

— 273 —

	保護具を使用すること。

（ウ）代表的な騒音対策

　「騒音障害防止のためのガイドライン」では、施設、設備、作業工程等における騒音発生源対策および伝ぱ経路対策並びに騒音作業従事者に対する受音者対策の代表的な方法は、以下の通りとされています。

分類	方法	具体例
１．騒音発生源 　　対策	発生源の低騒音化	低騒音型機械の採用
	発生原因の除去	給油、不釣合調整、部品交換など
	遮音	防音カバー、ラギング（表面を覆う）
	消音	消音器、吸音ダクト
	防振	防振ゴムの取り付け
	制振	防振材の装着
	能動制御	消音器、吸音ダクト、遮音壁など
	運転方法の改善	自動化、配置の変更など
２．伝ぱ経路対 　　策	距離減衰	配置の変更など
	遮蔽効果	遮蔽物、防音壁、防音室
	吸音	建物内部の消音処理
	指向性	音源の向きを変える
	能動制御	消音器、吸音ダクト、遮音壁など
３．受音者対策	遮音	防音監視室、囲い
	作業方法の改善	作業スケジュールの調整、遠隔操作など
	耳の保護	耳栓、イヤーマフ
	能動制御	消音ヘッドホン

イ　屋内作業場以外の作業場
（ア）測定

　別表２に掲げる作業場のうち屋内作業場以外の作業場については、音源に近接する場所において作業が行われている時間のうち、騒音レベルが最も大

きくなると思われる時間に、当該作業が行われる位置において等価騒音レベルの測定を行うこととされています。

測定は、施設、設備、作業工程または作業方法を変更した場合に、その都度行うこととされています。

別表１：労働安全衛生規則588条に規定する８屋内作業場
別表２：別表１以外の作業場で、騒音レベルが高い52作業場

    （８）　高圧酸素ガスにより、鋼材の溶断の業務を行う作業場
    （43）　岩石または鉱物を動力により破砕し、または粉砕する業務を行う作業場
    （45）　裁断機により石材を裁断する業務を行う作業場　等

（イ）測定結果に基づく措置

測定結果に基づき、次の措置を講ずることとされています。

85dB（A）以上90dB（A）未満の場合	騒音作業に従事する労働者に対し、必要に応じ、防音保護具を使用させること。
90dB（A）以上の場合	騒音作業に従事する労働者に防音保護具を使用させるとともに、防音保護具の使用について、作業中の労働者の見やすい場所に掲示すること。

ウ　健康診断

別表１及び別表２の作業場における作業に常時従事する作業者に対し、健康診断を行ってください。

○雇入時等健康診断（雇入れ時・配置替え時）

既往歴・業務歴の調査、自他覚症状の有無の検査、
オージオメータによる気導純音聴力検査[1]
その他必要とする検査

○定期健康診断（6月以内ごとに1回）

既往歴・業務歴の調査、自他覚症状の有無の検査
オージオメータによる選別聴力検査[2]

○二次検査

オージオメータによる気導純音聴力検査[1]

— 275 —

その他必要とする検査

○**事後措置**

健康診断結果に基づく事後措置として聴覚保護具（防音保護具）使用の励行や騒音作業に従事する時間の短縮などを行ってください。

＊1　250、500、1000、2000、4000、8000Hzにおける聴力検査

＊2　1000、4000Hzにおける聴力検査

エ　労働衛生教育

常時騒音作業に従事する労働者に対し以下の科目について労働衛生教育を実施してください。

① 　騒音の人体に及ぼす影響

② 　適正な作業環境の確保と維持管理

③ 　防音保護具の使用の方法

④ 　改善事例及び関係法令

8　有害な作業環境管理（一般規制）

（1）有害原因の除去

次の有害な作業環境については、その原因を除去するため、代替物の使用、作業の方法または機械等の改善等必要な措置※1を講じなければなりません（安衛則576条）。

① 　有害物を取り扱う作業場

② 　ガス、蒸気または粉じんを発散する作業場

③ 　有害な光線※2または超音波にさらされる作業場

④ 　騒音または振動を発する作業場

⑤ 　病原体によって汚染される等※3有害な作業場

※1：「機械等の改善等必要な措置」には次のようなものがあります。

・有害物取扱い作業、高熱、騒音等を伴う作業場等は、隔離室を設け、遠隔操作で行うこと。

・超音波容着機に等には、インターロック、自動遮断装置を設けること。

・有害な光線または超音波等には、遮へい板、遮へい壁を設けること。

— 276 —

第13章　職業性疾病2

・振動工具等には、防しん装置を取り付けること。

・精密工作、測定等の作業には、拡大投影装置等を用いること。

（昭和48.3.19　基発145）

※2：「有害な光線」には、放電アークによる光線、レーザー光線、プラズマによる光線等が含まれること。

※3：「病源体によって汚染される等」の「等」とは、労働者の健康障害が生ずるおそれがあることをいい、高温、高熱、低温、寒冷、多湿等の状態がこれに含まれるものであること。

《参考通達》

・汎発性強皮症と思われる健康障害および接触性の皮ふ炎等の発生について

「エポキシ樹脂の硬化剤による健康障害の防止について」（昭51.6.23 基発477号の2、改正昭57.6.8　基発399）

「フロンによる酸素欠乏災害等の防止について」（昭60.10.3　基発567）

・眼障害、皮膚障害等の発生について

「レーザー光線による障害の防止対策について」（昭61.1.27　基発39、改正平17.3.25　基発0325002）

「騒音障害防止のためのガイドラインの策定について」（平4.10.1　基発546）

（2）ガス等の発散の抑制等（安衛則577条）

　ガス、蒸気または粉じんを発散する屋内作業場においては、当該屋内作業場における空気中のガス、蒸気または粉じんの含有濃度が有害な程度にならないようにするため、発散源を密閉する設備、局所排気装置または全体換気装置を設ける等※必要な措置を講じなければなりません。

※発散源を密閉する設備、局所排気装置または全体換気装置を設ける等：作業方法または作業工程を変更して作業場内の空気の有害物含有濃度が有害な程度にならないようにすることをいう（昭23.1.16　基発83、昭33.2.13 基発90）。

（3）内燃機関の使用禁止（安衛則578条）

　坑、井筒、潜函、タンクまたは船倉の内部その他の場所で、自然換気が不十分なところにおいては、内燃機関を有する機械を使用してはなりません。

—277—

ただし、当該内燃機関の排気ガスによる健康障害を防止するため当該場所を換気するときは、使用することができます。

第4章　安全衛生教育の1参照

（4）排気の処理、排液の処理、病原体の処理

ア　有害物を含む排気を排出する局所排気装置その他の設備については、当該有害物の種類に応じて、吸収、燃焼、集じんその他の有効な方式による排気処理装置を設けなければなりません（安衛則579条）。

イ　有害物を含む排液については、当該有害物の種類に応じて、中和、沈でん、ろ過その他の有効な方式によって処理した後に排出しなければなりません（安衛則580条）。

ウ　病原体により汚染された排気、排液または廃棄物については、消毒、殺菌等適切な処理をした後に、排出し、または廃棄しなければなりません（安衛則581条）。

（5）粉じんの飛散の防止（安衛則582条）

粉じんを著しく飛散する屋外または坑内の作業場においては、注水その他の粉じんの飛散を防止するため必要な措置を講じなければなりません。

（6）坑内の炭酸ガス濃度の基準（安衛則583条）

坑内の作業場における炭酸ガス濃度を、1.5％以下としなければなりません。ただし、空気呼吸器、酸素呼吸器またはホースマスクを使用して、人命救助または危害防止に関する作業をさせるときは、その必要はありません。

（7）騒音については、前掲7　騒音障害の防止対策参照

（8）立入禁止等（安衛則585条）

次の場所には、関係者以外の者が立ち入ることを禁止し、かつ、その旨を見やすい箇所に表示しなければなりません。

①　多量の高熱物体を取り扱う場所または著しく暑熱な場所

②　多量の低温物体を取り扱う場所または著しく寒冷な場所

③　有害な光線または超音波にさらされる場所

第13章　職業性疾病2

④　炭酸ガス濃度が1.5％を超える場所、酸素濃度が18％に満たない場所または硫化水素濃度が百万分の十を超える場所

⑤　ガス、蒸気または粉じんを発散する有害な場所

⑥　有害物を取り扱う場所

⑦　病原体による汚染のおそれの著しい場所

（9）表示等（安衛則586条）

有害物若しくは病原体またはこれらによって汚染された物を、一定の場所に集積し、かつ、その旨を見やすい箇所に表示しなければなりません。

（10）作業環境測定を行うべき作業場（安衛則587条）

労働安全衛生法施行令21条2号の厚生労働省令で定める暑熱、寒冷または多湿の屋内作業場は、次のとおりです。測定ひん度については第14章　安衛則衛生基準（3）温度および湿度参照

①　溶鉱炉、平炉、転炉または電気炉により鉱物または金属を製錬し、または精錬する業務を行なう屋内作業場

②　キユポラ、るつぼ等により鉱物、金属またはガラスを溶解する業務を行なう屋内作業場

「るつぼ等」の「等」には高周波誘導炉が含まれること（昭47.9.18　基発601号の1）。

③　焼鈍炉、均熱炉、焼入炉、加熱炉等により鉱物、金属またはガラスを加熱する業務を行なう屋内作業場

「加熱炉等」の「等」には、窒化炉、浸炭炉、焼ならし炉、パテンチング炉、ブルーイング炉が含まれること。

④　陶磁器、レンガ等を焼成する業務を行なう屋内作業場

「レンガ等」の「等」には、セメント、焼瓦が含まれること（昭47.9.18　基発601号の1）。

⑤　鉱物の焙焼または焼結の業務を行なう屋内作業場

「伸線等」の「等」には、焼もどし、焼ならし、引抜き、鍛接が含まれること（昭47.9.18　基発601号の1）。

⑥　加熱された金属の運搬または圧延、鍛造、焼入、伸線等の加工の業務を行なう屋内作業場

— 279 —

⑦　溶融金属の運搬または鋳込みの業務を行なう屋内作業場

⑧　溶融ガラスからガラス製品を成型する業務を行なう屋内作業場

⑨　加硫がまによりゴムを加硫する業務を行なう屋内作業場

⑩　熱源を用いる乾燥室により物を乾燥する業務を行なう屋内作業場

⑪　多量の液体空気、ドライアイス等を取り扱う業務を行なう屋内作業場
　　「ドライアイス等」の「等」には、冷媒として用いられる液体アンモニア、フロンガスが含まれること（昭47.9.18　基発601号の1）。

⑫　冷蔵庫、製氷庫、貯氷庫または冷凍庫等で、労働者がその内部で作業を行なうもの
　　「冷凍庫等」の「等」には、製氷室、冷凍食品加工室が含まれること（昭47.9.18　基発601号の1）。

⑬　多量の蒸気を使用する染色槽により染色する業務を行なう屋内作業場

⑭　多量の蒸気を使用する金属または非金属の洗浄またはめつきの業務を行なう屋内作業場

⑮　紡績または織布の業務を行なう屋内作業場で、給湿を行なうもの

⑯　前各号に掲げるもののほか、厚生労働大臣が定める屋内作業場

（11）作業環境測定を行うべき坑内作業場（安衛則589条）

　労働安全衛生法施行令21条4号の厚生労働省令で定める坑内の作業場は、次のとおりとされています。測定頻度については第14章　安衛則衛生基準1（3）温度および湿度参照

①　炭酸ガスが停滞し、または停滞するおそれのある坑内の作業場

②　気温が28℃をこえ、またはこえるおそれのある坑内の作業場

③　通気設備が設けられている坑内の作業場

（12）ふく射熱からの保護（安衛則608条）

　屋内作業場に多量の熱を放散する溶融炉等があるときは、加熱された空気を直接屋外に排出し、またはその放射するふく射熱から労働者を保護する措置※を講じなければなりません。

※ふく射熱から保護する措置：隔壁、保護メガネ、頭巾類、保護衣等を使用させること（昭23.1.16　基発83）。

第13章　職業性疾病2

（13）加熱された炉の修理（安衛則609条）

　加熱された炉の修理に際しては、適当に冷却した後※でなければ、労働者をその内部に入らせてはなりません。

※適当に冷却：作業箇所の気温を黒球温度で55℃以下にすることをいう（昭23.1.16　基発83、昭33.2.13　基発90）。

9　熱中症の予防対策

　「職場における熱中症予防基本対策要綱」（令3.4.20　基発0420第3号）が定められ、これにより熱中症予防対策を行うことが求められています。

（1）熱中症とは

　「熱中症」とは、高温多湿な環境下において、体内の水分および塩分（ナトリウムなど）のバランスが崩れたり、循環調節や体温調節などの体内の重要な調整機能が破綻するなどして発症する障害の総称です。

熱中症の症状

分類	症　　　　状	重症度
Ⅰ度	・めまい・生あくび・失神 ・筋肉痛・筋肉の硬直（こむら返り、） ・大量の発汗	小
Ⅱ度	・頭痛・気分の不快・吐き気・嘔吐・倦怠感・虚脱感 ・集中力や判断力の低下	
Ⅲ度	・意識障害、けいれん、手足の運動障害 ・高体温	大

（2）熱中症予防対策

　WBGTは暑熱環境のリスクを評価する指標として有効な手段であり、作業場所にWBGT指数計を設置する等により、WBGT値を求めて熱中症対策をとることが重要です。

— 281 —

ア　作業環境管理

（ア）WBGT値の低減等

・WBGT基準値を超え、または超えるおそれのある作業場所（以下単に「高温多湿作業場所」という。）においては、発熱体と労働者の間に熱を遮ることのできる遮へい物等を設けること。

・直射日光並びに周囲の壁面および地面からの照り返しを遮ることができる簡易な屋根等を設けること。

・適度な通風または冷房を行うための設備を設けること。

※通風が悪い場所での散水については、散水後の湿度の上昇に注意してください。

（イ）休憩場所の整備等

・高温多湿作業場所の近隣に冷房を備えた休憩場所や日陰等の涼しい休憩場所を設けること。

・高温多湿作業場所やその近隣に、氷、冷たいおしぼり、水風呂、シャワー等、身体を適度に冷やすことのできる物品や設備等を設けること。

・高温多湿作業場所に飲料水などの備え付けること。

イ　作業管理

（ア）作業時間の短縮等

「作業休止時間・休憩時間の確保、高温多湿作業場所での連続作業時間の短縮」、「身体作業強度（代謝率レベル）が高い作業を避けること」、「作業場所の変更」を作業の状況等に応じて実施すること。

（イ）暑熱順化

計画的に、熱への順化期間を設けることが望ましいこと。

※例：作業者が順化していない状態から、7日以上かけて熱へのばく露時間を次第に長くします。（ただし、熱へのばく露を中断すると、4日後には順化の喪失が始まり、3〜4週間後には完全に失われます。）

（ウ）水分及び塩分の摂取

・自覚症状の有無にかかわらず、作業前後、作業中の定期的な水分・塩分の摂取を指導すること。

・水分・塩分の摂取を確認する表の作成、作業中の巡視による確認等により、定期的な摂取の徹底を図ること。

第13章　職業性疾病2

※作業場所のWBGT値がWBGT基準値を超える場合、少なくとも、0.1～0.2％の食塩水、または、ナトリウム40～80mg/100mlのスポーツドリンク・経口補水液などを、20～30分ごとに、カップ１～２杯程度摂取することが望ましいところです。（ただし、身体作業強度などに応じて、必要な摂取量は異なります。）

（エ）服装等

・透湿性および通気性の良い服装を着用させること。

・体を冷却する服の着用も望ましいこと。

・直射日光下では通気性の良い帽子（クールヘルメット）を着用させること。

・作業の種類、作業負荷、気象条件等に応じて飛沫飛散防止器具を選択すること。

・周囲に人がいない等飛沫飛散防止器具（マスクなど）を外してもよい場面や場所等を明確にし、関係者に周知しておくこと。

（オ）作業中の巡視

高温多湿作業場所での作業中は、巡視を頻繁に行い、

・定期的に水分・塩分の摂取をしているかどうか、労働者の状態に異常はないかを確認すること。

・熱中症を疑わせる兆候が表れた場合は、速やかに作業の中断その他必要な措置を講ずること

ウ　健康管理

（ア）健康診断結果等に基づく対応

○健康診断および異常所見者への医師などの意見に基づく就業上の措置を徹底すること。

○熱中症の発症に影響を与えるおそれのある疾患※を治療中の労働者について

・高温多湿作業場所における、作業の可否、当該作業を行う場合の留意事項などについて、産業医・主治医などの意見を勘案して、必要に応じて、就業場所の変更、作業の転換などの適切な措置を講じること。

※熱中症の発症に影響を不えるおそれのある疾患：糖尿病、高血圧

症、心疾患、腎不全、精神・神経関係の疾患、広範囲の皮膚疾患
など

（イ）日常の健康管理等

○睡眠不足、体調不良、前日などの飲酒、朝食の未摂取、感冒などによる発熱、下痢などによる脱水などは、熱中症の発症に影響を与えるおそれがあるので、日常の健康管理について指導を行うこと。

○熱中症の発症に影響を与えるおそれのある疾患を治療中の労働者については、労働者が主治医などから熱中症を予防するための対応が必要とされた場合、または労働者が熱中症を予防するための対応が必要となる可能性があると判断した場合は、事業者に申し出るよう指導すること。

（ウ）労働者の健康状態の確認

・作業開始前、作業中の巡視などにより、労働者の健康状態を確認すること。

（エ）身体の状況の確認

休憩場所等に体温計、体重計等を備え、必要に応じて、体温、体重その他の身体の状況を確認できるようにすること。

エ　労働衛生教育

労働者を高温多湿作業場所での作業に従事させる場合にはあらかじめ、熱中症の症状、熱中症の予防方法、緊急時の救急措置、熱中症の事例について労働衛生教育を行うこと。　詳細は以下を参照してください。

「職場における熱中症予防対策マニュアル」

https://www.mhlw.go.jp/content/11200000/000636115.pdf

オ　緊急連絡網の作成・周知

（ア）緊急連絡網の作成・周知

あらかじめ、病院・診療所などの所在地や連絡先を把握するとともに、緊急連絡網を作成し、関係者に周知すること。

（イ）救急措置

熱中症を疑う症状がある場合は、涼しい場所で身体を冷やし、必要に応じて、救急車を呼ぶ、または医師の診察を受けさせること。

第14章 安衛則衛生基準、事務所則

1 安衛則衛生基準

（1）気積および換気

項目・安衛則条文	基　　　　　準
気積 （600条）	・10m³/人以上　床面から４m以上を除く。
換気・気流 （601条）	・直接外気に向かって開放できる窓その他の開口部が常時床面積の20分の１以上 または ・換気が十分行なわれる性能を有する設備を設ける。 ・室の気温が10℃以下では、気流１m/sにさらしてはいけない。 ※室内のようなごくわずかな気流については、カタ寒暖計（風速計として使える。）でよい。
坑内の通気設備 （602条）	・坑内には通気設備を設けなければならない。 自然換気により衛生上必要な分量の空気が供給される場合を除く。
坑内の通気量の測定 （603条）	・安衛令21条４号の坑内※については半月以内毎に１回、定期に通気量を測定しなければならない。 ・測定結果を記録し、３年間保存しなければならない。 ※安衛則589条に規程する１炭酸ガスが停滞し、または停滞するおそれのある坑内の作業場、２気温が28℃をこえ、またはこえるおそれのある坑内の作業場、３通気設備が設けられている坑内の作業場

Q14-1　気積の計算の仕方を教えてほしい（労務管理担当者）。

A　労働者を常時終業させる屋内作業場の気積は、労働者１人につき10立方メートル以上としなければなりません。部屋の縦、横、高さを測り、部屋の容積を求めます。単位：メートル。

— 285 —

床から天井までの高さが4メートルをこえていれば、高さは4メート
ルとする。

容積＝縦×横×高さ

部屋に置いてある、書棚、パソコン、冷蔵庫等々の設備の容積を計算
して部屋の容積から引き、出た容積を労働者数で割って出します。

（2）採光および照明

項目・安衛則条文	基　　　　　　　準
照度 （604条）	・作業面の照度は以下の基準に適合させること。 　ⅰ　精密な作業　　300ルクス以上 　ⅱ　普通の作業　　150ルクス以上 　ⅲ　粗な作業　　　70ルクス以上 感光材料を取り扱う作業場、坑内の作業場その他特殊な作業を行う作業場は除く。
採光・照明 （605条）	・明暗の対照が著しくなく、まぶしさを生じさせない方法によること。 ・照明設備について6月に1回、定期点検しなければならない。

Q14−2　（東日本大震災の後）職場巡視をしたところ、蛍光灯を
外しているところが目についたが、問題はありませんか。暗い所で作業
をすることで、モラルが低下することはないでしょうか（産業医）。

A　労働安全衛生規則604条では、就業場所の作業面の照度の最低基
準について、精密な作業300ルクス以上、普通の作業150ルクス以上、粗
な作業70ルクス以上と定めています。おそらく、蛍光灯の一部をはずし
た状態でも、この最低基準は超えているのではないかと思います。

しかし、JIS照度基準では、一般の製造工場などでの普通の視作業、
例えば、「組立ｃ、検査ｃ、試験ｃ、選別ｃ、包装ａ　500ルクス」、「粗
な視作業で限定された作業、例えば、包装ｂ、荷造ａ　200ルクス」、
「ごく粗な視作業で限定された作業、例えば、包装ｂ、荷造ｂ・ｃ

— 286 —

第14章　安衛則衛生基準、事務所則

100ルクス」と定められています。こちらの基準からすると足りないかもしれません。一度、照度を測ってみることをお勧めします。

　暗いと足下が不安全になるなどの問題があるので、節電に過剰反応するのも考えものです。

　注：同種作業名について見る対象物及び作業の性質に応じて、次の三つに分ける。

　　1　aは、細かいもの、暗色のもの、対比の弱いもの、特に高価なもの、衛生に関係ある場合、精度の高いことを要求される場合、作業時間の長い場合などを表す。

　　2　bは、1と3との中間のものを表す。

　　3　cは、粗いもの、明色のもの、頑丈なもの及びさほど高価でないものを表す。

（3）温度および湿度

項目・安衛則条文	基　　　　　　準
温・湿度調節（606条）	・作業位置で暑熱な作業場（28℃以上をいう）は冷房の措置を講じなければならない。 ・作業場内の温度が寒冷な作業場（5℃以下をいう）は暖房の措置を講じなければならない。 ・作業場の湿度が多湿の屋内作業場（85％以上をいう）で、有害のおそれがあるものについては、通風等適当な温湿度調節の措置を講じなければならない。
気温、湿度等の測定（607条）	・作業環境測定を行うべき作業場（安衛則587条）に規定する暑熱、寒冷または多湿の屋内作業場について、半月以内ごとに1回、定期に、当該屋内作業場における気温、湿度およびふく射熱（ふく射熱については、同条第1号から第8号までの屋内作業場に限る。）を測定しなければならない。 ・測定を行ったときは記録をし、これを3年間保存しなければならない。
ふく射熱からの保護	・屋内作業場の多量の熱を放散する溶融炉等がある場所では、加熱された空気を直接屋外に排出する、またはふく射熱から労働者を

— 287 —

（608条）	保護する措置を講じなければならない。
加熱された 炉の修理 （609条）	・加熱された炉の修理では、適当に冷却後でなければ、労働者をその内部に入らせてはならない。
給湿 （610条）	作業の性質上給湿を行なうときは、有害にならない限度で行い、かつ、噴霧には清浄な水を用いなければならない。
坑内の気温 （611条）	・坑内の気温を37℃以下としなければならない。 ・高温による健康障害防止措置を講じて人命救助または危害防止の作業をさせるときを除く。
坑内の気温 測定等 （612条）	・589条2号の坑内作業場（気温が28℃をこえ、またはこえるおそれのある坑内の作業場）について、半月以内ごとに1回、定期に気温を測定しなければならない。 ・記録を作成して3年間しなければならない。

（4）休養

項目・安衛 則条文	基　　　　　準
休憩設備 （613条）	労働者が有効に利用できる休憩の設備（努力義務）
有害作業場 の休憩設備 （614条）	著しく暑熱、寒冷または多湿の作業場、有害なガス、蒸気または粉じんを発散する作業場その他有害な作業場においては、作業場外に休憩の設備を設けなければならない（ただし、坑内等特殊な作業場でこれによることができないやむを得ない事由があるときを除く）。
立業のための椅子 （615条）	持続的立業に従事する労働者の利用できるいすを備えなければならない。
睡眠および 仮眠の設備 （616条）	・夜間に労働者に睡眠を与える必要のあるとき、または労働者が就業の途中に仮眠することのできる機会があるときは、適当な睡眠または仮眠の場所を、男性用と女性用に区別して設けなければならない。 ・寝具、かやその他必要な用品を備え、かつ、疾病感染を予防する措置を講じなければならない。

発汗作業に関する措置 （617条）	多量の発汗を伴う作業場においては、塩および飲料水を備えなければならない。
休養室等 （618条）	常時50人以上または常時女性30人以上の労働者を使用するときは、横になることのできる休養室または休養所を、男性用と女性用に区別して設けなければならない。 この規定は、病弱者、生理日の女子等に使用させるために設けるものであること（昭23.1.16　基発83）。

Q14-3　　鉄道事業ですが、運転手の仮眠施設の基準はないか探しています。何かありませんか（労務担当者）。

A　　（睡眠および仮眠の設備）

労働安全衛生規則616条では、「事業者は、夜間に労働者に睡眠を与える必要のあるとき、または労働者が就業の途中に仮眠することのできる機会があるときは、適当な睡眠または仮眠の場所を、男性用と女性用に区別して設けなければなりません。」と定めています。さらに、同条2項では、「前項の場所には、寝具、かやその他必要な用品を備え、かつ、疾病感染を予防する措置を講じなければなりません。」としています。

しかし、仮眠施設の面積等についての一般的な基準は法令にも通達にも示されていません。タクシー事業における運転手の睡眠施設の基準が、通達（昭33.4.16　基発237）で、次のように示されているので、これを参考にするとよいでしょう。

1　仮眠室の床の高さは35センチメートル以上、天井の高さは2.1メートル以上とし、室の面積は同時仮眠者1人当り2.5平方メートル以上とすること。

2　寝具は、同時に仮眠する人数と同数以上を備え付け、毎月1回以上日光消毒その他の消毒を行うこと。

3　各人専用のえり布、まくらカバー、敷布を備え常時清潔に保つこと。

(5) 清潔

項目・安衛則条文	基　　　　準
清掃等の実施 （619条）	・大掃除を、6月以内ごとに1回、定期に、統一的に行うこと。 ・ねずみ、昆虫等の発生場所、生息場所および侵入経路並びにねずみ、昆虫等による被害の状況について、6月以内ごとに1回、定期に、統一的に調査を実施し、当該調査の結果に基づき、ねずみ、昆虫等の発生を防止するため必要な措置を講ずること。 ・ねずみ、昆虫等の防除のため殺そ剤または殺虫剤を使用する場合は、薬事法14条または19条の2の規定による承認を受けた医薬品または医薬部外品を用いること。
汚染床等の洗浄 （622条）	有害物、腐敗しやすい物または悪臭のある物による汚染のおそれがある床および周壁を、必要に応じ、洗浄しなければならない。
床の構造等 （623条）	前条の床および周壁並びに水その他の液体を多量に使用することにより湿潤のおそれがある作業場の床および周壁を、不浸透性の材料で塗装し、かつ、排水に便利な構造としなければならない。
汚物の処置 （624条）	・汚物を、一定の場所において露出しないように処理しなければならない。 ・病原体による汚染のおそれがある床、周壁、容器等を、必要に応じ、消毒しなければならない。
洗浄設備等 （625条）	身体または被服を汚染するおそれのある業務に労働者を従事させるときは、洗眼、洗身若しくはうがいの設備、更衣設備または洗たくのための設備を設け、必要な用具を備えなければならない。
被服の乾燥設備 （626条）	労働者の被服が著しく湿潤する作業場においては、被服の乾燥設備を設けなければならない。
給水 （627条）	労働者の飲用に供する水その他の飲料を、十分供給するようにしなければならない。
便所 （628条）	・男性用と女性用に区別すること。 ・男性用大便所：同時に就業する男性労働者60人以内ごとに1個以上とすること。 ・男性用小便所：同時に就業する男性労働者30人以内ごとに1個以

第14章　安衛則衛生基準、事務所則

上とすること。
・女性用便所：同時に就業する女性労働者20人以内ごとに1個以上とすること。

（6）食堂・炊事場（事務所にも適用される。）

項目・安衛則条文		基　　　準
食堂 （629条）		衛生上有害な作業場の場合、作業場外に適当な食事の設備を設けなければならない。
食堂・炊事場 （630条）	構造等	・食堂と炊事場と区別、採光および換気が十分で、そうじに便利な構造とすること。 ・食堂の床面積は、1人について1m²以上とすること。 ・食堂には食卓および食事用のいす（坐食の場合を除く。）を設けること。 ・便所・廃物だめから適当な距離のある場所に設けること。 ・炊事場の床は、不浸透性の材料とし、かつ、洗浄および排水に便利な構造とすること。 ・汚水および廃物は、炊事場外において露出しないように処理し、沈でん槽を設けて排出する等有害とならないようにすること。 ・炊事従業員専用の休憩室および便所を設けること。
	設備	・食器、食品材料等の消毒の設備を設けること。 ・食器、食品材料、調味料の保存のために適切な設備を設けること。 ・はえその他のこん虫、ねずみ、犬、猫等の害を防ぐための設備を設けること。 ・飲用と洗浄のために、清浄な水を十分に備えること。
	清潔	・炊事に不適当な伝染性の疾病にかかっている者を従事させないこと。 ・炊事従業員には、炊事専用の清潔な作業衣を使用させること。 ・炊事場には、炊事従業員以外の者をみだりに出入りさせないこと。 ・炊事場には、炊事場専用の履物を備え、土足のまま立ち

— 291 —

項目・安衛則条文	基　　　　　　　準
	入らせないこと。
栄養 （631条、 632条）	・栄養の確保および向上に必要な措置を講ずるように努めなければならない。 ・1回100食以上または1日250食以上の給食を行うときは、栄養士を置くこと（努力義務）。 ・栄養士が、食品材料の調査または選択、献立の作成、栄養価の算定、廃棄量の調査、労働者のし好調査、栄養指導等を衛生管理者および給食関係者と協力して行うようにさせなければならない。

（7）救急用具

項目・安衛則条文	基　　　　　　　準
救急用具 （633条）	・救急用具および材料を備え、その備付け場所・使用方法を労働者に周知させること ・救急用具および材料を常時清潔保持
救急用具の内容 （634条）	次の品目を備えなければならない。 ・ほう帯材料、ピンセットおよび消毒薬 ・高熱物体を取り扱う作業場等火傷のおそれのある作業場では火傷薬 ・重傷者を生ずるおそれのある作業場では、止血帯、副木、担架等

2　事務所衛生基準規則

　労働安全衛生規則の第三編衛生基準には、気積および換気（安衛則600条—603条）、採光および照明（安衛則604条・605条）、温度および湿度（安衛則606条—612条）、休養（安衛則613条—618条）、清潔（安衛則619条—628条）、食堂および炊事場（安衛則629条—632条）という作業環境に関する規制が定められています。また、事務所衛生基準規則も同じように事務所内の環境基準を規定しています。

　この二つの規則の適用関係については、事務所則1条2項により事務所※（これに附属する食堂および炊事場を除く）における衛生基準については、

第14章　安衛則衛生基準、事務所則

労働安全衛生規則第3編衛生基準の規定は適用しないとされています。

※　「事務所」とは、「建築基準法2条1号に掲げる建築物またはその一部で、事務作業に従事する労働者が主として使用するものをい」います（事務所則1条1項）。工場現場の一部において、ついたて等を設けて事務作業を行っているものは、本規則による事務所に該当しません（昭46.8.23　基発597）。

事務室の環境管理

項目・事務所則条文	基　準	備　考
気積 （2条）	10m³/人以上	床面から4m以上を除く。
換気・気流 （3条）	直接外気に向かって開放できる窓その他の開口部が常時床面積の20分の1以上	換気設備設置の場合を除く 室の気温が10℃以下では、気流1m/sにさらしてはいけない。
温度 （4条）	室の気温が10℃以下の場合暖房する等適当な温度調節を講じなければならない。	
	室を冷房する場合は、室温を外気温より著しく低くしてはならない。	電算室等で保温衣類等を着用の場合を除く 外気温の差、7℃以内が適当
空気調和設備による調整 （5条）	浮遊粉じん量0.15mg以下	
	・空気中に占める一酸化炭素の含有率が10ppm以下 ・外気が汚染されているために、一酸化炭素の含有率が100万分の10以下の空気を供給することが困難な場合は20ppm以下	
	二酸化炭素の含有率が0.1%以下	

— 293 —

	ホルムアルデヒドの量0.1mg以下。		
	・流入する空気が、特定の労働者に直接、継続して及ばないようにしなければならない。 ・室の気流を0.5m／s以下		
	・気温が17℃以上28℃以下 ・相対湿度が40％以上70％以下	努力義務	
照度 （10条）	ⅰ 精密な作業　300ルクス以上 ⅱ 普通の作業　150ルクス以上 ⅲ 粗な作業　　70ルクス以上	ⅰ 製図作業、打鍵作業 ⅱ 一般事務作業	
採光・照明 （10条）	・明暗の対照が著しくない。 ・まぶしさを生じさせない方法による。	全体照明が局部照明のおおむね10分の1以上	
	照明設備について6月に1回、定期点検しなければならない。		
清掃等の実施 （15条）	日常の清掃以外に大掃除を6月以内ごとに1回、定期に行うこと。		
便所 （17条）	・男性用と女性用に区別すること。 ・男性用大便所60人以内毎に1個以上 ・男性用小便所30人以内毎に1個以上 ・女性用便所20人以内毎に1個以上 ・流出する清浄な水を十分に供給する手洗い設備を設けること。 ・清潔に保ち、汚物を適当に処理すること。		
休憩の設備 （19条）	労働者が有効に利用できる休憩の設備	努力義務	
睡眠または仮眠の設備 （20条）	・夜間、労働者に睡眠を与える必要のあるとき等は、睡眠または仮眠の場所を男女別に設けること。 ・寝具等の用品を備え、疾病感染を予防する措置を講じること。		
休養室等 （21条）	常時50人以上または常時女性30人以上の労働者を使用するときは、が床可能な休養室または休養所を、男女別に設けること。		

第14章　安衛則衛生基準、事務所則

立業のためのいす（22条）	持続的立業に従事する労働者の利用できるいすを備えること。	
救急用具（23条）	・救急用具および材料を備え、その備付け場所・使用方法を労働者に周知させること。 ・救急用具および材料を常時清潔保持	

事務所衛生基準のあり方に関する検討会報告書の概要

〜事務所衛生基準規則の改正に向けて〜

令和3年3月24日公表

トイレ設備

1　独立個室型の便房を1つの便所として扱うための要件等
　・強固な壁や扉で囲まれ、施錠が確実であること。
　・手洗い設備は、便房の外側にあってもよい。
　・男性用と女性用の区別がないものも可。

2　少人数の事務所における例外
　・少人数の事務所では、独立個室型の便房からなる便所を1つ設けることも可。

3　男性用と女性用に区別した便所を各々設置した上で付加的に設ける便所の取扱い
　・バリアフリートイレを含む、独立個室型の便房からなる便所は、男性用と女性用の区別がなくても、法令上の便所として取り扱うことは可。
　・個別事業場の実情に応じて、衛生委員会等で柔軟に対応すべき。

4　これらの方針は事務所以外の作業場においても同様

更衣設備、休憩の設備等

1　更衣室やシャワー設備（法定外のものを含む）
　・更衣室やシャワー設備を設ける場合は性別にかかわらず安全に利用できる必要あり。プライバシーにも配慮すべき。

2 休憩の設備

・事業場の実情に応じ、利用人数に応じた広さや、備えるべき設備の検討が期待される。

3 休養室・休養所

・専用の設備でなくても、性別にかかわらず体調不良者等が常に利用可能であることが重要。

・入口や通路からの目隠し、出入り制限等、設置場所の状況等に応じた配慮をすべき。

作業面の照度

1 一般的な事務作業

・150ルクス以上⇒300ルクス以上とする(現行基準から1段階上げる)。

・精密な作業を行うときは、JISZ9110等を参照し、対応する作業に応じてより高い照度を事業場で定める。

・情報機器作業は、この作業区分に含める。

2 付随的な事務作業（資料の袋詰めやクリップ留め等の文字を読み込む必要のない作業）

・70ルクス以上⇒150ルクス以上とする(現行基準から1段階上げる)。

作業環境測定（一酸化炭素・二酸化炭素）

空気中の一酸化炭素・二酸化炭素の含有率の測定について、

・空気調和設備の運転状況や、在室者数や外気の導入状況に応じた事務室の空気環境を確認するために、測定頻度は現行どおりとする。

・作業環境測定基準によれば、明示されている検知管のほか、定電位電解法（一酸化炭素）、非分散型赤外線吸収法NDIR（二酸化炭素）等の同等以上の機器でもよいものとする。

第15章 作業環境測定・保護具

1　作業環境測定

（1）作業環境測定の定義

　作業環境中には、ガス・蒸気・粉じん等の有害物質や、騒音・放射線・高熱等の有害エネルギーが存在することがあり、これらが働く人々の健康に悪影響を及ぼすことがあります。これらの有害因子による職業性疾病を予防するためには、これらの因子を職場から除去するか一定のレベル以下に管理することが必要です。そのためには作業環境の実態を把握し、必要な対策のための情報を得ることが必要であり、それを「作業環境測定」といいます。

　労働安全衛生法では「作業環境測定」を「作業環境の実態を把握するため空気環境その他の作業環境について行うデザイン、サンプリングおよび分析（解析を含む。）」と定義づけています（安衛法2条4号）。

（2）安衛法65条の作業環境測定

　事業者は、有害業務を行う屋内作業場その他の作業場で、労働安全衛生法施行令で定めるものについて、労働安全衛生規則等で定めるところにより、必要な作業環境測定を行い、およびその結果を記録しておかなければなりません（安衛法65条1項）。

　この規定により、事業者が作業環境測定を実施しなければならない作業場は、以下のとおりです（安衛令21条）。

作業環境測定を行うべき場所と測定の種類等

作業環境測定を行うべき作業場		測　定		
作業場の種類（安衛令21条）	関連規則	測定の種類	測定回数	記録の保存年
1○● 土石、岩石、鉱物、金属または炭素の粉じんを著しく発散する屋内作業場	粉じん則26条	空気中の粉じんの濃度および粉じん中の遊離けい酸含有率	6月以内ごとに1回	7

— 297 —

2	暑熱、寒冷または多湿の屋内作業場		安衛則587条	気温、湿度およびふく射熱	半月以内ごとに1回	3
3	著しい騒音を発する屋内作業場		安衛則590、591条	等価騒音レベル	6月以内ごとに1回	3
4	坑内の作業場	イ　炭酸ガスが停滞する作業場	安衛則592条	炭酸ガスの濃度	1月以内ごとに1回	3
		ロ　28℃を超える作業場	安衛則612条	気温	半月以内ごとに1回	3
		ハ　通気設備のある作業場	安衛則603条	通気量	半月以内ごとに1回	3
5	中央管理方式の空気調和設備を設けている建築物の室で、事務用の用に供されるもの		事務所則7条	一酸化炭素および炭酸ガスの含有率、室温および外気温、相対湿度	2月以内ごとに1回	3
6	放射線業務を行う作業場	イ　放射線業務を行う管理区域	電離則54条	外部放射線による線量当量率	1月以内ごとに1回	5
		ロ○　放射性物質を取り扱う作業室	電離則55条	空気中の放射性物質の濃度	1月以内ごとに1回	5
		ハ○　事故由来廃棄物等取扱施設				
		ニ　坑内の核原料物質の掘採業務を行う作業場				
7○●	特定化学物質等（第1類物質または第2類物質）を製造し、若しくは取り扱う屋内作業場、石綿等を取り扱い、若しくは試験研究のため製造する屋内作業場またはコークス炉上において若しくはコークス炉に接してコークス製造の作業を行う場合の当該作業場		特化則36条石綿則36条	特定化学物質は第1類物質または第2類物質の空気中の濃度、石綿は空気中の石綿の濃度	6月以内ごとに1回	特定化学物質は3年（一部30年）、石綿は40年

第15章　作業環境測定・保護具

8 ○ ●	一定の鉛業務を行う屋内作業場	鉛則52条	空気中の鉛の濃度	1年以内ごとに1回	3
9	酸素欠乏危険場所において作業を行う場合の当該作業場	酸欠則3条	第1種酸素欠乏危険作業に係る作業場にあっては、空気中の酸素の濃度	作業開始前ごとに	3
			第2種酸素欠乏危険作業に係る作業場にあっては、空気中の酸素および硫化水素の濃度	作業開始前ごとに	3
10 ○ ●	第1種有機溶剤または第2種有機溶剤を製造し、または取り扱う業務を行う屋内作業場	有機則28条	当該有機溶剤の濃度	6月以内ごとに1回	3

○……作業環境測定法1条による指定作業場を示す。
●……作業環境評価基準の適用される作業場を示す。
　（岡山労働局HP）

（3）作業環境測定の方法

ア　作業環境測定基準

　作業環境測定は、厚生労働大臣の定める「作業環境測定基準」に従って行わなければなりません（安衛法65条2項）。

　作業環境測定基準には、粉じん濃度、気温・湿度等、騒音等の作業環境測定を行うべき対象ごとに、①単位作業場所の設定方法、②測定点の設定方法、③測定時刻および測定時間の選定方法、④測定に用いる機器の種類、が定められています。

　労働安全衛生法施行令21条1号（粉じん）、7号（特定化学物質）、8号（鉛）および10号（有機溶剤）の作業環境測定結果については、「作業環境測定評価基準」に従って評価を行い、必要な措置を講じなければならないこととされています（安衛法65条の2第2項）。

　具体的にはA測定およびB測定の結果に統計的な処理を行い、管理濃度と比較することにより、以下のように第一管理区分、第二管理区分および第三管理区分の3つの区分に分け、各管理区分に応じた措置を行います。

— 299 —

A測定：作業環境測定基準2条1項1号から2号までの規定により行う測
定：作業場の気中有害物質濃度の空間的および時間的な変動の平
均的な状態を把握するための測定
B測定：作業環境測定基準2条1項2号の2の規定により行う測定：発生
源の近くで作業が行われる場合、A測定を補完するために、作業
者の暴露が最大と考えられる場所における濃度測定

管理区分と改善の内容

第一管理区分	改善の必要なし
第二管理区分	施設、設備、作業工程または作業方法の点検を行い、その結果に基づき、施設または設備の設置または整備、作業工程または作業方法の改善を行うよう努めなければならない。
第三管理区分	直ちに施設、設備、作業工程または作業方法の点検を行い、その結果に基づき施設または設備の設置または整備の改善を図り、管理区分が第一、または第二となるようにしなければならない。

作業環境測定基準
　https://www.jaish.gr.jp/anzen/hor/hombun/hor1-18/hor1-18-1-1-0.htm
作業環境測定評価基準
　https://www.jaish.gr.jp/anzen/hor/hombun/hor1-18/hor1-18-2-1-0.htm

イ　個人サンプリング法による作業環境測定

　労働安全衛生法65条の作業環境測定の手法として、2021年4月から新たに
個人サンプラーを用いる測定を用いてもよいことになり、「個人サンプラー
を用いる測定」が「作業環境測定基準」に追加されました。
「個人サンプリング法による作業環境測定及びその結果の評価に関するガイ
ドライン」（令2.2.17　基発0217第1）
　https://www.mhlw.go.jp/content/11302000/000595744.pdf
　個人サンプリング法による測定を選択できるのは、
①管理濃度（作業環境の状態を評価するための指標）が低い下表に掲げる
　特定化学物質または鉛等を製造しまたは取り扱う作業と、

第15章　作業環境測定・保護具

②有機溶剤および特別有機溶剤（有機溶剤等）の取扱作業のうち塗装作業
　等有機溶剤等の発散源の場所が一定しないもの

です。

個人サンプリング法先行導入対象の管理濃度が低い特定化学物質等

	物質名	管理濃度
1	ベリリウム	ベリリウムとして0.001mg/m³
2	インジウム化合物	—
3	オルト-フタロジニトリル	0.01mg/m³
4	カドミウムおよびその化合物	カドミウムとして0.05mg/m³
5	クロム酸およびその塩	クロムとして0.05mg/m³
6	五酸化バナジウム	バナジウムとして0.03mg/m³
7	コバルトおよびその無機化合物	コバルトとして0.02mg/m³
8	3,3′-ジクロロ-4,4′-ジアミノジフェニルメタン（MOCA）	0.005mg/m³
9	重クロム酸およびその塩	クロムとして0.05mg/m³
10	水銀およびその無機化合物（硫化水銀を除く）	水銀として0.025mg/m³
11	トリレンジイソシアネート	0.005ppm
12	砒素およびその化合物（アルシンおよび砒化ガリウムを除く）	砒素として0.003mg/m³
13	マンガンおよびその化合物	マンガンとして0.05mg/m³
14	鉛およびその化合物	鉛として0.05mg/

（4）作業環境測定士による作業環境測定

　安衛法65条１項により前掲表「作業環境測定を行うべき場所と測定の種類
等」の１、７、８、10、６のロとハの指定作業場の作業環境測定は作業環境
測定士に行わせなければなりません（作業環境測定法３条１項）。

　事業者は、作業環境測定士による作業環境測定を行うことができないとき
は、作業環境測定機関に委託しなければなりません（作業環境測定法３条２

項)。

指定作業場：1　労働安全衛生法施行令21条1号、7号、8号、10号に掲げる作業場

2　労働安全衛生法施行令21条6号に掲げる作業場のうち厚生労働省令で定める作業場※

（作業環境測定法2条3号、作業環境測定法施行令第1条）

※電離則53条から55条の作業場

作業環境測定士：第一種作業環境測定士と第二種作業環境測定士がある。

第一種作業環境測定士　厚生労働大臣の登録を受け、指定作業場について作業環境測定の業務を行うほか、第一種作業環境測定士の名称を用いて事業場（指定作業場を除く。次号において同じ。）における作業環境測定の業務を行う者をいう。

第二種作業環境測定士　厚生労働大臣の登録を受け、指定作業場について作業環境測定の業務（厚生労働省令で定める機器を用いて行う分析（解析を含む。）の業務を除く。以下この号において同じ。）を行うほか、第二種作業環境測定士の名称を用いて事業場における作業環境測定の業務を行う者をいう。

作業環境測定機関：厚生労働大臣または都道府県労働局長の登録を受け、他人の求めに応じて、事業場における作業環境測定を行うことを業とする者をいう（作業環境測定法33条）。

2　保護具

　労働者の安全や健康の確保のためには、第一に機械・設備の本質的安全化や有害性のない代替物質に替えることであり、第二に、機械・設備に安全装置を設けることや有害物の局所排気装置の設置などの設備的な対策の実施です。このような対策が困難な場合に、保護具により労働者の危険性や有害物への曝露を低減させることが必要となりますが、それはあくまで補助手段であるということに留意しなければなりません。

保護具の種類
　保護帽、安全帯、安全靴、静電気帯電防止作業服、静電気帯電防止

第15章　作業環境測定・保護具

靴、電気用ゴム手袋、防振手袋、化学防護服、化学防護手袋、化学防護長靴、遮光保護具、溶接用保護面、保護眼鏡、呼吸用保護具（防じんマスク、防毒マスクなど）、防音保護具（耳栓、イヤーマフ）等

　これらの保護具については労働安全衛生規則等の法令により事業者に使用義務が課せられており、労働者も保護具の使用が義務付けられています。振動工具やがん原性を有する化学物質については指針により、アーク溶接による一酸化炭素中毒については通達による保護具の使用の指導が行われています。

　危険性や有害性の低減という保護具の目的をはたすためには、作業に応じた有効なものを使用しなければなりません。そこで、保護具のうち一定のものは、労働安全衛生法42条により厚生労働大臣の定める規格を具備したものでなければ譲渡、貸与、設置してはならないとされています。

厚生労働大臣の定める規格を具備しなければならないもの
労働安全衛生法施行令13条
　7 絶縁用防護具（対地電圧が五十ボルトを超える充電電路に用いられるものに限る。）
　28墜落制止用器具
労働安全衛生法別表第2
　8 防じんマスク、9 防毒マスク、13絶縁用保護具、14絶縁用防具
　15保護帽、16電動ファン付き呼吸用保護具

　さらに、目的にあった保護具の選定も重要です。たとえば、防毒マスクは有害ガスを、防じんマスクは粉じんを対象としているので、ろ過式マスクは防毒と防じんの機能を理解して使用しなければなりません。

　また、保護具は使い方を誤ると効果が得られないので、正しい使い方を労働者に教育することも大切です。一部の保護具については、作業主任者や作業指揮者がその使用状況を監視することとなっています。

　労働衛生用保護具については、同時に就業する労働者の人数と同数以上を備え、常時有効かつ清潔に保持しなければならず（安衛則596条）、保護具または器具の使用によって、労働者に疾病感染のおそれがあるときは、各人専用のものを備え、または疾病感染を予防する措置を講じなければなりません

— 303 —

（安衛則598条）。

（1）呼吸用保護具

呼吸用保護具は、大別してろ過式と給気式に分けられます。ろ過式とは、空気中にある有害物だけをろ過し、清浄な空気として吸気させるものです。ろ過性能を発揮するためには、有害物の種類、濃度、形状（ガス状、粒子状）により、ろ過材を選択しなければなりません。また、空気中の酸素濃度が低いと、有害物質はろ過できても、酸素欠乏障害となってしまいます。

一方、給気式は、別の環境の空気をホースで給気したり、ボンベに充填された空気を給気するもので、有害物の種類や酸素濃度に拘わらず使用できます。しかし、ろ過式のものと比較すると、重く、大きいなどの欠点があります。

防じんマスクおよび防毒マスクについては、登録型式検定機関の行う型式検定に合格したものを使用しなければなりません。

ずい道の建設の作業のうち、コンクリートを吹き付ける場所における作業、隔離された場所において行う石綿等を除去する作業、インジウム化合物を製造しまたは取り扱う作業（作業環境測定の結果濃度が一定以上のもの）では、電動ファン付き呼吸用保護具またはこれと同等以上の性能を有する空気呼吸器等の使用が義務付けられています。

2014年の労働安全衛生法改正で、電動ファン付き呼吸用保護具については譲渡制限・型式検定の対象に追加されています。

なお、保護具については日本工業規格が定められています。

第15章　作業環境測定・保護具

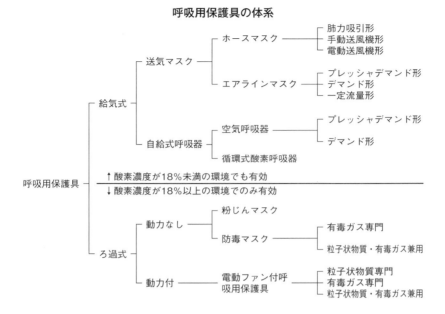

(2) 防じんマスク、防毒マスクの選択
ア　防じんマスクの選定

防じんマスクの選定にあたっては、「防じんマスクの選択、使用等について」（平17.2.7　基発0207006）により、以下に配慮して選択してください。

① 作業環境中の粉じん等の種類、作業内容、粉じん等の発散状況、作業時のばく露の危険性の程度等を考慮した上で、適切な区分の防じんマスクを選ぶこと。高濃度ばく露のおそれがあると認められるときは、できるだけ粉じん捕集効率が高く、かつ、排気弁の動的漏れ率が低いものを選ぶこと。さらに、顔面とマスクの面体の高い密着性が要求される有害性の高い物質を取り扱う作業については、取替え式の防じんマスクを選ぶこと。

② 粉じん等の種類および作業内容の区分並びにオイルミスト等の混在の有無の区分のうち、複数の性能の防じんマスクを使用させることが可能な区分については、作業内容、作業強度等を考慮し、防じんマスクの重量、吸気抵抗、排気抵抗等が当該作業に適したものを選ぶこと。

③　ろ過材を有効に使用することのできる時間は、作業環境中の粉じん等の種類、粒径、発散状況および濃度に影響を受けるため、これらの要因を考慮して選択すること。

イ　防毒マスクの選定と使用

防毒マスクの選定にあたっては、「防毒マスクの選択、使用等について」（平17. 2. 7　基発0207007）により選定してください。

この通達で防毒マスクの使用時間について、以下の注意事項が示されています。

①　当該防毒マスクの取扱説明書等および破過曲線図、製造者等への照会結果等に基づいて、作業場所における空気中に存在する有害物質の濃度並びに作業場所における温度および湿度に対して余裕のある使用限度時間をあらかじめ設定し、その設定時間を限度に防毒マスクを使用させること。

②　防毒マスクおよび防毒マスク用吸収缶に添付されている使用時間記録カードには、使用した時間を必ず記録させ、使用限度時間を超えて使用させないこと。

なお、一般に行われている、防毒マスクの使用中に臭気※等を感知した場合を使用限度時間の到来として吸収缶の交換時期とする方法は、有害物質の臭気等を感知できる濃度がばく露限界濃度より著しく小さい物質に限り行っても差し支えないとされています。

あらかじめ設定された使用時間も、吸収缶の保管状態が適切でなければ役に立ちません。吸収缶については、吸収缶に充填されている活性炭等は吸湿または乾燥により能力が低下するものが多いため、使用直前まで開封しないことや、使用後は上栓および下栓を閉めて保管すること、栓がないものにあっては密封出来る容器または袋に入れて保管することが必要です。

※臭気：アセトン（果実臭）、クレゾール（クレゾール臭）
　　　　酢酸イソブチル（エステル臭）、酢酸イソプロピル（果実臭）
　　　　酢酸エチル（マニュキュア臭）、酢酸ブチル（バナナ臭）
　　　　酢酸プロピル（エステル臭）、スチレン（甘い刺激臭）
　　　　1-ブタノール（アルコール臭）、2-ブタノール（アルコール臭）
　　　　メチルイソブチルケトン（甘い刺激臭）

第15章　作業環境測定・保護具

メチルエチルケトン（甘い刺激臭）

ウ　防毒マスク、防じんマスクの装着方法

　マスクを装着しているとき、吸気時の面体内は陰圧になっています。そのため装着の仕方が悪いと顔面とマスクとの接触面から空気がもれてしまい、労働者は粉じんや有害ガスが隙間から吸入してしまいます。そうならないためには、マスクの面体は着用者の顔面に合ったものを選ばなければなりません。そのうえで、正しい装着方法で装着します。密着性を確認する方法には陰圧法と陽圧法があり、詳細は以下のとおりです。

防毒マスク、防じんマスクの顔面密着性の検査方法

陰圧法	マスクの面体を顔面に押しつけないように、フィットチェッカー等を用いて吸気口をふさぐ。息を吸って、マスクの面体と顔面との隙間から空気が面体内に漏れ込まず、面体が顔面に吸いつけられるかどうかを確認する。
陽圧法	マスクの面体を顔面に押しつけないように、フィットチェッカー等を用いて排気口をふさぐ。息を吐いて、空気が面体内から流出せず、面体内に呼気が滞留することによって面体が膨張するかどうかを確認する。

使い捨て式：両手でマスク全体を覆うようにして、息を強く吐き出します。マスクのまわりから漏れ出さなければ大丈夫です。空気が漏れている場合は、密着の良い場所に再度マスクの位置を調整します。

　次のようなマスクの着用は、有害物質が面体の接顔部から面体内へ漏れ込むおそれがあるため、行ってはいけません。
・　タオル等を当てた上からマスクを使用すること。
・　面体の接顔部に「接顔メリヤス」等を使用すること。
・　着用者のひげ、もみあげ、前髪等が面体の接顔部と顔面の間に入り込んだり、排気弁の作動を妨害するような状態でマスクを使用すること。
「防じんマスクの選択、使用等について」（平17.2.7　基発0207006）
　https://www.jaish.gr.jp/anzen/hor/hombun/hor1-46/hor1-46-4-1-0.htm
「防毒マスクの選択、使用等について」（平17.2.7　基発0207007）

— 307 —

https://www.jaish.gr.jp/anzen/hor/hombun/hor1-46/hor1-46-3-1-0.htm

（3）化学防護手袋

「化学防護手袋の選択、使用等について」（平29.1.12　基発0112第6号）により、書く作業場ごとに保護具着用責任者を指名して必要な業務を行わせることのほか選択と使用の留意事項が以下のように示されています。

ア　化学防護手袋の選択に当たっての留意事項

① 取扱説明書等に記載された試験化学物質に対する耐透過性クラスを参考として、作業で使用する化学物質の種類および当該化学物質の使用時間に応じた耐透過性を有し、作業性の良いものを選ぶこと。

② 事業場で使用している化学物質が取扱説明書等に記載されていないものである場合は、製造者等に事業場で使用されている化学物質の組成、作業内容、作業時間等を伝え、適切な化学防護手袋の選択に関する助言を得て選ぶこと。

イ　化学防護手袋の使用上の留意事項

① 着用の前に、傷、孔あき、亀裂等がないことを外観から確認し、さらに手袋の内側に空気を吹き込む等により孔あきがないことを確認すること。

② 作業に余裕のある使用可能時間予め設定、その設定時間を限度に化学防護手袋を使用すること。作業を中断しても使用可能時間は延長させないこと。

③ 強度の向上等のために二重装着した場合でも使用可能時間の範囲で使用すること。

④ 脱ぐときは、付着している化学物質が身体に付着しないよう、化学物質の付着面が内側になるように外し、その化学物質のSDS等に従って適切に廃棄すること。

第16章 健康情報の管理

1　労働安全衛生法と健康情報

　労働安全衛生法は、事業者に対して、単にこの法律で定める労働災害の防止のための最低基準を守るだけでなく、快適な職場環境の実現と労働条件の改善を通じて職場における労働者の安全と健康を確保する義務を定めており（安衛法３条１項）、そのために、さまざまな労働者の健康情報を事業者が収集することを前提としており、基本的枠組みがプライバシー保護の要請に反しています。

　具体的にみると、事業者は、各種の健康診断を実施（安衛法66条）し、その結果を記録し（安衛法66条の３）、有所見者について医師または歯科医師の意見を聴取（同法66条の４）する義務を課され、有所見者に保健指導を実施する努力義務（安衛法66条の７）を課されています。これらの健康診断等を実施するのは医師または歯科医師ですが、その結果は事業者に提供されます。一方、労働者は、健康診断の受診義務（安衛法66条５項）を課され、自らの健康情報を事業者に提供しなければならない制度になっています。

　労働安全衛生法は、使用者に労働者に対する健康診断結果の通知義務を課し（安衛法66条の６）、面接指導等を義務付け（安衛法66条の８）、その面接指導結果の記録義務（同条３項）および面接指導結果に基づく医師の意見聴取義務（同条４項）等も課しています。

　さらに、使用者の安全配慮義務（健康配慮義務）（労契法５条）を果たすためには、労働者の健康情報を把握しておくことが求められます。

　産業医の選任が義務付けられていない50人未満の事業場はもちろん、専任の産業医のいない事業場では、事業主をはじめ人事あるいは総務の担当者が直接健康情報に触れる制度となっています。

　このような制度のもとでは、労働者の健康情報を他に利用されることが危惧されます。労働者の健康情報が、勤務成績の査定、配置転換、昇格・昇進などの人事措置の決定等に不相当に利用されてはいけません。また、退職勧奨や解雇を行うことを目的として従業員の健康情報を収集するようなことがあってはなりません。

国際的には労働者の健康情報については特に厳格な取扱いが求められています。ILO「労働者の個人情報保護に関する行動準則」（1996年）の第6.7では、個人の医学的情報は、国内法、医学的秘密、および安全や保健の一般原則に適合する場合で、かつ、以下のような必要がある場合を除き収集されてはならないとしています。
（a）　労働者が特定の仕事に適合するか否かを判定するため。
（b）　職業上の安全衛生上の要請を履行するため。
（c）　社会給付に関する権利を判定したり、当該給付をなすため。
　さらに、同準則第8.2では、医学的秘密に関する個人情報は、医学的な守秘義務のある者により、他の個人情報とは別の場所に保管されなければならないこと、第10.8および第10.9では、健康診断の結果について、事業者には、特定の業務への適正の有無のみが知らされるべきであること、その通知内容には医学的な情報を含まないことが定められています。

2　健康情報に関する法規制

　「個人情報の保護に関する法律」（以下、個人情報保護法）はOECD「プライバシー保護と個人データの国際流通に関するガイドライン」（1980年）に示された8つの原則（1目的明確化の原則　2利用制限の原則　3収集制限の原則　4データ内容の原則　5安全保護の原則　6公開の原則　7個人参加の原則　8責任の原則）にしたがって、個人情報取扱事業者に、①利用目的の特定と通知、②目的外利用の禁止、③取得方法の制限、④データの正確性の確保、⑤安全管理措置（セキュリティー）の確保、⑥担当者や委託先の監督、⑦第三者提供の禁止、⑧本人への公表・開示、⑨本人による訂正・利用停止、⑩苦情の処理体制の確立を求める内容を規定しています。
　したがって、労働安全衛生法による健康情報についても、個人情報保護法を遵守して収集や保管をしなければなりません。また、法定外の健康診断項目については、その情報を取得する場合は、事業者が労働者に説明の上で同意を得るべきであることを示しています（「雇用管理分野における個人情報

第16章　健康情報の管理

のうち健康情報を取り扱うにあたっての留意事項」（平29.5.29　個情749
基発0529第3号））。

労働者の健康情報の取扱いに関する法令、指針、通達

「個人情報保護法」（平成15年　改正平成29年）

「個人情報の保護に関する法律についてのガイドライン」（通則編）（平
28.11個人情報保護委員会）

「労働者の心身の状態に関する情報の適切な取扱いのために事業者が講
ずべき措置に関する指針」（平30.9.7　労働者の心身の状態に関する情
報の適正な取扱い指針公示第1号）

「雇用管理分野における個人情報のうち健康情報を取り扱うに当たって
の留意事項」（平29.5.29　個情749　基発0529第3号）

「職場における肝炎ウィルス感染に関する留意事項」（平16.12.8　基発
1208003）

「職場におけるエイズ問題に関するガイドライン」（平7.2.20　基発75
職発97　改正平22.4.30　基発0430第2号　職発0430第7号）

---

③　健康情報の取扱いについての留意事項

　労働安全衛生法等に基づき実施した健康診断の結果等の健康情報の取扱い
については、「個人情報の保護に関する法律についてのガイドライン」（通則
編）により取り扱わなければなりません。また、「雇用管理分野における個
人情報のうち健康情報を取り扱うに当たっての留意事項」により適切に取り
扱うことが求められています。

　労働者の健康情報は、医療機関において「医療・介護関係事業者における
個人情報の適切な取扱いのためのガイダンス」に基づき取り扱われ、また、
健康保険組合において「健康保険組合等における個人情報の適切な取扱いの
ためのガイダンス」に基づき取り扱われることから、事業者は、特に安全管
理措置等について、両ガイダンスの内容についても留意することが期待され
ています。

— 311 —

（1）健康情報

　労働者の健康情報について、「雇用管理分野における個人情報のうち健康情報を取り扱うに当たっての留意事項」で以下の例示がなされています。これらの例示以外にも、情報機器作業の健康診断などの行政指導による特殊健康診断の結果があります。

健康情報（例示）

①	産業医、保健師、衛生管理者その他の健康管理に関する業務に従事する者が労働者の健康管理等を通じて得た情報
②	安衛法65条の2第1項の規定に基づき事業者が作業環境測定の結果の評価に基づいて、労働者の健康を保持するため必要があると認めたときに実施した健康診断の結果
③	安衛法66条1項から4項までの規定に基づき事業者が実施した健康診断の結果並びに安衛法66条5項および66条の2の規定に基づき労働者から提出された健康診断の結果
④	安衛法66条の4の規定に基づき事業者が医師または歯科医師から聴取した意見および66条の5第1項の規定に基づき事業者が講じた健康診断実施後の措置の内容
⑤	安衛法66条の7の規定に基づき事業者が実施した保健指導の内容（健康診断の事後措置としての保健指導）
⑥	安衛法66条の8第1項、安衛法66条の8の2第1項および安衛法66条の8の4第1項の規定に基づき事業者が実施した面接指導の結果および同条2項（66条の8の2第2項および66条の8の4第2項の規定により準用する場合を含む。）の規定に基づき労働者から提出された面接指導の結果（長時間労働者等の面接指導）
⑦	安衛法66条の8第4項、安衛法66条の8の2第2項および安衛法66条の8の4第2項の規定に基づき事業者が医師から聴取した意見並びに安衛法66条の8第5項、安衛法66条の8の2第2項および安衛法66条の8の4第2項の規定に基づき事業者が高じた面接指導実施後の措置の内容（長時間労働者等の面接指導後の措置）
⑧	安衛法66条の9の規定に基づき事業者が実施した面接指導または面接指導に準ずる措置の結果

第16章　健康情報の管理

⑨	安衛法66条の10第１項の規定に基づき事業者が実施した心理的な負担の程度を把握するための検査（ストレスチェック）の結果
⑩	安衛法66条の10第３項の規定に基づき事業者が実施した面接指導の結果（高度プロフェッショナルの面接指導）
⑪	安衛法66条の10第５項の規定に基づき事業者が医師から聴取した意見および同条６項の規定に基づき事業者が講じた面接指導実施後の措置の内容（ストレスチェック関係）
⑫	安衛法69条１項の規定に基づく健康保持増進措置を通じて事業者が取得した健康測定の結果、健康指導の内容（健康教育）
⑬	労働者災害補償保険法27条の規定に基づき、労働者から提出された二次健康診断の結果
⑭	健康保険組合等が実施した健康診断等の事業を通じて事業者が取得した情報
⑮	受診記録、診断名等の療養の給付に関する情報
⑯	事業者が医療機関から取得した診断書等の診療に関する情報
⑰	労働者から欠勤の際に提出された疾病に関する情報
⑱	①から⑰までに掲げるもののほか、任意に労働者等から提供された本人の病歴、健康診断の結果、その他の健康に関する情報

4　健康情報の収集について

（1）労働者本人から直接入手が原則

　健康情報等は「要配慮個人情報」（個人情報保護法２条３項）としてより慎重な取扱いをすべき情報と位置付けられています。個人情報取扱事業者は、次に掲げる場合を除くほか、あらかじめ本人の同意を得ないで、要配慮個人情報を取得してはなりません（個人情報保護法20条２項　個人情報保護法施行令９条）。

　労働安全衛生法に基づく場合は以下の健康情報①の法令に基づく場合に該当し、労働者の同意は不要です。したがって、上記健康情報の①から⑬については、労働者本人以外から入手することが認められています。

— 313 —

本人の同意不要で取得可能の健康情報

① 法令に基づく場合

② 人の生命、身体または財産の保護のために必要がある場合であって、本人の同意を得ることが困難であるとき

③ 公衆衛生の向上または児童の健全な育成の推進のために特に必要がある場合であって、本人の同意を得ることが困難であるとき。

④ 国の機関若しくは地方公共団体またはその委託を受けた者が法令の定める事務を遂行することに対して協力する必要がある場合であって、本人の同意を得ることにより当該事務の遂行に支障を及ぼすおそれがあるとき

⑤ 当該要配慮個人情報が、本人、国の機関、地方公共団体、個人情報保護法76条1項各号に掲げる者その他個人情報保護委員会規則で定める者により公開されている場合

⑥ 本人を目視し、または撮影することにより、その外形上明らかな要配慮個人情報を取得する場合

⑦ 個人情報保護法27条5項各号に掲げる場合において、個人データである要配慮個人情報の提供を受けるとき

Q16-1 健診機関から健康診断の結果を従業員に直接送付しています。会社には送られてこないので、従業員から提出してもらうことになっています。中には、個人情報だから渡さないという者がいるのですが、どうすればよいでしょうか。（産業保健スタッフ）

A 健康情報は労働者から直接入手することが原則とされていますが、法令に基づく場合や人の生命、身体または財産の保護のために必要がある場合であって、本人の同意を得ることが困難であるときなどは、労働者本人の同意によらずに健康情報を入手できるとされています。労働安全衛生法に基づく場合は法令に基づく場合に該当するので、労働者の同意は不要です。会社は、従業員の健康情報を把握し、就労上の配慮をしなければならないこと、もし、その情報を得られないのであれば、

第16章　健康情報の管理

労働環境を十分に整備できず、仮に当該従業員に健康被害が発生したとしても使用者は安全配慮義務を負わない可能性もあります。このような事情を本人に説明して協力してもらいましょう。

（2）同意による健康情報取得の場合の健康情報の取扱いの注意点

労働者の同意を得て健康情報を取得する場合は、利用目的をあらかじめ特定しなければなりません（個人情報保護法17条）。

あらかじめその利用目的を公表していない場合は、速やかに、その利用目的を、本人に通知するか、または公表しなければなりません（個人情報保護法18条）。

健康情報の取得をあらかじめ特定しておく方法として、入社時に健康情報の利用、第三者提供および利用目的について、以下の内容のような誓約書を取るという方法があります。就業規則にもそれらについて規定しておくとよいでしょう。

誓約書記載例

「採用にあたり会社に提出または提供しました個人情報（健康情報を含む）は、入社後提出、提供するものを含め、私の人事労務管理・給与・健康管理・安全管理・業務管理等に利用し、またこれを人事異動等のために出向、転籍、派遣先に提供し、またグループ会社間での人事等の取り扱いために利用すること、さらに基本情報について退職後は社友会名簿に掲載し、福利厚生案内等に利用することをあらかじめ承諾いたします。」

（3）個人データの第三者提供

個人情報取扱事業者は、次に掲げる場合を除くほか、あらかじめ本人の同意を得ないで、個人データを第三者に提供してはなりません（個人情報保護法27条）。

要配慮個人情報は、オプトアウト※により第三者に提供することはできません。

— 315 —

※本人から「事前の同意」を得ることを「オプトイン」（opt-in）といいます。

　　あらかじめ本人に対して個人データを第三者提供することについて通知または認識し得る状態にしておき、本人がこれに反対をしない限り、同意したものとみなし、第三者提供をすることを認めることを、「オプトアウト」（opt-out）といいます。

本人同意の必要のない個人データの第三者提供

① 　法令に基づく場合

② 　人の生命、身体または財産の保護のために必要がある場合であって、本人の同意を得ることが困難であるとき

③ 　公衆衛生の向上または児童の健全な育成の推進のために特に必要がある場合であって、本人の同意を得ることが困難であるとき

④ 　国の機関若しくは地方公共団体またはその委託を受けた者が法令の定める事務を遂行することに対して協力する必要がある場合であって、本人の同意を得ることにより当該事務の遂行に支障を及ぼすおそれがあるとき

法令に基づく場合の例

・特定健康診査の項目の事業主からのデータ提供

　　高齢者医療確保法27条により事業主からの健康診断の記録の提供を要求できる。

　　ただし、特定健康診査に含まれない検査項目の取扱いについては、第三者に提供する場合は、労働者の同意を必要とする。

《参考》

特定健康診査等の実施に係る事業者と医療保険者の連携・協力事項について（平20.1.17　基発0117002）

「特定健康診査等の実施に関する協力依頼について」

（平30.2.5　基発0250第1号　保発0205第1号）

　　定期健康診断結果の中から特定健康診査に関する記録を抽出して

提出するか、特定健康診査に関する記録以外のデータをマスキング
する等の配慮をしなければならない。定期健康診断結果をそのまま
提出する場合は、受診者への受診案内や、受診会場の掲示等におい
て第三者へのデータ提供について明記し黙示による同意を得る、あ
るいは本人から承諾書を取る等の措置を講じる必要がある。

（4）第三者提供の取扱い
ア　健康保険組合等について

あらかじめ本人の同意を得ないで、個人データを第三者に提供してはなら
ないとされているので、職場から照会があった場合には、健保組合等は、本
人の同意を得る必要があります。

健保組合等と共同で健康診断を実施する場合等において、個人情報保護法
23条5項3号の要件である「三　特定の者との間で共同して利用される個人
データが当該特定の者に提供される場合であって、その旨並びに共同して利
用される個人データの項目、共同して利用する者の範囲、利用する者の利用
目的および当該個人データの管理について責任を有する者の氏名または名称
について、あらかじめ、本人に通知し、または本人が容易に知り得る状態に
置いているとき。」を満たしている場合は、当該共同利用者は第三者に該当
しないので、労働者の同意を得る必要はありません（「健康保険組合等にお
ける個人情報の適切な取扱いのためのガイダンス」平29.4.14）。

イ　医療機関からの情報収集について

労働者から診断書が提出されたときに、診断書以外の情報について主治医
から健康情報を収集する必要がある場合は　主治医にとって第三者提供に該
当します。主治医は労働者の同意を得なければ、会社に健康情報の提供はで
きません。

〈主治医から医療情報の提供を受ける〉

年　　月　　日

医療情報提供依頼書

病院
クリニック
　　　　　先生御侍史

〒
株式会社
産業医　　　　　　　　印
電話

　お忙しいところ大変恐縮に存じますが、下記1の弊社従業員の就業にあたり、現在の病状、治療内容、今後の見込み、生活・就業上の注意等について、情報提供およびご意見をいただければ幸いに存じます。なお、いただいた情報は、本人のプライバシー、医師の守秘義務は十分配慮し管理いたします。今後とも弊社の健康管理活動へのご協力をよろしくお願い申し上げます。

記

1　従業員
　　　氏　　名　　　　　　　　　　（男・女）
　　　生年月日　　　　　年　　　月　　　日
2　照会目的
　　復職判定、出張判定、病状確認、就業制限の要否、就業制限解除判定
　　その他（　　　　　　　　　　　　　　　　　　　　　　）
3　現在の職務（危険有害業務、変則勤務、残業の有無等）

4　情報提供依頼事項
（1）　病名
（2）　治療経過

（3）　現在の状態（業務に影響を与える症状および薬の副作用の可能性なども含めて）

（4）　就業上の配慮に関するご意見（疾患の再燃・再発防止のために必要な注意事項など）

医療機関名
記入日　　　　　年　　月　　日　　　主治医名　　　　　　　印
（本人記入） 　私は本情報提供依頼書に関する説明を受け、情報提供文書の作成並びに産業医への提出について同意します 　　　　　年　　月　　日　　　　　氏名　　　　　　　印

第16章　健康情報の管理

（5）嘱託産業医について

労働安全衛生法は、産業医の選任と、産業医に労働者の健康管理等を行わせなければならない旨を罰則付きで規定しているので、産業医は外部の医師であっても第三者ではなく、事業者の措置義務者と解されています。

HIV感染者解雇事件（東京地裁　平7.3.30判決　労働判例667号14頁）

〈事件の概要〉

1992年9月親会社から派遣されてタイに行った労働者が就労ビザ取得のため健康診断を受けた。本人の承諾もなく、検査項目ではないHIV検査を医師が実施した結果HIV陽性の結果が出た。病院から派遣先に、さらに派遣先から派遣元へ本人の同意を取らずに連絡した。同年10月派遣元から帰宅命令、日本で再検査を受けるよう勧奨、その後解雇された。

〈判決の内容〉

使用者の従業員に対するHIV告知行為とこの感染を理由とする解雇が違法で不法行為を構成するとされた。第三者への提供について、個人の病状に関する情報はプライバシーに属する事柄であり、とりわけHIV感染に関する情報は、HIV感染者に対する社会的偏見と差別の存在することを考慮すると、きわめて秘密性の高い情報に属するものであり、何人といえどもこの情報を第三者にみだりに漏えいすることは許されないとし、子会社社長が親会社に検査結果を伝えたことはプライバシー侵害にあたり、不法行為を構成するとされた。

5　健康情報の漏洩、滅失、毀損のための安全管理措置（個人情報保護法20条、21条）

（1）健康情報の管理体制について

① 健康情報を取扱う従業者とその権限を明確にする。

② 権限を与えられた者だけが業務の遂行上必要な限りにおいて健康情報を取扱う。

③ 健康情報の取扱者は健康情報を第三者に漏らしたり、不当な目的に使用してはならない。その業務を退いた後も守秘義務が課せられる。

— 319 —

④　健康情報の管理に当たる者の中から管理責任者を選任する。

⑤　健康情報管理責任者と健康情報を取扱う従業者に健康情報の保護措置に習熟させるための教育、研修を行う。

（2）健康情報の適切な加工

①　健康診断の結果のうち診断名、検査値等のいわゆる生データの取扱いについては、産業医や保健師等の産業保健職員に行わせることが望ましい。

②　産業保健業務従事者以外の者に健康情報を取り扱わせる時は、必要に応じて健康情報を適切に加工した上で提供する等の措置を講ずること。

《実務のポイント～職場の上司への情報提供》

　職場の上司は以下のような労働安全衛生法の規定に基づく健康管理措置を履行します。このような場合に、生データではなく、必要に応じて適切に加工した健康情報の提供を受けて行います。

安衛法62条　事業者は、中高年齢者その他労働災害の防止上その就業に当たって特に配慮を必要とする者については、これらの者の心身の条件に応じて適正な配慮を行うよう努めなければならない。

安衛法65条の3　事業者は、労働者の健康に配慮して、労働者の従事する作業を適切に管理するように努めなければならい。

6　保有個人データの開示請求（個人情報保護法33条）

（1）　事業者は、本人から、当該本人が識別される保有個人データの開示を求められたときは、本人に対し、書面の交付による方法（開示の求めを行った者が同意した方法があるときは当該方法）により、遅滞なく、当該保有個人データを開示しなければなりません。

　　　ただし、次の各号のいずれかに該当する場合は、その全部または一部を開示しないことができます。開示しない旨の決定をしたときは、本人に対し、遅滞なく、その旨を通知しなければなりません。

①　保有個人データを開示することにより、本人または第三者の生命、身

第16章　健康情報の管理

　　体、財産その他の権利利益を害するおそれがある場合
　②　保有個人データを開示することにより、当該事業者の業務の適正な実
　　施に著しい支障を及ぼすおそれがある場合
　③　保有個人データを開示することが他の法令に違反することとなる場合

（2）　事業者が保有する健康情報のうち、労働安全衛生法 66 条の 8 第 3 項
　　および66 条の 10 第 4 項の規定に基づき事業者が作成した面接指導（長
　　時間労働者の面接指導）の結果の記録その他の医師、保健師等の判断お
　　よび意見並びに詳細な医学的情報を含む健康情報については、本人から
　　開示の請求があった場合は、原則として開示しなければなりません。た
　　だし、本人に開示することにより、個人情報保護法 28 条 2 項 各号のい
　　ずれかに該当する場合は、その全部または一部を開示しないことができ
　　ます（「雇用管理分野における個人情報のうち 健康情報を取り扱うに当
　　たっての留意事項」第 3、6）。

7 　苦情処理（個人情報保護法40条）

　事業者は、雇用管理に関する個人情報の取扱いに関する苦情の適切かつ迅
速な処理を行うため苦情および相談を受け付けるための窓口の明確化等必要
な体制の整備に努めなければなりません。

8 　健康情報の収集制限

　HIV検査やB型肝炎等のように職場において感染したり、蔓延したりする
可能性が低い感染症に関する情報や色覚検査等の遺伝情報については、職業
上の特別な必要性がある場合を除き、労働者から取得すべきではありません
（「雇用管理に関する個人情報のうち健康情報を取り扱うに当たっての留意
事項」第 3、8、（3））。
　労働者の採用選考を行うに当たって、応募者の適性・能力を判断する上で
真に合理的かつ客観的必要性がある場合を除き、肝炎ウィルス検査を行って
はなりません。真に必要な場合であっても、応募者に対して検査内容とその
必要性についてあらかじめ十分な説明を行ったうえで実施する必要がありま

す（「職場における肝炎ウィルス感染に関する留意事項」平16.12.8　基発128001、職発128001）。

国民金融公庫事件（東京地裁　平15.6.20.判決　労働判例854号5頁）

〈事件の概要〉

　平成9年5月から4回の面接試験や適性検査を受けたXは翌6年および7月、B型肝炎ウィルス感染の有無を判定するため2回の血液検査を受け陽性と判明後、同年9月にYから不採用通知を受けた。採用時に、同意なしになされたB型肝炎検査で陽性が判明し、内定が取消されたとして1500万円の損害賠償を求めた。

〈判決の内容〉

　B型肝炎ウィルスの感染経路や労働能力との関係について社会的な誤解や偏見が存在し、特に求職や就労の機会に感染者に対する誤った対応が行われることがあった事実を指摘して、B型肝炎ウィルスのキャリアであることは、「他人にみだりに知られたくない情報」としてプライバシー権の1つであるとした。企業は、採用選考の応募者に対し、特段の事情がない限り、B型肝炎ウィルス感染の有無について情報を取得するための調査を行ってはならず、調査の必要性が肯定できる場合でも、調査の目的や必要性を事前に説明し、同意を得ることが必要というべきであり、このことは、B型肝炎ウィルスに関する病状を判定する精密検査についても当てはまる。調査の目的や必要性について何らの説明もなく、本人の同意も得ることなく、被告が、原告に、ウィルス感染、ウィルス量、感染力等についての精密検査を受検させた行為は、企業が、採用選考の応募者に対し、本人の同意なくB型肝炎ウイルスに関する病状を調査する行為であるから、原告のプライバシー権を侵害するものとして違法である。しかし、検査結果と不採用との因果関係については、「当時、内定が確実な段階ではなかった」などから、「感染だけを理由に不採用になったとは言えない」と、これを否定した。

第16章　健康情報の管理

Ｔ工業（HIV解雇）事件（千葉地裁　平12.6.12判決　労働判例785号10頁）

〈事件の概要〉

　平成9年9月17日被告会社に雇用されその工場に勤務していた日系ブラジル人である原告が、同年11月被告Ｓの経営する一病院で定期健康診断を受けた際に原告の同意なくHIV抗体検査が行われたことについて、①被告会社については、原告に無断でHIV抗体検査を医療機関に依頼し、検査結果が記載された検査結果票を受け取るなどの行為が、②被告Ｓについては、原告に無断でHIV抗体検査を行い、その検査結果票を被告会社に交付するなどの行為が、原告の情報プライバシー権を侵害するものであるとして、被告それぞれに慰謝料の支払いを求めるとともに、HIV感染を理由に不当解雇されたことについて雇用契約上の権利を有する地位にあることの確認を求めた。

〈判決の内容〉

　個人のHIV感染に関する情報は保護されるべきであり、事業主がその従業員についてHIV感染の有無を知る必要性は通常認められないことからすれば、事業主であっても、特段の必要性がない限り、HIV抗体検査等によってHIV感染に関する従業員の個人情報を取得し、あるいは取得しようとしてはならず、右特段の必要性もないのにHIV抗体検査を行うことはプライバシーの権利を侵害するとされた。

　被告会社が、定期健康診断の際に、原告の同意なくHIV抗体検査を行ったことは、原告のプライバシーを不当に侵害するとともに、感染を実質的な理由としてなされた解雇も、正当な理由を欠くものであって解雇権の濫用として無効であるとされた。

　HIV抗体検査を実施する医療機関においては、たとえ事業主からの依頼があったとしても、本人の承諾を得ないままHIV抗体検査を行ったり、本人以外の者にその検査結果を知らせたりすることは、プライバシーの侵害に当たるとされた。

9 保管について

　医療上の個人情報は、原則として就業規則等においてこの指針の原則によることを義務づけられている者が他の個人情報とは別途に保管しなければなりません。収集目的に照らして保管する必要がなくなった個人情報については、速やかに廃棄または削除しなければなりません。

《実務のポイント～健康診断個人票保存期間》

　健康診断個人票およびエックス線フィルム（CD）については、保存年限が決められているのでそれを遵守しなければなりません。保存期間については第5章　健康診断9(1)結果の記録と保存参照。保存期間を経過した健康診断個人票等は廃棄あるいは本人に返還するのが個人情報管理からは望ましいといえます。しかし、安全配慮義務履行の証明等の観点からは、相当期間保存しておくことが必要です。

---

10 健康情報等の取扱規程

(1) 健康情報等の取扱規程

　労働安全衛生法は、前記1のように、事業者に対して、この法律で定める労働災害の防止のための最低基準を守るだけでなく、快適な職場環境の実現と労働条件の改善を通じて職場における労働者の安全と健康を確保する義務を定め（安衛法3条1項）、そのために、さまざまな労働者の健康情報を事業者が収集することを前提としており、基本的枠組みがプライバシー保護の要請に反しています。

　このような制度のもとでは、労働者の健康情報が、勤務成績の査定、配置転換、昇格・昇進などの人事措置の決定等に不相当に利用されたり、退職勧奨や解雇を行うことを目的として労働者の健康情報を収集されたりするおそれがあります。

　そこで、事業場においては、労使の話合いに基づき、事業場の状況に応じた「健康情報等の取扱規程」を策定し、労働者に周知し、健康情報の適正な取扱いが確保されることで労働者が不安を抱くことなく、自身の健康に関す

— 324 —

第16章　健康情報の管理

る情報を事業者に提供する環境を整備することが必要です。

　取扱規程の策定に当たっては、衛生委員会等※で労使関与の下で検討し、策定したものは就業規則その他の社内規程等に定め、当該文書を常時作業場の見やすい場所に掲示、備え付けまたはイントラネットに掲載を行う等の方法により周知する必要があります。

　※衛生委員会等：常時50人未満の労働者を使用する事業場においては、労働安全衛生規則23条の2に定める関係労働者の意見を聴く機会を活用する。

　心身の状態に関する情報の取扱いについて事業者が講ずべき措置の適切かつ有効な実施を図るため、労働安全衛生法104条3項およびじん肺法35条の3第3項に基づき、「労働者の心身の状態に関する情報の適正な取扱いのために事業者が講ずべき措置に関する指針」（平30.9.7　労働者の心身の状態に関する情報の適正な取扱い指針公示第1号）が公表されています。

取扱規程に定めるべき事項

① 　心身の状態の情報を取り扱う目的および取扱方法
② 　心身の状態の情報を取り扱う者およびその権限並びに取り扱う心身の状態の情報の範囲
③ 　心身の状態の情報を取り扱う目的等の通知方法および本人同意の取得方法
④ 　心身の状態の情報の適正管理の方法
⑤ 　心身の状態の情報の開示、訂正等（追加および削除を含む。以下同じ。）および使用停止等（消去および第三者への提供の停止を含む。以下同じ。）の方法
⑥ 　心身の状態の情報の第三者提供の方法
⑦ 　事業承継、組織変更に伴う心身の状態の情報の引継ぎに関する事項
⑧ 　心身の状態の情報の取扱いに関する苦情の処理
⑨ 　取扱規程の労働者への周知の方法

— 325 —

心身の状態の情報の取扱いの原則（情報の性質による分類）

心身の状態の情報の分類	具体例	取扱いの原則
① 労働安全衛生法令に基づき事業者が直接取り扱うこととされ安全衛生法令に定める義務を履行するために、事業者が必ず取り扱わなければならない心身の状態の情報	健康診断：受診・未受診の情報、事後措置について医師から聴取した意見 長時間労働：面接指導の申出の有無、面接指導の事後措置について医師から聴取した意見 ストレスチェック：面接指導の申出の有無、高ストレスと判定された者に対する面接指導の事後措置について医師から聴取した意見	全ての情報をその取扱いの目的の達成に必要な範囲を踏まえて、事業者等が取り扱う必要がある。 それらに付随する健康診断の結果等の心身の状態の情報については、②の取扱いの原則に従って取り扱う必要がある。
② 労働安全衛生法令に基づき事業者が労働者本人の同意を得ずに収集することが可能であるが、事業場ごとの取扱規程により事業者等の内部における適正な取扱いを定めて運用することが適当である心身の状態の情報	健康診断の結果（法定の項目） 健康診断の再検査の結果（法定の項目と同一のものに限る。） 長時間労働者に対する面接指導の結果 ストレスチェックの結果、高ストレスと判定された者に対する面接指導の結果	事業者等は、当該情報の取扱いの目的の達成に必要な範囲を踏まえて、取り扱うことが適切である。そのため、事業場の状況に応じて、 ・情報を取り扱う者を制限する ・情報を加工する等、事業者等の内部における適切な取扱いを取扱規程に定め、また、当該取扱いの目的および方法等について労働者が十分に認識できるよう、丁寧な説明を行う等の当該取扱いに対する労働者の納得性を高める措置を講じた上で、取扱規程を運用する必要がある。
③ 労働安全衛生法令において事業者	健康診断：法定外の項目の結果、保健指導の結果、再	個人情報の保護に関する法律に基づく適切な取扱いを確

第16章　健康情報の管理

が直接取り扱うことについて規定されていないため、あらかじめ労働者本人の同意を得ることが必要であり、事業場ごとの取扱規程により事業者等の内部における適正な取扱いを定めて運用することが必要である	検査の結果（法定の項目と同一のものを除く。）、健康診断の精密検査の結果、がん検診の結果 健康相談の結果 職場復帰のための面接指導の結果 治療と仕事の両立支援等のための医師の意見書 通院状況等疾病管理のための情報	保するため、事業場ごとの取扱規程に則った対応を講じる必要がある。
心身の状態の情報		

②の心身の状態の情報について、労働安全衛生法令に基づき行われた健康診断の結果のうち、特定健康診査および特定保健指導の実施に関する基準（平成19年厚生労働省令第157号）2条各号に掲げる項目については、高齢者の医療の確保に関する法律27条3項の規定により、事業者は保険者の求めに応じて健康診断の結果を提供しなければならないこととされているため、労働者本人の同意を得ずに事業者から保険者に提供できる。

③の心身の状態の情報について、「あらかじめ労働者本人の同意を得ることが必要」としているが、個人情報の保護に関する法律20条2項各号に該当する場合（4、（1）参照）は、あらかじめ労働者本人の同意は不要である。また、労働者本人が自発的に事業者に提出した心身の状態の情報については、「あらかじめ労働者本人の同意」を得たものと解されるが、当該情報について事業者等が医療機関等に直接問い合わせる場合には、別途、労働者本人の同意を得る必要がある。

（2）心身の状態の情報の適正な取扱いのための体制の整備

心身の状態の情報の取扱いに当たっては、前掲「心身の状態の情報の取扱いの原則」の表の右欄に掲げる心身の状態の情報の取扱いの原則のうち、特に心身の状態の情報の加工に係るものについては、主に、医療職種を配置している事業場での実施が想定されています。

なお、健康診断の結果等の記録については、事業者の責任の下で、健康診断を実施した医療機関等と連携して加工や保存を行う場合においても、取扱規程においてその取扱いを定めた上で、健康確保措置を講じるために必要な心身の状態の情報は、事業者等が把握し得る状態に置く等の対応が必要とさ

れています。

　「労働者の心身の状態に関する情報の適正な取扱いのために事業者が講ず
べき措置に関する指針」（平30.9.7　労働者の心身の状態に関する情報の適
正な取扱い指針公示第1号）
　https://www.jaish.gr.jp/anzen/hor/hombun/hor1-20/hor1-20-19-1-0.htm
　「事業場における労働者の健康情報等の取扱規程を策定するための手引き」
　https://www.mhlw.go.jp/content/000497426.pdf

第17章 パワーハラスメント対策

1 企業のパワハラ対策義務

　職場におけるパワーハラスメント防止のために、雇用管理上必要な措置を講じることが事業主の義務となり（労働施策総合推進法30条の２第１項）※、適切な措置を講じていない場合には都道府県労働局雇用環境・均等部　指導課による是正指導の対象となります。

　事業主が講ずべき措置等に関して、**「事業主が職場における優越的な関係を背景とした言動に起因する問題に関して雇用管理上講ずべき措置等についての指針」**（令2.1.15　厚生労働省告示第５号）を定めています（労働施策総合推進法30条の２第３項）。

　※中小企業は令和４年３月31日まで努力義務

2 パワハラ指針

（1）パワーハラスメントの定義

　「事業主が職場における優越的な関係を背景とした言動に起因する問題に関して雇用管理上講ずべき措置等についての指針」（令2.1.15　厚生労働省告示第５号）（以下「パワハラ指針」という。）によりパワハラの定義は以下のように示されています。

パワーハラスメントの定義
職場におけるパワーハラスメントは、
　　職場において行われる
①**優越的な関係を背景とした言動であって、**
②**業務上必要かつ相当な範囲を超えたものにより、**
③**労働者の就業環境が害されること**
であり、①から③までの要素を全て満たすものをいう。

「**職場**」とは、

 事業主が雇用する労働者が業務を遂行する場所を指し、

 当該労働者が通常就業している場所以外の場所であっても、当該労働者が業務を遂行する場所

が含まれる（パワハラ指針　2、（2））。

 「職場」には、出張先、業務で使用する車中および取引先との打ち合わせの場所等も含まれる。勤務時間外の「懇親の場」、社員寮や通勤中等であっても、実質上職務の延長と考えられるものは職場に該当する。その判断に当たっては、職務との関連性、参加者、参加や対応が強制的か任意か等を考慮して個別に行うものであること（平2.2.10　雇均発0210第1号※）。

○職場の例：・・出張先・業務で使用する車中・取引先との打ち合わせの場所（接待の席も含む）等

※通達「労働施策の総合的な推進並びに労働者の雇用の安定および職業生活の充実等に関する法律第8章の規定等の運用について」（平2.2.10　雇均発0210第1号）

「**労働者**」とは

パートタイム労働者、契約社員などいわゆる非正規雇用労働者も含む（指針・通達）。

派遣労働者については、労働者派遣法第47条の4の規定により、派遣先も派遣労働者を雇用する事業主とみなされる（「パワハラ指針」2（3））。

 派遣労働者については、労働者派遣法第47条の4の規定により、派遣先も派遣労働者を雇用する事業主とみなされるものであり、同条の詳細については、平成28年8月2日付け雇児発0802第2号「労働者派遣事業の適正な運営の確保および派遣労働者の保護等に関する法律第47条の2から第47条の4までの規定の運用について」が発出されているものであ

第17章　パワーハラスメント対策

ること（平2.2.10　雇均発0210第1号）。

（2）職場におけるパワーハラスメントの内容

「パワハラ指針」によりパワハラの内容は以下のように示されています。

①　「優越的な関係を背景とした」言動とは

「優越的な関係を背景とした」言動とは、当該事業主の業務を遂行するに当たって、当該言動を受ける労働者が当該言動の行為者とされる者（以下「行為者」という。）に対して**抵抗または拒絶することができない蓋然性が高い関係**を背景として行われるものを指す（指針（4））。
例
・職務上の地位が上位の者による言動
・同僚または部下による言動で、当該言動を行う者が業務上必要な知識や豊富な経験を有しており、当該者の協力を得なければ業務の円滑な遂行を行うことが困難であるもの
・同僚または部下からの集団による行為で、これに抵抗または拒絶することが困難であるもの

②　業務上必要かつ相当な範囲を超えたもの

　社会通念に照らし、当該言動が明らかに当該事業主の業務上必要性がない、またはその態様が相当でないものを指し、例えば、以下のもの等が含まれる。
・業務上明らかに必要性のない言動
・業務の目的を大きく逸脱した言動
・業務を遂行するための手段として不適当な言動
・当該行為の回数、行為者の数等、その態様や手段が社会通念に照らして許容される範囲を超える言動
　この判断に当たっては、様々な要素（当該言動の目的、当該言動を受けた労働者の問題行動の有無や内容・程度を含む当該言動が行われた経緯や状況、業種・業態、業務の内容・性質、当該言動の態様・頻度・継

—331—

続性、労働者の属性や心身の状況※、行為者の関係性等）を総合的に考慮することが適当である。また、その際には、個別の事案における労働者の行動が問題となる場合は、その内容・程度とそれに対する指導の態様等の相対的な関係性が重要な要素となることについても留意が必要である（パワハラ指針（5））。

※「考慮要素の1つである労働者の「属性」とは、例えば、労働者の経験年数や年齢、障害がある、外国人である等が、「心身の状況」とは、精神的または身体的な状況や疾患の有無等が含まれ得ること。
　なお、労働者に問題行動があった場合であっても、人格を否定するような言動など業務上必要かつ相当な範囲を超えた言動がなされれば、当然職場におけるパワーハラスメントに当たり得ること（平2.2.10　雇均発0210第1号）。

職場におけるパワハラ指針　2、（6）
○当該言動により労働者が身体的または精神的に苦痛を与えられ、労働者の就業および就業環境が不快なものとなったため、能力の発揮に重大な悪影響が生じる等当該労働者が就業する上で看過できない程度の支障が生じること
○この判断に当たっては、「平均的な労働者の感じ方」、すなわち、同様の状況で当該言動を受けた場合に、社会一般の労働者が、就業する上で看過できない程度の支障が生じたと感じるような言動であるかどうかを基準とすることが適当

（3）職場におけるパワーハラスメントの代表的な言動の類型
　「パワハラ指針」は職場におけるパワーハラスメントの代表的な言動の類型、それぞれの類型について該当すると考えられる例と該当しないと例を挙げています。
　※（イ）、（ロ）の例は、「個別の事案の状況等によって判断が異なる場合もあり得ること、また、限定列挙ではないこと」ということです（令2.2.10

第17章　パワーハラスメント対策

雇均発0210第１）。

代表的な言動の類型	（イ）　該当すると考えられる例	（ロ）　該当しないと考えられる例
（1）　身体的な攻撃 （暴行・傷害）	①　殴打、足蹴りを行う ②　相手に物を投げつける	①　誤ってぶつかる
（2）　精神的な攻撃 （脅迫・名誉棄損・侮辱・ひどい暴言）	①　人格を否定するような言動を行う。相手の性的指向・性自認に関する侮辱的な言動を含む（★１）。 ②　業務の遂行に関する必要以上に長時間にわたる厳しい叱責を繰り返し行う ③　他の労働者の面前における大声での威圧的な叱責を繰り返し行う ④　相手の能力を否定し、罵倒するような内容の電子メール等を当該相手を含む複数の労働者宛てに送信する	①　遅刻など社会的ルールを欠いた言動が見られ、再三注意してもそれが改善されない労働者に対して一定程度強く注意をする ②　その企業の業務の内容や性質等に照らして重大な問題行動を行った労働者に対して、一定程度強く注意をする
（3）　人間関係からの切り離し （隔離・仲間外し・無視）	①　自身の意に沿わない労働者に対して、仕事を外し、長期間にわたり、別室に隔離したり、自宅研修させたりする ②　一人の労働者に対して同僚が集団で無視をし、職場で孤立させる	①　新規に採用した労働者を育成するために短期間集中的に別室で研修等の教育を実施する。 ②　懲戒規定に基づき処分を受けた労働者に対し、通常の業務に復帰させるために、その前に、一時的に別室で必要な研修を受けさせる
（4）　過大な要求 （業務上明らかに不要なことや遂行不可能なことの強制・仕事の妨害）	①　長期間にわたる、肉体的苦痛を伴う過酷な環境下での勤務に直接関係のない作業を命ずる ②　新卒採用者に対し、必要な教育を行わないまま到底対応できないレベルの業績目標を課し、達成できなかったことに対し厳しく叱責する ③　労働者に業務とは関係のない私的な雑用の処理を強制的に行わせる	①　労働者を育成するために現状よりも少し高いレベルの業務を任せる ②　業務の繁忙期に、業務上の必要性から、当該業務の担当者に通常時よりも一定程度多い業務の処理を任せる
（5）　過小な要求 （業務上の合理性なく能力や経験とかけ離れた程度の低い仕事を命じることや	①　管理職である労働者を退職させるため、誰でも遂行可能な業務を行わせる ②　気にいらない労働者に対して嫌がらせのために仕事を与えない	①　労働者の能力に応じて、一定程度業務内容や業務量を軽減する

— 333 —

仕事を与えない こと）		
(6) 個の侵害 （私的なことに 過度に立ち入る こと）	① 労働者を職場外でも継続的に監視した 　り、私物の写真撮影をしたりする ② 労働者の性的指向・性自認や病歴、不 　妊治療等の機微な個人情報について、当 　該労働者の了解を得ずに他の労働者に暴 　露する（★2）	① 労働者への配慮を目的とし 　て、労働者の家族の状況等に 　ついてヒアリングを行う ② 労働者の了解を得て、当該労 　働者の機微な個人情報（左記） 　について、必要な範囲で人事労 　務部門の担当者に伝達し、配慮 　を促す

★1　相手の性的指向・性自認の如何は問いません。また、一見、特定の相手に対する言動ではないように見えても、実際には特定の相手に対して行われていると客観的に認められる言動は含まれます。なお、性的指向・性自認以外の労働者の属性に関する侮辱的な言動も、職場におけるパワーハラスメントの3つの要素を満たす場合には、これに該当します。

★2　プライバシー保護の観点から、⑹（イ）②のように機微な個人情報を暴露することのないよう、労働者に周知・啓発する等の措置を講じることが必要です。

「性的指向」「性自認」とは？

○　恋愛感情または性的感情の対象となる性別についての指向のことを「性的指向（Sexual Orientation）、自己の性別についての認識のことを「性自認（Gender Identity」といいます。性的指向や性自認は全ての人に関係する概念であり、その在り方は人によって様々です。男性に惹かれる人・女性に惹かれる人・どちらにも惹かれる人・どちらにも惹かれない人と、恋愛対象は人それぞれですし、「自分は男性（または女性）」と思う人もいれば、「どちらでもない」や「どちらでもある」と思う人もいます。

　　性的指向や性自認への理解を深め、差別的言動や嫌がらせが起こらないようにすることが重要です。

○　性的指向・性自認に関する言動や性的指向・性自認に関する望まぬ暴露であるいわゆる「アウティング」は、職場におけるパワーハラスメントの定義の3つの要素を満たす場合には、これに該当します。

　　加えて、特定の相手に向けられたものではない言動であっても、性的指向・性自認に関する侮辱的な言動は、周囲の誰かを傷つけてしまうかもしれません。自らの性的指向・性自認について他者に伝えるいわゆる「カミングアウト」を行っていない人がいること等にも留意し、

第17章　パワーハラスメント対策

性的指向・性自認にかかわらず誰もが働きやすい職場環境づくりに向
け、こうした言動にも気をつけましょう。

○　また、職場におけるセクシュアルハラスメントには、相手の性的指
向または性自認にかかわらず、該当することがあり得ます。

　　「ホモ」「オカマ」「レズ」などを含む言動は、セクシュアルハラス
メントやパワーハラスメントの背景にもなり得ます。また、性的性質
を有する言動はセクシュアルハラスメントに該当します。

○　こうしたことに十分留意をして、誰もが働きやすい職場環境づくり
を進めていきましょう。

　　（厚生労働省「職場におけるパワーハラスメント対策が事業主の義務
になりました！」）

（4）職場におけるパワーハラスメントを防止するために講ずべき措置

　「パワハラ指針」は職場におけるパワーハラスメントを防止するために講
ずべき措置を以下のように示しているので、事業主はこれらの措置を行わな
ければなりません（労働施策推進法30条の2第1項）。

職場におけるパワハラ指針4
◇　**事業主の方針の明確化およびその周知・啓発**
　1　**職場におけるパワハラの内容・パワハラを行ってはならない旨の
　　方針を明確化し、管理監督者を含む労働者に周知・啓発すること**
　　例　①　就業規則等において、職場におけるパワーハラスメントを
　　　　　　行ってはならない旨の方針を規定し、当該規定と併せて、職
　　　　　　場におけるパワーハラスメントの内容およびその発生の原因
　　　　　　や背景を労働者に周知・啓発すること。
　　　　②　社内報、パンフレット、社内ホームページ等広報または啓
　　　　　　発のための資料等に職場におけるパワーハラスメントの内容
　　　　　　およびその発生の原因や背景並びに職場におけるパワーハラ
　　　　　　スメントを行ってはならない旨の方針を記載し、配布等する
　　　　　　こと。
　　　　③　職場におけるパワーハラスメントの内容およびその発生の

— 335 —

原因や背景並びに職場におけるパワーハラスメントを行って
はならない旨の方針を労働者に対して周知・啓発するための
研修、講習等を実施すること。
2　行為者について厳正に対処する旨の方針・対処の内容を就業規則
等の文書に規定し、労働者に周知・啓発すること
　　例　①　就業規則等において、職場におけるパワーハラスメントに
　　　　　　係る言動を行った者に対する懲戒規定を定め労働者に周知・
　　　　　　啓発すること。
　　　　②　職場におけるパワーハラスメントに係る言動を行った者
　　　　　　は、現行の就業規則等において定められている懲戒規定の適
　　　　　　用の対象となる旨を明確化し、これを労働者に周知・啓発す
　　　　　　ること。

◇　相談に応じ、適切に対応するために必要な体制の整備
1　相談窓口をあらかじめ定め、労働者に周知すること
　　例　①　相談に対応する担当者をあらかじめ定めること。
　　　　②　相談に対応するための制度を設けること。
　　　　③　外部の機関に相談への対応を委託すること。
2　相談窓口担当者が、内容や状況に応じ適切に対応できるようにす
ること
　　　被害を受けた労働者が萎縮するなどして相談を躊躇する例もある
　　こと等も踏まえ、相談者の心身の状況や当該言動が行われた際の受
　　け止めなどその認識にも配慮しながら、職場におけるパワハラの発
　　生のおそれがある場合や、パワハラに該当するか否か微妙な場合で
　　あっても、広く相談に対応すること
　　例　①　相談窓口の担当者が相談を受けた場合、その内容や状況に
　　　　　　応じて、相談窓口の担当者と人事部門とが連携を図ることが
　　　　　　できる仕組みとすること。
　　　　②　相談窓口の担当者が相談を受けた場合、あらかじめ作成し
　　　　　　た留意点などを記載したマニュアルに基づき対応すること。
　　　　③　相談窓口の担当者に対し、相談を受けた場合の対応につい
　　　　　　ての研修を行うこと。

— 336 —

第17章　パワーハラスメント対策

◇　職場におけるパワーハラスメントにかかる事後の迅速かつ適切な対応

1　事実関係を迅速かつ正確に確認すること

　例　①　相談窓口の担当者、人事部門または専門の委員会等が、相談者および行為者の双方から事実関係を確認すること。

　　　　　その際、相談者の心身の状況や当該言動が行われた際の受け止めなどその認識にも適切に配慮すること。

　　　　　相談者と行為者との間で事実関係に関する主張に不一致があり、事実の確認が十分にできないと認められる場合には、第三者からも事実関係を聴取する等の措置を講ずること。

　　　②　事実関係を迅速かつ正確に確認しようとしたが、確認が困難な場合などにおいて、労働施策総合推進法第30条の6に基づく調停の申請を行うことその他中立な第三者機関に紛争処理を委ねること。

2　速やかに被害者に対する配慮の措置を適正に行うこと

　例　①　事案の内容や状況に応じ、被害者と行為者の間の関係改善に向けての援助、被害者と行為者を引き離すための配置転換、行為者の謝罪、被害者の労働条件上の不利益の回復、管理監督者または事業場内産業保健スタッフ等による被害者のメンタルヘルス不調への相談対応等の措置を講ずること。

　　　②　労働施策総合推進法第30条の6に基づく調停その他中立な第三者機関の紛争解決案に従った措置を被害者に対して講ずること。

3　行為者に対する措置を適正に行うこと

　例　①　就業規則等における職場におけるパワーハラスメントに関する規定等に基づき、行為者に対して必要な懲戒その他の措置を講ずること。

　　　　　あわせて、事案の内容や状況に応じ、被害者と行為者の間の関係改善に向けての援助、被害者と行為者を引き離すための配置転換、行為者の謝罪等の措置を講ずること

　　　②　労働施策総合推進法第30条の6に基づく調停その他中立な第三者機関の紛争解決案に従った措置を行為者に対して講ず

ること。

4 再発防止に向けた措置を講ずること
　事実確認ができなかった場合も同様
　例　①　職場におけるパワーハラスメントを行ってはならない旨の
　　　　　　方針および職場におけるパワーハラスメントに係る言動を
　　　　　　行った者について厳正に対処する旨の方針を、社内報、パン
　　　　　　フレット、社内ホームページ等広報または啓発のための資料
　　　　　　等に改めて掲載し、配布等すること。
　　　　②　労働者に対して職場におけるパワーハラスメントに関する
　　　　　　意識を啓発するための研修、講習等を改めて実施すること。

◇　そのほか併せて講ずべき措置
1 相談者・行為者等のプライバシーを保護するために必要な措置を
　講じ、周知すること
　例　①　相談者・行為者等のプライバシーの保護のために必要な事
　　　　　　項をあらかじめマニュアルに定め、相談窓口の担当者が相談
　　　　　　を受けた際には、マニュアルに基づき対応するものとする
　　　　　　こと。
　　　　②　相談者・行為者等のプライバシーの保護のために、相談窓
　　　　　　口の担当者に必要な研修を行うこと。
　　　　③　相談窓口においては相談者・行為者等のプライバシーを保
　　　　　　護するために必要な措置を講じていることを、社内報、パン
　　　　　　フレット、社内ホームページ等広報または啓発のための資料
　　　　　　等に掲載し、配布等すること。
2 相談したこと等を理由として、解雇その他不利益取扱いをされな
　い旨を定め、労働者に周知・啓発すること
　例　①　就業規則等に、パワーハラスメントの相談等を理由とし
　　　　　　て、労働者が解雇等の不利益な取扱いをされない旨を規定
　　　　　　し、労働者に周知・啓発をすること。
　　　　②　社内報、パンフレット、社内ホームページ等広報または啓
　　　　　　発のための資料等に、パワーハラスメントの相談等を理由と
　　　　　　して、労働者が解雇等の不利益な取扱いをされない旨を記載

第17章　パワーハラスメント対策

> し、労働者に配布等すること。

（5）職場における優越的な関係を背景とした言動に起因する問題に関し行うことが望ましい取組の内容

　「パワハラ指針」はさらに、職場における優越的な関係を背景とした言動に起因する問題に関し行うことが望ましい取組を以下のように示しているので、義務ではありませんが事業主はこれらの取組を実施するのが望まれます。

職場におけるパワハラ指針5

◇　セクハラ、妊娠・出産・育児休業等に関するハラスメント等と一元的に相談に応じることのできる体制の整備

1　相談窓口で受け付けることのできる相談内容の明示と周知をすること

■　相談窓口で受け付けることのできる相談として、パワーハラスメントのみならず、セクシュアルハラスメント、妊娠・出産・育児休業等に関するハラスメント等も明示すること。

■　すでに設置されているセクシュアルハラスメントの相談窓口が、パワーハラスメントや妊娠・出産・育児休業等に関するハラスメント等の相談窓口を兼ねることとし、全ての労働者に周知すること。

2　職場におけるパワーハラスメントの原因や背景となる要因を解消するため、次の取組を行うこと

イ　コミュニケーションの活性化や円滑化のために研修等の必要な取組を行うこと

ロ　適正な業務目標の設定等の職場環境の改善のための取組を行うこと

労働者に過度に肉体的・精神的負荷を強いる職場環境や組織風土を改善すること。

（6）自らの雇用する労働者以外の者に対する言動に関し行うことが望ましい取組の内容

職場におけるパワハラ指針6

■ 職場におけるパワハラを行ってはならない旨の方針の明確化等を行う際に、他の事業主が雇用する労働者、就職活動中の学生等の求職者、労働者以外の者（個人事業主などのフリーランス、インターンシップを行う者、教育実習生等）に対しても同様の方針を併せて示すこと

■ 雇用管理上の措置全体も参考にしつつ、適切な相談対応等に努めること

（7）雇用する労働者等からのパワーハラスメントや顧客等からの著しい迷惑行為に関し行うことが望ましい取組

職場におけるパワハラ指針7

1 相談に応じ、適切に対応するために必要な体制の整備

■ 相談先（上司、職場内の担当者等）をあらかじめ定め、これを労働者に周知すること。

■ 相談を受けた者が、相談に対し、その内容や状況に応じ適切に対応できるようにすること。

2 被害者への配慮のための取組

著しい迷惑行為が認められた場合には、速やかに被害者に対する配慮の取組を行うことが望ましい。

例 メンタルヘルス不調への相談対応、行為者に対して1人で対応させない等

3 他の事業主が雇用する労働者等からのパワーハラスメントや顧客等からの著しい迷惑行為による被害を防止するための取組

■ 被害防止のための取組

・マニュアル作成や研修の実施等、業種・業態等の状況に応じた取組

・業種・業態等における被害の実態や業務の特性を踏まえて、それ

第17章　パワーハラスメント対策

ぞれの状況に応じた必要な取り組みを進めることも効果的である。

3　パワハラと企業の法的責任

（1）加害者の責任

　暴力を振るったり、脅迫をしたりするパワハラについては、加害者が刑事責任を追及されることもありえます。様々な裁判例にみられるように、いじめの被害者が、使用者（会社）だけでなく、加害者個人に対して謝罪や損害賠償を請求することもあります。被害者がうつ病になったり、退職を余儀なくされたりすると、民法709条の「不法行為に基づく損害賠償責任」を問われることがあります。

> **刑事責任**：暴行罪（刑法208条）、脅迫罪（同法222条）、侮辱罪（同法231条）、名誉毀損罪（同法230条）等
>
> **民事責任**：不法行為
> 　　　　　　民法709条　故意または過失によって他人の権利または法律上保護される利益を侵害した者は、これによって生じた損害を賠償する責任を負う。

（2）事業主の責任

　パワハラを行った社員を使用している会社（個人事業主）も民法715条の「使用者責任」が問われます。また、労働契約法5条が定める、労働者への安全配慮義務を怠ったとして、民法415条による債務不履行責任も当然問われる可能性があります。

（3）労災保険の給付

　うつ病などの精神疾患に罹ったり、それにより自殺をしたりした場合は、被害者本人や遺族は労災保険の給付請求をすることができます。精神障害が業務上と認められるか否かですが、厚生労働省は、「心理的負荷による精神

— 341 —

障害の認定基準」（平23.12.26　基発1226第1号　改正令2.5.29　0529基発第1号）を定め、これにより業務上か否かの判断をしています。

　2020年度は、精神障害で労災の給付請求をしたのは2,051件で、業務上として支給決定されたのは608件しかありません。このように、請求は可能ですが、業務上と認定されるのは大変難しいです。

Q17-1　外部専門家というのは、どのようなものをいうのですか。

A　外部専門家というのは、有料のEAPサービス※のことを意味していると思います。無料の相談窓口としては、厚生労働省のパワハラ対策のホームページ「明るい職場応援団」に紹介されていますが、労働局の総合労働相談やみんなの人権110番などがあります。

> 明るい職場応援団　相談機関紹介
> http://www.no-pawahara.mhlw.go.jp/inquiry-counter.html

※：EAP（Employee Assistance Program従業員援助プログラム）と呼ばれる米国生まれの職場のメンタルヘルスサービスで、企業が自社内部で設置する場合と、外部のEAP会社に依頼して社員の悩み相談に対応する場合とがある。

4　パワハラ指針の問題点

　パワハラ指針はパワハラ防止について以下のような実効性を欠くところがあるので、労働施策総合推進法の措置義務としてパワハラ指針で示されている事項を行っていたとしても、必ずしもパワハラの発生を防ぐことができないこともあり、前記3の企業の法的責任を問われる可能性があります。したがって、以下のようなパワハラ指針の問題点を知って、それを補った措置を実施することが必要と言われています。

第17章　パワーハラスメント対策

（1）パワーハラスメントの定義が狭い

　パワハラ指針の職場におけるパワーハラスメントの定義について以下の問題点が指摘されています。

① **職場に限定するのはパワハラが行われる場所としては限定的過ぎる。**

　　パワハラは、居酒屋で暴行や暴言が行われた例（コンビニエース事件　東京地裁平28.12.20判決　労働判例1156号28頁）や、休日に呼び出したり使い走りを命じた例（サン・チャレンジ事件　東京地裁平26.11.4判決　労働判例1109号34頁）などがあり、勤務時間外に業務遂行場所とはいえない場所で行われることもある。「業務を遂行する場所」のみの対策でよいと誤解されかねない。

② **個人事業主、就職活動中の学生等が対象となっていない。**

　　個人事業主、就職活動中の学生等に対しては、「6事業主が自らの雇用する労働者以外の者に対する言動に関し行うことが望ましい取組」とされています。しかし、参議院の附帯決議にもあるように、「フリーランス、就職活動中の学生、教育実習生等に対するハラスメントを防止するため、男女雇用機会均等法等に基づく指針等で必要な対策を講ずる」必要がある。

③ **定義「抵抗または拒絶できない蓋然性が高い関係」はパワハラの範囲を大きく限定する。**

　　厚生労働省「職場のいじめ・嫌がらせ問題に関する円卓会議ワーキング・グループ報告」（平24.1.30）では、「……先輩・後輩間や同僚間、さらには部下から上司に対して行われるものもあり、こうした行為も職場のパワーハラスメントに含める必要があることから、……「職場内の優位性」を「職務上の地位」に限らず、人間関係や専門知識などの様々な優位性が含まれる趣旨が明らかになるよう整理を行った。」としている。裁判例にも、同僚である男性社員に対して命令口調で消耗品の注文の依頼をしたことから口論となり、同社員から左顔面を一回殴打された事件（アジア航測事件　大阪地裁平13.11.9判決　労働判例821号45頁）で加害者の原告に対する暴行は会社の業務の執行につき加えられたものとして使用者責任を認めた裁判例がある。

④ **労働者の行動が問題となる場合は、その内容・程度とそれに対する指導の態様等の相対的な関係性が重要な要素となる。**

　　労働者の行動に問題があったとしても、暴行や人格を否定する言葉を伴

う指導が許されるわけではない。労働者の行動の問題性が大きければ、指導・叱責がパワハラに該当しなくなるかのような誤解を与える可能性がある。裁判例としては、同僚を誹謗中傷した労働者に対する叱責がパワハラと認められている三洋電機コンシューマエレクトロニクス事件（広島高裁松江支部　平21.5.22判決　労働判例987号29頁）がある。

⑤　平均的な労働者の感じ方

「労働者の主観」への配慮が考慮されていないので、相談者の心身の状況や当該言動が行われた際の受け止めなどその認識にも配慮」する必要がある。

（2）パワーハラスメントの類型が不適当

6つの類型に共通して、該当しないと考えられる例が示されていますが、使用者の弁解カタログのような不適当な例示であるので、「該当しない例」は削除するか見直すべきと批判されています。

①　身体的な攻撃

当たらなくても物を投げつける、机を叩くといった、いわゆる間接暴力についても、身体的な攻撃としてハラスメントにあたるものであることも明記すべきである。

②　精神的な攻撃

該当しない事例の「社会的ルールやマナー」の範囲や「強く注意」の程度が不明確であるため、幅広く解釈される危険性がある。

③　人間関係からの切り離し

該当しないと考えられる例が不適切で、退職強要や嫌がらせ目的で追い出し部屋に入れたり一人隔離したりすることを正当化する理由になる可能性がある。

④　過大な要求

適正な業務命令や指導との線引きが問題となる可能性があるので、パワハラにあたる例を明示するべきである。

○業務上明らかに不要なことを命じること

○遂行不可能なことを命じること

○仕事の妨害　など

⑤　過小な要求

　過小な要求は、職務分掌上の理由から行われる業務命令等との線引きが問題となることがあり得ますが、例えば以下の場合にはパワハラにあたる過小な要求と言えるため、これらを明記すべきと言われている。

○能力や経験とかけ離れた程度の低い仕事を命じること

○仕事を与えないこと

⑥　個の侵害

　業務上の適正な指導との線引きが必ずしも容易でない場合があるとして、何が「業務の適正な範囲を超える」かについては、業種や企業文化の影響を受け、また、具体的な判断については、行為が行われた状況や行為が継続的であるかどうかによっても左右される部分もあるとされている。該当する例としては、以下を明記すべきである。

○私的な交際関係について、交際をやめるよう迫る

○労働者に対し、当該労働者の配偶者は物好きである等と発言するなど

《参考サイト》

職場におけるハラスメントの防止のために（厚生労働省）

　https://www.mhlw.go.jp/stf/seisakunitsuite/bunya/koyou_roudou/koyoukintou/seisaku06/index.html

職場におけるパワーハラスメント対策が事業主の義務になりました！

　https://jsite.mhlw.go.jp/tokyo-roudoukyoku/content/contents/000657100.pdf

明るい職場応援団……ハラスメント裁判事例、他社の取組などハラスメント対策の総合情報サイト

　https://www.no-harassment.mhlw.go.jp/

パワハラ指針案およびセクハラ指針改正案に対する意見書〜日本労働弁護団

　http://roudoubengodan.org/wpRB/wpcontent/uploads/2019/12/546e2096fca68a068ddff08aa2f9a368.pdf

2019年の暴力およびハラスメント条約（第190号）

https://www.ilo.org/tokyo/standards/list-of-conventions/WCMS_723156/lang--ja/index.htm

国際法学会　ILO「暴力およびハラスメント撤廃条約について

https://jsil.jp/archives/expert/2020-3

第18章 精神障害による労災請求

1 精神障害による労災請求の仕組

　精神障害はさまざまな要因が複雑に作用して発病するので、仕事上の悩みを抱えていたというだけでは業務起因性があると断定することはできません。精神障害が業務上であるか否かの判断は、「心理的負荷による精神障害の認定基準」（改正令2.5.29　基発0529第1号）（以下、「認定基準」という。）により行われます。

（1）精神障害の認定要件
　認定基準によると、以下の3つの要件を満たす必要があります。

1　対象疾病を発病していること
2　対象疾病の発病前おおむね6か月の間に業務による強い心理的負荷が認められること※
3　業務外の心理的負荷および個体側要因により対象疾病を発病したとは認められないこと

　※いじめやセクシュアルハラスメントについては、発病の6か月よりも前にそれが始まり、発病まで継続していたときは、それが始まった時点からすべての行為が評価の対象となります。

① 対象疾病を発病しているか
　「国際疾病分類第10回修正」（ICD-10）に分類される精神障害であって、認知症や頭部外傷による障害（F0）やアルコールや薬物による障害（F1）は除きます。

ICD-10　第5章　「精神および行動の障害」分類

分類コード	疾 病 の 種 類
F0	症状性を含む器質性精神障害

— 347 —

F1	精神作用物質使用による精神および行動の障害
F2	統合失調症、統合失調症型障害および妄想性障害
F3	気分［感情］障害
F4	神経症性障害、ストレス関連障害および身体表現性障害
F5	生理的障害および身体的要因に関連した行動症候群
F6	成人のパーソナリティおよび行動の障害
F7	精神遅滞〔知的障害〕
F8	心理的発達の障害
F9	小児期および青年期に通常発症する行動および情緒の障害、特定不能の精神障害

② 業務による強い心理的負荷の有無

「認定基準」別表1「業務による心理的負荷評価表」（以下「評価表」という。）に列挙された項目に基づくストレス評価を基準に、どのような業務が、労働者にどの程度の負荷となっていたのかを客観的に検討します。心理的負荷の強度は、精神障害を発病した労働者が主観的にどう受け止めたかではなく、「同種の労働者」、すなわち、職種、職場における立場や職責、年齢、経験等が類似する者が一般的にどう受け止めるかという観点で評価されます。

［1］ 特別な出来事

評価表の「生死にかかわる、極度の苦痛を伴う、または永久労働不能となる後遺障害を残す業務上の病気やケガをした」などの「特別な出来事」がある場合は、心理的負荷の総合評価は「強」と判断されます。

［2］ 特別な出来事がない場合

以下の手順により心理的負荷の強度を「強」「中」「弱」と評価します。
i 「具体的出来事」への当てはめ

業務による出来事が、別表1評価表の「具体的出来事」のどれに当てはまるか、あるいは近いかを判断します

なお、別表1では、「具体的出来事」ごとにその平均的な心理的負荷の強度を、強い方から「Ⅲ」「Ⅱ」「Ⅰ」と示しています。

— 348 —

第18章　精神障害による労災請求

別表1　業務による心理的負荷標価表（抜粋）

（具体的出来事）

	出来事の類型	平均的な心理的負荷の強度					心理的負荷の総合評価の視点	心理的負荷の強度を「弱」「中」「強」と判断する具体例		
		具体的出来事	心理的負荷の強度					弱	中	強
			Ⅰ	Ⅱ	Ⅲ					
1	①事故や災害の体験	（重度の）病気やケガをした			☆		・病気やケガの程度 ・後遺障害の程度、社会復帰の困難性等	【解説】右の強度に至らない病気やケガについて、その程度等から「弱」又は「中」と評価。	○重度の病気やケガをした。 【「強」である例】 ・長期間（おおむね2か月以上）の入院を要する、又は労災の障害年金に該当する若しくは原職への復帰ができなくなる後遺障害を残すような職務上の病気やケガをした ・業務上の傷病により5か月を超えて療養中の者について、当該傷病により社会復帰が困難な状況にあった。死の恐怖や強い苦痛が生じた

ⅱ　出来事ごとの心理的負荷の総合評価

　　当てはめた「具体的出来事」の欄に示されている具体例の内容に、事実関係が合致する場合にはその強度で評価します

　　事実関係が具体例に合致しない場合には、「心理的負荷の総合評価の視点」の欄に示す事項を考慮し、個々の事案ごとに評価します。

ⅲ　出来事が複数ある場合の評価

　　複数の出来事が関連して生じた場合には、その全体を一つの出来事として評価します。原則として最初の出来事を具体的出来事として別表1に当てはめ、関連して生じたそれぞれの出来事は出来事後の状況とみなし、全体の評価をします。

　　関連しない出来事が複数生じた場合には、出来事の数、それぞれの出来事の内容、時間的な近接の程度を考慮して全体の評価をします（次の図を参照）。

— 349 —

出来事が複数ある場合の評価

③ 長時間労働がある場合の評価方法

長時間労働に従事することも精神障害発病の原因となり得ることから、長時間労働を次の３通りの視点から評価します。

「特別な出来事」としての「極度の長時間労働」
発病直前の極めて長い労働時間を評価します。
【「強」になる例】
・発病直前の１か月におおむね160時間以上の時間外労働を行った場合
・発病直前の３週間におおむね120時間以上の時間外労働を行った場合

「出来事としての長時間労働（具体的出来事16）
発病前の１か月から３か月間の長時間労働を出来事として評価します。
【「強」になる例】
・発病直前の２か月間連続して１月当たりおおむね120時間以上の時間外労働を行った場合
・発病直前の３か月間連続して１月当たりおおむね100時間以上の時間外労働を行った場合

第18章　精神障害による労災請求

別表1　業務による心理的負荷標価表（抜粋）

| 16 | 1か月に80時間以上の時間外労働を行った | ☆ | ・業務の困難性
・長時間労働の継続期間

（注）この項目の「時間外労働」は、すべて休日労働時間を含む。 | 【「弱」になる例】
・1か月に80時間未満の時間外労働を行った

（注）他の項目で評価されない場合のみ評価する。 | ○1か月に80時間以上の時間外労働を行った。

（注）他の項目で評価されない場合のみ評価する。 | 【「強」になる例】
・発病直前の連続した2か月間に、1月当たりおおむね120時間以上の時間外労働を行い、その業務内容が通常その程度の労働時間を要するものであった
・発病直前の連続した3か月間に、1月当たりおおむね100時間以上の時間外労働を行い、その業務内容が通常その程度の労働時間を要するものであった |

他の出来事と関連した長時間労働

　出来事が発生した前や後に恒常的な長時間労働（月100時間程度の時間外労働）があった場合、心理的負荷の強度を修正する要素として評価します。

【「強」になる例】

・転勤して新たな業務に従事し、その後月100時間程度の時間外労働を行った場合

　上記の時間外労働時間数は目安であり、この基準に至らない場合でも、心理的負荷を「強」と判断することがあります。

　ここでの「時間外労働」は、週40時間を超える労働時間をいいます。

　④　業務以外の心理的負荷による発病かどうか

　次に、業務以外の心理的負荷、労働者本人の性質等も総合的に判断した結果、業務外の心理的負荷および個体側要因により対象疾病を発病したとは認められないことが明らかになり、有力な原因が業務にあると認められた場合に、業務上災害に認定されます。

　⑤　個体側要因による発病かどうか

　精神障害の既往歴やアルコール依存状況などの個体側要因については、その有無とその内容について確認し、個体側要因がある場合には、それが発病

の原因であるといえるか、慎重に判断します。

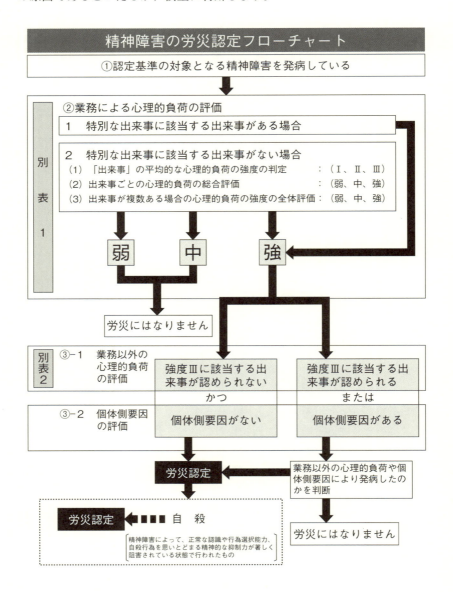

第18章　精神障害による労災請求

（2）健康保険と労災保険の同時請求

　健康保険法が改正されて、労災保険から給付がある業務災害以外の場合について健康保険の給付を行うとされ、協会けんぽのホームページでも、「業務上の原因による病気やケガ、通勤途上に被った災害などが原因の病気やケガについては、健康保険給付は行われず、原則として労災保険の適用となります。」と記載されています。しかし、必ずしもすべての労災保険による給付請求が業務上と認められるわけではありません。例えば、2020年度の脳・心臓疾患の労災給付請求についてみると、請求784件に対して決定665件　支給決定194件）、認定率は29.2％、同様に精神障害については請求2,051件に対して決定1,906件、支給決定608件）、認定率は31.9％となっています。また、腰痛も業務上に認定されるのは難しい疾病です。

　したがって、疾病によっては労災保険の支給決定を待ってから、健康保険による給付請求をしようとすると、請求権の一部または全部が時効によって消滅する可能性があります。腰部椎間板ヘルニアで労災保険による療養補償が不支給となり、審査請求、再審査請求、不支給処分取消訴訟まで行った後に、傷病手当金の請求をするも、時効で不支給となった事例があります。

　そこで、業務上と認定されることが難しい疾病については、労災の給付請求と同時に傷病手当金の請求も行う必要があります。裁判所も、「旧健康保険法による保険給付の支給対象である療養につき、労災保険給付を受けながら旧健康保険給付を受けることはできない（旧健康保険法59条の6）。しかし、労災保険給付を請求しつつ、旧健康保険法による給付の請求をすることは、法令上、何ら妨げられない。」としています（健康保険傷病手当金不支給処分取り消し請求事件　東京地裁　平17.6.24判決）。

【実務のポイント～健康保険から労災への切り替え】

受診した病院に、健康保険から労災保険への
切り替えができるかどうかを確認してください。

←できない　　　できる→

切り替えができない場合

一時的に、医療費の全額を自己負担した上で、労災保険を請求していただきます。

※　ただし、医療費の全額負担が困難な場合等には、一時的に医療費の全額を自己負担することなく請求する方法もありますので、希望される場合は、労働基準監督署へ申し出てください。

切り替えができる場合

病院の窓口で支払った金額（一部負担金）が返還されます。

切り替え手続きの方法

労災保険の様式第5号または様式第16号の3の請求書を受診した病院に提出してください。

労災保険の請求方法

● 一時的に医療費の全額を自己負担してから、労災保険の手続きをしてください。
① 健康保険の保険者（全国健康保険協会等）へ労働災害である旨を申し出てください。
② 保険者から医療費の返還通知書等が届きますので、返還額をお支払いください（※1）。
③ 労災保険の様式第7号又は第16号の5を記入の上、返還額の領収書と病院の窓口で支払った金額（一部負担金）の領収書を添えて、労働基準監督署へ請求してください（※2）。

（※1）医療機関から診療報酬明細書（レセプト）がご加入している健康保険の保険者に届くまでに2～3か月程度かかるため、納付書が送付されるまでに時間がかかることがあります。
（※2）労災請求の際にレセプトの写し（コピー）が必要になりますので、健康保険の保険者へ依頼してください。

一時的に医療費の全額を自己負担するのが困難な場合は…

① 労働基準監督署へ、いったん全額を自己負担せずに請求したい旨を申し出てください。
② 労働基準監督署で保険者と調整を行い、保険者への返還額を確定します。
③ 保険者から返還通知書等が届きますので、労災保険の様式第7号又は第16号の5を記入の上、返還通知書等を添えて、労働基準監督署へ請求してください（※3）。

（※3）病院の窓口で支払った金額（一部負担金）については、①～③とは別の手続きが必要となりますので、労災保険の様式第7号又は第16号の5をもう1枚ご準備いただき、必要事項を記入の上、労働基準監督署へ請求してください。

第18章　精神障害による労災請求

> 「お仕事でのケガ等には、労災保険！」（厚生労働省）

2　精神障害による労災請求と会社の対応

　従業員や遺族が精神障害を理由に労災補償給付請求を行うと相談があった場合には、保険給付は労働者または遺族が請求に基づいて行う（労災保険法12条の8第2項）という規定があるので、会社が「請求するな」ということはできません。

（1）事業主証明

　給付請求書の、「負傷年月日」、「災害発生の原因および状況」等について事業主は証明しなければなりません（労災保険法施行規則23条1項）。平均賃金の計算も会社の協力がなければ困難であり、労働保険番号も会社に聞かなければわかりません。このような事務作業は事業主の義務とされていて、被災労働者が入院していて自分では手続ができない場合には、会社が助力しなければなりません（労災保険法施行規則23条）。

> 《実務のポイント〜事業主証明をどうするか》
> **1　事業主証明を拒むとき**
> 　労災の保険給付請求書の事業主の証明は、負傷、発病年月日、災害発生状況などの「事実」について証明するものであり、「業務上である。」ということを証明するものではありません。しかし、たとえばパワーハラスメントの事実について異論があるというようなときは、事業主証明を拒否しても差支えありません。事業主証明がなくても、監督署は請求書を受け付けます。あるいは、業務上であることに異論があるのならば、労働基準監督署長へ文書で意見を述べることができます（労災保険法施行規則23条の2）。証明拒否をしたとしても、労災保険の請求に対して拒絶的態度をとるのではなく、労働時間の記録や平均賃金算定のための賃金台帳、健康診断の記録などの写しは提供するなどして、余計なトラブルは避けたほうがいいでしょう。

2 事業主が証明を拒むとき

　請求書提出時に、証明を得られない事情を書いた書面を提出することで請求書は受理されます。第一に事業主自らが証明しない理由を書いた書面（任意書式）、それが得られない場合は、証明を拒否された理由を請求人が書いた書面（任意書式）を提出します。

（2）報告書の提出

　監督署から会社に「報告書（精神障害用）」を提出するよう求められます。その内容は以下のとおりです。わかる範囲で記載して提出します。

報告書の内容

1　事業場に関する事項
2　被災者に関する事項
3　被災者の業務経歴
4　直近で、転勤等があった場合は、前勤務地での勤務状況および健康状態
5　被災者の健康状態
6　被災者の精神障害等の発症に関する事項
7　被災者の家族の健康状態等
8　自殺の場合、その状況について
9　被災者の性格・趣味・嗜好等
10　被災労働者の発症直前1年間の勤務状況および健康状態
11　発症直前6か月間における業務に関する出来事について
12　発症直前6か月間における業務以外に関する出来事について
13　業務に関する出来事以後、事業主として講じた具体的措置の内容
14　労災請求に至る経緯について
15　本傷病の原因についての事業主の意見
16　添付書類

第18章　精神障害による労災請求

（3）関係者の聴取

　会社の関係者は、労働基準監督署に呼び出されて、精神障害に罹患した事情等について聴き取りをされます。

第19章 派遣労働者の安全衛生管理

1 労働安全衛生法の適用関係と安全衛生対策措置義務

　労働安全衛生法上の義務は派遣労働者の雇い主である派遣元が負っています。労働契約だけに着目して事業者としての責任を課せば、派遣先は責任を負う必要がありません。そこで、労働者派遣事業の適正な運営の確保および派遣労働者の保護等に関する法律（以下、派遣法）45条には、労働安全衛生法の各条文について、派遣元、派遣先またはその両者のうち、最も適当なものを「事業者」として適用するとする特例が規定されています。派遣先を「事業者」とみなす場合には、労働契約関係ではなく、指揮命令関係のみを有するものを事業者とみなし、労働安全衛生法の規定を適用することとしています。

　同様にじん肺法と作業環境測定法も特例適用の対象とされています。これは労働者派遣という就業形態に対して行われるものであることから、労働者派遣事業の実施について許可を受けた適正な派遣元事業主が行う労働者派遣だけではなく、それ以外の不適法な事業形態（いわゆる偽装請負など）についても適用されます。

　派遣労働者の安全衛生を確保するためには、派遣先と派遣元それぞれが法律で義務づけられた措置等を的確に実施するとともに、相互が密接に連絡調整することが必要です。連絡調整を担当する者は、派遣元・派遣先が選任した派遣元責任者と派遣先責任者であり、その者はそれぞれの事業における「安全衛生を統括管理する者」（安全管理者、衛生管理者、または安全衛生の統括管理する者）との間で派遣労働者の安全衛生に関して連絡調整を行うとともに、派遣元責任者と派遣先責任者との相互間においても必要な連絡調整を行うことになります（派遣法36条6号、41条4号）。

— 359 —

派遣法45条による労働安全衛生法の適用関係

○が実施義務あり

適用条項 （ ）内は条文	派遣元	派遣先	備　　考
第1章　総則			
事業者の責務（3-1）	○	○	職場の安全衛生確保
労働者の責務（4）	○	○	事業者等の災害防止措置への協力
共同企業体（5）	○	○	
第3章　安全衛生管理体制			
統括安全衛生管理者（10）	○	○	事業場規模等によって規定されている条文においては、「常時使用する労働者」数に派遣労働者数も含めること。
安全管理者（11）		○	
衛生管理者（12）	○	○	
安全衛生推進者等（12の2）	○	○	
産業医等（13）	○	○	
作業主任者（14）		○	
統括安全衛生責任者（15）		○	
元方安全衛生管理者（15の2）		○	
店社安全衛生管理者（15の3）		○	
安全衛生責任者（16）		○	
安全委員会（17）		○	
衛生委員会（18）	○	○	
安全衛生委員会（19）	○	○	
第4章　労働者の危険または健康障害を防止するための措置			
事業者の構ずべき措置（20〜25の2）		○	
労働者の遵守すべき事項（26）		○	
事業者の行うべき調査等（28の2）		○	
元方事業者の構ずべき措置等（29）		○	
特定元方事業者等の構ずべき措置等(30、30の2)		○	

注文者の構ずべき措置（31の2）		○	
第5章　機械等及び有害物に関する規制			
定期自主検査（45）		○	
化学物質の有害性の調査（57の3）		○	
第6章　労働者の就業に当たっての措置			
安全衛生教育（59-1）	○		雇入れ時
安全衛生教育（59-2）	○	○	作業内容変更時
安全衛生教育（59-3）	○	○	特別教育
職長教育（60）		○	
就業制限（61-1）		○	
中高年齢者についての配慮（62）	○	○	
第7章　健康の保持増進のための措置			
作業環境測定（65）		○	
作業環境測定結果の評価（65の2）		○	
作業の管理（65の3）		○	
作業時間の制限（65の4）		○	
健康診断（66-1）	○		一般健康診断
健康診断（66-2、-3）		○	有害業務に関する特殊健康診断
健康診断の結果の記録（66の3）	○	○	
健康診断の結果についての医師等からの意見聴取（66の4）	○	○	
健康診断実施後の措置（66の5）	○	○	
医師による面接指導等（66の8）	○		
ストレスチェック（66の10）	○		
病者の就業禁止（68）		○	
健康教育等（69）	○	○	
体育活動等についての便宜供与（70）	○	○	

第7章の2　快適な職場環境の形成のための措置		
快適職場の形成のための事業者の措置(71の2)	○	
第9章　安全衛生改善計画等		
安全衛生改善計画（78〜80）	○	
第10章　監督等		
計画の届出等（88〜89の2）	○	

（静岡労働局HPの表を修正）

2　安全衛生管理体制

　製造現場の機械設備の危険または健康障害を防止するための措置など、派遣労働者の労働災害の防止措置は派遣先が対策を行うことになっています。一方、安全衛生管理体制は前掲表の第3章　安全衛生管理体制のとおり派遣元・派遣先の両方で整えなければならないとされています。ただし、安全委員会の設置・開催と安全管理者の選任は派遣先の義務とされています。

　派遣先において選任・設置の要件となる派遣先の労働者数は派遣先が雇用する労働者と派遣労働者の合計となります。

3　安全衛生教育

　派遣労働者の雇入れ時や、作業内容変更時の安全衛生教育は派遣元に実施義務があります。しかし、一般に派遣元は製造業務の詳細がわからないので、派遣先は、派遣元から安全衛生教育の協力の申し入れがある場合は教育カリキュラムの作成支援、講師の紹介、派遣、教育用テキストの提供、教育用の施設、機材の貸与などの必要な協力や配慮を行わなければなりません（「派遣先が構ずべき措置に関する指針」第2の17）。労働安全衛生法による教育についての派遣元と派遣先の適用関係は前掲表　第6章　就業にあたっての措置のとおりです。

第19章　派遣労働者の安全衛生管理

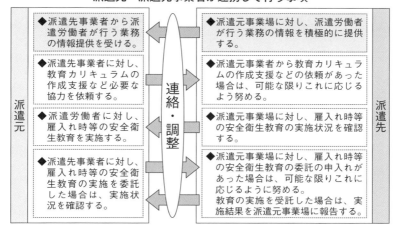

4　健康診断

(1) 健康診断の実施責任

　一般健康診断は派遣元に、特殊健康診断は派遣先に実施義務があります（前掲表　第7章）。登録型派遣労働者の場合は、派遣期間と派遣雇用契約期間が同じである場合がほとんであるために、健康診断実施義務が発生する常時使用する労働者にならないことが多いという問題があります。

(2) 記録の保存

　派遣元は、事業者として一般健康診断の記録の保存義務があります（安衛法66条の3）。派遣先は、特殊健康診断の記録の保存義務があります。

Q19-1　深夜業を行う派遣社員もいるのですが、深夜業の健康診断の実施義務は派遣先にあるのでしょうか。

A　深夜業の健康診断は、労働安全衛生法66条1項に定める一般健康診断になるので、派遣元に実施義務があります。特殊健康診断について

は、派遣先が事業者とみなされています。

《実務のポイント～健康診断実施後の事後措置》

　実務においては派遣先との協力により事後措置を行うことになります。

　派遣元事業者が健康診断結果に基づいて講じる事後措置の中には、派遣労働者が就労する場所の改善、作業環境の測定とその結果に基づく環境改善、さらには施設の整備など派遣先でなければ実施できないことも多いので、これらの事後措置を適切に行うため派遣元と派遣先が十分に連絡調整を図る必要があります。

　具体的には、派遣元は、健康診断結果について派遣元の産業医等から出された意見や派遣労働者の就労実態などの情報を派遣先へ伝え、派遣先はその情報も参考にして派遣労働者の就労する場所の具体的な改善措置を検討し、実施します。

　なお、健診結果の取扱いに当たっては、個人名が特定されないようにする、あるいは個々の同意を得るなど派遣労働者の個人情報の保護に十分配慮する必要があります。

　また、健康診断を実施した医師・歯科医師の意見については、派遣労働者の同意を得た上で派遣先の衛生委員会へ報告するなど、健康診断結果に基づく事後措置については派遣先も積極的に取り組むことが適当です。派遣先は健康診断の結果の保管義務はないので、必要がなくなった場合は派遣元に返却するあるいは破棄して差し支えありません。

　派遣元と派遣先の連絡調整については「製造業における派遣労働者に係る安全衛生管理マニュアル」をご覧ください。

　https://www.mhlw.go.jp/new-info/kobetu/roudou/gyousei/anzen/091130-1.html

---

5　長時間労働の医師による面接指導と労働時間管理

　派遣労働者に月に80時間を超えて時間外労働を行わせた場合の医師による面接指導については、派遣元事業者に実施義務があります。派遣元が小規模

第19章　派遣労働者の安全衛生管理

で産業医がいない場合は地域産業保健センターの利用が可能です。あるいは、派遣労働者の労働環境を知っている派遣先の産業医が面接を行うのが適切だといえます。その場合は、派遣先は派遣元にある労働者の定期健康診断のデータなどを労働者の同意を得て入手する必要があります。

　なお、派遣労働者の労働時間については、実際の派遣就業した日ごとの始業し、および終業した時刻並びに休憩した時間について、労働者派遣法42条3項に基づき派遣先が派遣元事業主に通知することとなっており、面接指導が適正に行われるためには派遣先および派遣元の連携が不可欠となります。

《実務のポイント～労働時間の適正把握》

　ある会社では、派遣社員の始業・終業時刻は記録されていたのですが、昼休みに働いた時間の記録が洩れていたということがありました。それでは残業手当も不払いになってしまいます。派遣労働者の労働時間については、派遣先が把握・記録し、派遣元事業主に通知することとなっており、面接指導が適正に行われるためには派遣先と派遣元の以下のような連携が不可欠とされています。

〈労働時間の枠組みについて〉

　派遣元は時間外労働・休日労働協定届を行い、その内容を派遣先に知らせる。

〈労働時間の記録と管理〉

　派遣先は適正に労働時間を把握して派遣先管理台帳に記録し、派遣元に通知しなければならない（労働者派遣法42条3項）。

〈労働時間に関する連絡体制の確立〉

　派遣先は派遣元との労働時間に関する連絡調整を適切に行うこと（派遣先が講ずべき措置に関する指針第2の11）

〈派遣先管理台帳〉

　派遣労働者ごとに次に掲げる事項を記載し、3年間保存しなければならない。さらに、派遣先は、1か月ごとに1回以上、一定の期日を定めて、書面の交付等により、②～⑦の事項を派遣元事業主に通知しなければならない。（労働者派遣法42条）

① 派遣元事業主の氏名または名称

— 365 —

② 派遣就業をした日

③ 派遣就業をした日ごとの始業し、および終業した時刻並びに休憩した時間

④ 従事した業務の種類

⑤ 派遣労働者から申出を受けた苦情の処理に関する事項

⑥ 紹介予定派遣に係る派遣労働者については、当該紹介予定派遣に関する事項

⑦ その他厚生労働省令で定める事項

（派遣労働者の氏名、派遣元事業主の事業所の名称、派遣元事業主の事業所の所在地、派遣労働者が労働者派遣に係る労働に従事した事業所の名称および所在地その他派遣就業をした場所など）

6 ストレスチェック

派遣労働者のストレスチェックについては、「心理的な負担の程度を把握するための検査及び面接指導の実施並びに面接指導結果に基づき事業者が講ずべき措置に関する指針」（平27.4.15　心理的な負担の程度を把握するための検査等指針公示第1号）の12(2)において以下のように定められています。

ア　派遣元事業者と派遣先事業者の役割

派遣労働者に対するストレスチェックおよび面接指導については、労働安全衛生法66条の10第1項から第6項までの規定に基づき、派遣元事業者がこれらを実施することとされている。

一方、努力義務となっている集団ごとの集計・分析（安衛則52条の14）については、職場単位で実施することが重要であることから、派遣先事業者においては、派遣先事業場における派遣労働者も含めた一定規模の集団ごとにストレスチェック結果を集計・分析するとともに、その結果に基づく措置を実施することが望ましい。

イ　派遣労働者に対する就業上の措置に関する留意点

派遣元事業者が、派遣労働者に対する面接指導の結果に基づき、医師の意

第19章　派遣労働者の安全衛生管理

見を勘案して、就業上の措置を講じるに当たっては、労働者派遣契約の変更が必要となること等も考えられることから、必要に応じて派遣先事業者と連携し、適切に対応することが望ましい。

Q19-2　派遣社員の心の健康問題への支援（産業医やカウンセラーへの相談）は、派遣先が実施するのでしょうか。もし、派遣社員がメンタル的な問題を抱えた場合は、復職までの対応が必要でしょうか。

A　派遣元事業場では①派遣先への定期的な巡回の際に相談を受けること、派遣労働者が随時利用できる相談体制を整備することのほか、②定期健康診断等の際や派遣先への巡回等の際に、ストレスへの気づきの機会を与えることが望まれます。
　派遣先事業場では、自社の社員を対象として相談体制や、ストレスへの気づきの機会を設ける場合には派遣労働者を対象に加えることが望まれます。

7　労働者死傷病報告

　派遣先で派遣労働者が労働災害にあった場合は、派遣先・派遣元双方に報告義務があります。派遣先が所轄労働基準監督署に労働者死傷病報告を提出後、その写しを派遣元の事業者に送付し（労働者派遣法施行規則42条）、派遣元は写しの内容を踏まえた労働者死傷病報告書を作成して、派遣元の所轄労働基準監督署に提出しなければなりません。休業4日未満は四半期毎の報告義務があります。

8　派遣労働者に対する安全配慮義務

　うつ病で自殺した派遣労働者に対する安全配慮義務については、派遣元と派遣先の両方に義務があると判断された裁判例があります。派遣先も派遣労働者に安全配慮義務を負うという判断が示され、派遣先も労働安全衛生法上の義務を履行するだけでなく、派遣労働者の健康に配慮して就労させなけれ

— 367 —

ばならないということです。

アテスト（ニコン熊谷製作所）事件（東京地裁　平17.3.31判決、東京高裁　平21.7.28判決）

〈事件の概要〉

　労働者Aは、業務請負を業とする被告会社㈱アテストの従業員、精密機械等の製造・販売を業とする被告会社㈱ニコン熊谷製作所で作業に従事していたが、自殺により死亡し、Aの母が、Aの自殺はその勤務における過重な労働など（クリーンルームと呼ばれる閉鎖的な空間において、ほとんど立ちっ放しの状態で、昼夜交替制で勤務していた）による肉体的および精神的負担のためにうつ病に罹患したことが原因であるとして、被告らに対し、安全配慮義務違反ないし不法行為に基づく損害賠償を求めた事案である。

　東京高裁は、寮に単身で居住する場合、健康状態の把握が可能な使用者側に自殺原因の立証責任があるとした。うつ病の業務起因性を認めたうえで、実態は派遣で派遣先が負う「健康を損なうことを予防する注意義務」に反すると判示。賠償額を減じた一審判決を取り消した。

〈判決の要旨〉

　労働者Aの自殺前の勤務状況について、「不規則、長時間の勤務で、作業内容や閉鎖的な職場の環境にも精神障害の原因となる強い心理的負担があり、自殺原因の重要部分は業務の過重によるうつ病にある」と判断した。

　派遣先会社は、その指揮命令下におく派遣労働者Aの業務の遂行に伴う疲労や心理的負荷等が過度に蓄積して労働者の心身の健康を損なうことがないよう注意する義務があったと認定した。労働者Aに対し業務上の指揮監督権限を有する者Jは、派遣先会社の注意義務の内容に沿ってその権限を行使すべきであったにもかかわらず、漫然と過重な労働等が行われることを放置し、この注意義務に違反した過失を認めることができるとして、派遣先の安全配慮義務違反を認めた。

　派遣元アテスト㈱も、休養を取らせるなどの措置を講ずることが可能であったにもかかわらず、Aと週に1回程度面談しているだけに過ぎず、安全配慮義務を怠ったと認定した。

第19章　派遣労働者の安全衛生管理

また、「人材派遣、業務請負など契約形態の違いは別としても、両社は疲労や心理的負担が蓄積しすぎないよう注意すべきだった」と安全配慮義務違反を認定し、両社に損害賠償の支払を命じた。

9　苦情の処理

「派遣対象業務以外の業務への就業をさせられた」、あるいは職場環境や危険防止措置などの派遣労働者の苦情を聞き、解決する方法を次のように確立しなければなりません。

1　派遣先は、労働者派遣契約において以下のことを定めること。
　　派遣労働者の苦情の申出を受ける者
　　派遣先において苦情の処理をする方法
　　派遣元事業主と派遣先との連携を図るための体制等をととのえること。
2　派遣労働者の受入れに際し、説明会等を実施して、上記1の内容を派遣労働者に説明すること。
3　派遣先管理台帳に苦情の申出を受けた年月日、苦情の内容および苦情の処理状況について、苦情の申出を受け、および苦情の処理に当たった都度、記載し、その内容を派遣元事業主に通知すること。
4　派遣労働者から苦情の申出を受けたことを理由として、当該派遣労働者に対して不利益な取扱いをしてはならないこと。

Q19－3　派遣社員で、腎性高血圧の者がいます。お金がないので病院に行けないと言うのですが、どうすればよいでしょうか。

A　無料低額診療事業

経済的理由により適切な医療等が受けられない方々に対して、無料または低額で診療を行う無料低額診療事業という制度があります（社会福祉法2条3項9号）。

厚生労働省は、「低所得者」「要保護者」「ホームレス」「DV被害者」「人身取引被害者」などの生計困難者が無料低額診療の対象と説明しています。

要保護者：現に保護を受けているといないとにかかわらず、保護を必要
とする状態にある者（生活保護法6条2項）

第**20**章 安全配慮義務とは何か

1 業務上災害の補償

　労働者が、業務上負傷した場合、疾病にかかった場合、障害が残った場合、または死亡した場合等は、使用者は、過失の有無を問わず、労働基準法により災害補償責任を負います（労働基準法第8章）。

　しかし、労働基準法により義務付けられているだけでは、零細な企業においては業務上災害に対する補償が必ず行われるという保障はありません。そこで、労働者が確実に補償を受けられるようにするため、および事業主の補償負担の軽減のために労災保険制度が設けられ、労働者を一人でも使用すれば強制的に適用事業とすることとし、被災労働者が労災保険による補償給付を受けた場合は、使用者は労働基準法の補償義務を免除されることとされています。

2 民事上の損害賠償責任

（1）債務不履行と不法行為

　労災保険の給付は、例えば、障害補償一時金であれば、給付基礎日額の503日分から56日分という予め定められた基準で補償が行われるものなので、逸失利益（もし、被災者が事故に遭わなければ、これから先、当然得られたであろうとされる利益）や精神的損害（慰謝料）は補償されません。あるいは、労災認定基準に該当しないということで、労災保険による給付を受けられないこともあります。そこで、労働者あるいは遺族は、不法行為責任や安全配慮義務違反で損害賠償を請求することができます。訴訟においては、このどちらかを主張することもありますが、両方を主張することも可能です。

（2）判例によって確立された安全配慮義務

　車両整備をしていた自衛隊員が、同僚の運転する大型自動車の後車輪で頭部を轢かれ即死した事故に関して国に安全配慮義務違反による損害賠償責任があるとされた自衛隊八戸駐屯地事件の最高裁判決（昭50.2.25）によって、

— 371 —

使用者の安全配慮義務が確立されました。

　民間労働者に関しては、18歳の新入社員が勤務先の会社の宿直中に反物を盗む目的で訪れた元従業員に殺された事案で、遺族が会社に対し宿直員の身体、生命に対する安全配慮義務の違反があったとして損害賠償の支払いを求めて提訴した川義事件（最高裁三小　昭59.4.10判決　労働判例429号12頁）で、「使用者は、……労働者が労務提供のため設置する場所、設備もしくは器具等を使用しまたは使用者の指示のもとに労務を提供する過程において、労働者の生命および身体等を危険から保護するよう配慮すべき義務（安全配慮義務）を負っているものと解するのが相当である。」と判断されました。

自衛隊八戸駐屯地事件（最高裁一小　昭50.2.25判決　労働判例222号13頁）

〈事件の概要〉

　1965年7月13日自衛隊八戸駐屯地の車両整備工場で車両を整備中、勤務中の自衛隊員Aが、後進してきた同僚が運転する大型自動車の後輪に頭部を轢かれて即死したもの。国は、国家公務員災害補償法に基づき遺族に対して補償金として76万円の支給をしたが、それ以外の賠償は行わなかった。遺族は、補償金額が自動車事故一般における補償金に比べ、極めて少ないことに疑念を持ちながらも、国に対して損害賠償を請求することに思い至らなかった。その後、1969年になり、遺族らは初めて国に対する損害賠償を請求できることを知り、同年10月国に対して提訴した。

〈判決の内容〉

　「国は、公務員に対し、国が公務遂行のために設置すべき場所、施設若しくは器具等の設置管理または公務員が国若しくは上司の指示のもとに遂行する公務の管理にあたって、公務員の生命および健康等を危険から保護するよう配慮すべき義務（以下「安全配慮義務」という）を負っているものと解すべきである。」とし、国家公務員災害補償法並びに防衛庁職員給与法の災害補償制度も国が公務員に対し安全配慮義務を負うことを当然の前提とし、この義務が尽くされたとしてもなお発生すべき公務災害に対処するために設けられたものと解される。高裁判決は、自衛隊員であったAが特別権力関係に基づいて国のために服務していたも

第20章　安全配慮義務とは何か

のであるとの理由のみをもつて、安全配慮義務違反に基づく損害賠償の請求を排斥しているが、右は法令の解釈適用を誤ったものとして、高裁に差し戻した。

川義事件（最高裁三小　昭59.4.10判決　労働判例429号12頁）民間会社で、最高裁が初めて安全配慮義務を認めた事案

〈事件の概要〉

　Aは、反物、毛皮、宝石の販売等を業とするY社の新入社員。無職Bは上司から勤務態度を注意されて嫌気がさしてY社を退社、退社後も宿直中の元同僚らを訪ね、雑談、飲食しながら隙を見ては反物類を盗んでいた。Bは、1978年8月13日午後9時頃Yを訪れ、宿直中のAを殺害し反物類を盗み逃走した。Aの両親は、Yに対し損害賠償の請求をした。

〈判決の要旨〉

　会社が、夜間も社屋に高価な反物等を多数開放的に陳列保管していながら、社屋の夜間の出入口にのぞき窓やインターホンを設けていないため、宿直員はくぐり戸を開けなければ来訪者の確認が困難であり、そのため来訪者が押し入ることができる状態となり、これを利用して盗賊が侵入し宿直員に危害を加えることのあるのを予見しえたにもかかわらず、のぞき窓、インターホン、防犯チェーン等の盗賊防止のための物的設備を施さず、また、宿直員を新入社員1人としないで適宜増員する等の措置を講じなかったなどのような事実関係がある場合において、1人宿直を命ぜられた新入社員が勤務中にくぐり戸から押し入った盗賊に殺害されたときは、会社は安全配慮義務に違背したものとして損害賠償責任を負うというべきである。

（3）精神衛生面についても安全配慮義務を負うことへと発展

　安全配慮義務の内容は、薬品や重機などの危険・有害な職場で、生命・身体への物理的な危害を中心としていたのですが、安全から健康へと移り、また、健康の中でも典型的な職業病から作業関連疾患へとその課題は広がってきています。

電通事件（最高裁二小　平12.3.24判決　労働判例779号13頁）で、最高裁は「事業者が労働者に対してその従事すべき業務を定めて従事させているに際し、その業務の量と質を適正に把握して管理し、当該業務の遂行にともなう疲労や心理的負荷等が過度に蓄積して労働者の心身の健康を損なうことがないよう注意する義務」として、精神衛生面についても安全配慮義務を負うことを明らかにしました。

電通事件の最高裁判決は、①業務と過労自殺との間の因果関係を最高裁が初めて認めたこと、②労働者のメンタルヘルス不全が企業の安全配慮義務の対象となることが認められたことの二つの点において、重要な意味をもっています。

電通事件（最高裁二小　平12.3.24判決　労働判例779号13頁）

〈事件の概要〉

　労働者Aは1990年4月に電通に入社。ラジオ局に配属され企画立案などの業務に携わっていたが、常軌を逸する長時間労働（推定約3,000時間/年）が続いた結果うつ病に罹患し、1991年8月自宅で自殺した。会社は労働時間の記録を取っていなかった。両親が1993年に東京地裁に提訴。一審・二審とも会社の責任を認めたが、二審では両親にも落ち度があったとして賠償額を3割減額した。

　最高裁では「会社側には長時間労働と健康状態の悪化を認識しながら負担軽減措置（安全配慮義務）を取らなかった過失がある」として、東京高裁に差戻した。東京高裁で、2000年6月に和解が成立した。和解内容：（1）会社は遺族（両親）に謝罪するとともに、社内の再発防止策を徹底する。（2）会社は一審判決が命じた賠償額（1億2600万円）に遅延損害金を加算した合計1億6800万円を遺族に支払う。

〈判決要旨〉

1　大手広告代理店に勤務する労働者Aが長時間の残業を行う状態を1年余り継続した後にうつ病にり患し自殺した場合において、Aは、業務を所定の期限までに完了させるべきものとする一般的、包括的な指揮または命令の下にその遂行に当たっていたため、継続的に長時間にわたる残業を行わざるを得ない状態になっていたものであって、Aの上司は、Aが業務遂行のために徹夜までする状態にあることを認識

し、健康状態が悪化していることに気付いていながら、Aに対して業務を所定の期限内に遂行すべきことを前提に時間の配分につき指導を行ったのみで、その業務の量等を適切に調整するための措置を採らず、その結果、Aは心身共に疲労困ぱいした状態となり、それが誘引となってうつ病にり患、うつ状態が深まって衝動的、突発的に自殺するに至ったなど判示の事情の下においては、使用者は民法715条に基づきAの死亡による損害を賠償する責任を負う。
2 業務の負担が過重であることを原因として労働者の心身に生じた損害の発生または拡大に労働者の性格およびこれに基づく業務遂行の態様等が寄与した場合において、性格が同種の業務に従事する労働者の個性の多様さとして通常想定される範囲を外れるものでないときは、使用者が賠償すべき額を決定するに当たり、性格等を民法722条2項の類推適用により労働者の心因的要因として斟酌することはできない。

3 安全配慮義務とは何か

(1) 安全配慮義務

　安全配慮義務とは、「労務の提供にあたって、労働者の生命・健康等を危険から保護するよう配慮すべき使用者の義務」をいい、労働契約を締結すれば契約に付随して当然に発生する使用者の義務です。

　労働契約法5条に、「使用者は、労働契約に伴い、労働者がその生命、身体等の安全を確保しつつ労働することができるよう、必要な配慮をするものとする。」と明記されています。

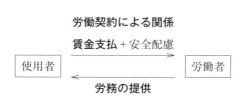

(2) 安全配慮義務の具体的内容

　後述（3）による労働安全衛生関係法令などによる基準に基づく安全配慮義務の具体的内容について、裁判例を分析すると以下のアからエのように分類されています。

ア　事故・災害の場合
① 物的設備の設置義務などの物的環境を整備する義務
② 安全監視員の配置をするなどの人的設備を適切に行う義務
③ 安全教育・適切な業務指示の義務
④ 履行補助者によって適切な整備・運転・操縦等をさせる義務

イ　職業性疾病の場合
① 疾病・死亡の防止段階

　有害な化学物質排出の抑制などの作業環境整備、局所排気装置等の衛生設備の設置、保護具の装着、安全衛生教育の実施、健康診断の実施、作業環境測定の実施
② 疾病増悪の回避段階

　健康診断結果の労働者への告知、医師の意見聴取、作業軽減

ウ　過重労働に起因する疾病・死亡の場合など
① 労働時間、業務状況の把握義務
② 健康診断の実施や日常の観察に基づく心身の健康状態の把握義務
③ 休憩時間、休日、休憩場所等について適正な労働条件の確保義務
④ 労働者の年齢、健康状態等に応じて従事する作業時間および内容の軽減、就労場所の変更等適切な措置義務
⑤ 疾病増悪の回避段階

　健康診断結果の労働者への告知、医師の意見聴取、作業軽減

エ　メンタルヘルス
① 労働時間の管理
② ハラスメント等の防止
③ 適切な配転措置

④　作業環境管理

（3）安全配慮義務の内容の基準
ア　安全配慮義務と労働安全衛生関係法令

　労働災害や職業性疾病、いわゆる過労死・過労自殺の発生を回避するために、使用者がどのような対策を行うべきであったかが、裁判においては最も重要になっています。行われるべき具体的対策、すなわち安全配慮義務の具体的内容は一律に決められるものではなく、前掲川義事件最高裁判決で示されているように、労働者の職種、労務内容、労務提供場所等安全配慮義務が問題となる当該具体的状況等に応じて、労働者に必要な配慮をすることが求められています。

　裁判例では、使用者の安全配慮義務違反を判断するにあたって、労働安全衛生関係法令が義務の内容となると解されたり、義務違反の判断にあたって考慮されるという例は少なくありません。したがって、労働安全衛生関係法令は行政取締法規ですが、その規定は安全配慮義務の具体的内容となります。労働安全衛生法の規定には、罰則を伴わない努力義務規定も少なくありませんが、それらも基準となります。

イ　ガイドライン等と安全配慮義務

　安全配慮義務の履行は法令遵守だけでは足りず、安全衛生に関する告示、指針、行政通達等を守ることが求められます。例えば、「過重労働による健康障害防止のための総合対策」（平18.3.17　基発0317008）で示された「過重労働による健康障害を防止するため事業者が講ずべき措置」なども法律に次いで安全配慮義務の内容を決める基準となります。

ウ　社内の安全衛生管理規程や作業手順の遵守

　労働安全衛生関係法令やガイドライン等に従っていても十分ではなく、社内の安全衛生管理規程や作業手順の遵守も要求されています。

エ　労働災害の可能性の予見

　職場の業務内容、機械・設備等の具体的状況に応じて労働災害の発生を防止するため、どこに、どの程度の危険があるかを予知、予見し、労働災害の

可能性すなわち危険に対する対策を講ずることが求められます。危険予知訓練やリスクアセスメントも安全配慮義務の具体的な内容となるものです。

《実務のポイント〜安全配慮義務を果たすために何をすればいいのか》

「使用者の右の安全配慮義務の具体的内容は、労働者の職種、労務内容、労務提供場所等安全配慮義務が問題となる当該具体的状況等によって異なるべきものであることはいうまでもない」（川義事件　最高裁三小　昭59.4.10判決）。

① 労働基準法、労働安全衛生関係法令を守る
② 労働基準法、安全衛生に関する公示、告示、指針、行政通達等を守る
③ 社内安全衛生管理規程や作業手順を守る
④ 労働災害発生の可能性があるかを事前に発見し、その可能性すなわち危険に対する対策を講ずること

　　危険予知訓練、リスクアセスメントなど

（4）労働契約関係にない当事者間における安全配慮義務

安全配慮義務は、前掲陸上自衛隊八戸駐屯地事件最高裁判決で、「ある法律関係に基づいて特別な社会的接触関係に入った当事者間において、その法律の付随義務として信義則上負う義務」と判示され、必ずしも労働契約関係に限定されていません。したがって、以下のように労働契約関係にない当事者間でも、安全配慮義務違反が認められています。

ア　下請の労働者に対する元請企業の安全配慮義務

三菱重工業神戸造船所事件では、元請企業の管理する設備、工具等を用い、事実上元請企業の指揮、監督を受けて稼働し、その作業内容も元請企業の従業員とほとんど同じであったなど原判示の事実関係の下においては、元請企業は、信義則上、右労働者に対し安全配慮義務を負うとしています。

三菱重工業神戸造船所事件（最高裁　平3.4.11判決　労働判例590号14頁）。

（構内請負企業の労働者の騒音性難聴と発注元企業の責任）

第20章　安全配慮義務とは何か

　　三菱重工（上告人）神戸造船所の下請労働者（社外工）として、ハン
　マー打ち作業等に従事していた労働者ら（18名）が罹患した聴力障害（難
　聴）につき、右労働者ないし遺族が、三菱重工に対して、安全配慮義務
　違反を理由とする損害賠償の支払いを求めたもの。下請企業の労働者が
　元請企業の作業場で労務の提供をするに当たり、元請企業の管理する設
　備、工具等を用い、事実上元請企業の指揮、監督を受けて稼働し、その
　作業内容も元請企業の従業員とほとんど同じであったなど原判示の事実
　関係の下においては、元請企業は、信義則上、右労働者に対し安全配慮
　義務を負うとして、元請企業の下請企業の労働者に対する安全配慮義務
　が認められた。

イ　子会社の労働者に対する親会社の安全配慮義務

　平和石綿工業事件では、4割の株式所有、取締役、工場長の派遣の事実か
ら、親会社としての実質的支配により子会社の従業員との間に雇傭関係に準
ずる労務指揮権に関する法律関係が成立していたとして、安全配慮義務違反
による債務不履行責任を認めています。

平和石綿工業事件（長野地裁　昭61.6.27判決　労働判例478号53頁）
　　石綿粉じん作業に従事してきた労働者およびその遺族がじん肺（石綿
　肺）に罹患したことについて、使用者、その親会社を相手として安全配
　慮義務違反を理由に、国を相手として、監督義務違反を理由に、損害賠
　償を請求したものであるが、判決は使用者に関しては全面的に、最大の
　取引先であった親会社については、4割の株式所有、取締役、工場長の
　派遣の事実から、親会社としての実質的支配により子会社の従業員との
　間に雇傭関係に準ずる労務指揮権に関する法律関係が成立していたとし
　て、安全配慮義務違反による債務不履行責任を認め、慰藉料の支払いを
　命じたが、じん肺の発生につき、国の監督機関の労働法規上の監督権限
　の不行使の違法があったとはいえないとして、国家賠償法1条1項の責
　任を否定し、国に対する関係の請求は棄却した。

ウ　派遣労働者と派遣先企業

アテスト（ニコン熊谷製作所）事件（第19章　派遣労働者の安全衛生管理参照）では、派遣元（契約上は下請となっていた。）は、派遣労働者の使用者として当該労働者の死亡による損害を賠償する責任を負い、また派遣先（契約上は元請となっていた。）には、同人の死亡につき不法行為が成立するからこれによる損害を賠償する責任を負うとされ、また、派遣元と派遣先は連帯して責任を負うとされました。

エ　傭車運転手に対する元請運送会社に安全配慮義務

注文主と請負人との間で締結される請負契約では、労働契約ではないので直ちに安全配慮義務を負うものではありません。しかし、和歌の海運送事件のように、注文主が「指図」を越えて、「指揮命令」をすることにより、「特別な社会的接触関係にある」と認められたときは、注文主は安全配慮義務を負う場合もあります。

和歌の海運送事件（和歌山地裁　平16.2.9判決　労働判例874号64頁）

　原告は、昭和54年1月ころから被告運送会社（運転手約60人）において、自己の所有・管理に属する普通貨物自動車を使用して鮮魚の運送業務に従事する傭車運転手で、労働者ではなかった。傭車運転手に運送会社の指揮監督の下に労務を提供する関係が認められ、雇用契約に準じるような使用従属関係があった場合には、運送会社には、傭車運転手の労働時間、休日の取得状況等について適切な労働条件を確保し、その労働状態を把握して健康管理を行い、健康状態等に応じて労働時間を軽減するなどの措置を講じるべき安全配慮義務があるとされた。その上で、傭車運転手が発症した脳内出血と脳梗塞の発症には、運送会社の業務と相当因果関係があるとされた。安全配慮義務違反による損害として、逸失利益、慰謝料等の合計6,887万余円が認容された。

オ　出向労働者に対する出向先の安全配慮義務違反

オタフクソース・石本食品事件では、出向元は雇用主として、出向先は被災労働者に対して実質的な指揮命令権を有する者として、労働者に対して一

第20章　安全配慮義務とは何か

般的に安全配慮義務を負っていると解されました。被告らはそれぞれに要求された安全配慮義務を怠った過失により、労働契約上の債務不履行責任（民法415条）および不法行為責任（同法709条、715条、719条）を負っており、労働者が被った損害について損害を賠償する義務があるとされました。

オタフクソース・石本食品事件（広島地裁　平12.5.18判決　労働判例783号15頁）

　入社半年後にオタフクソースの一製造部門であり、取締役の大部分はオタフクソースの取締役でもあり、従業員も頻繁に流動している石本食品に転籍し、ソースの製造業務に従事することとなったが、高温の作業環境で過密かつ長時間労働を余儀なくされ心身の負担が増大し、また人的環境の変化に伴い部門リーダーとしての責任や同僚の働きぶりの悪さ等の打開策について悩み、うつ病に罹患し（たとされ）、自殺した労働者の死亡について、オタフクソースと石本食品の安全配慮義務違反に対する損害賠償請求が認容された。

Q20-1　　民事上の損害賠償請求をして、認められた場合、労災保険の給付と損害賠償と二重にもらえるのでしょうか。

A　　損害賠償額から労災補償給付は控除されます。労災の特別給付については控除されません。

　労災保険による傷病補償年金などの年金については、既給付分のみ民事損害賠償から控除でき、将来の年金給付は控除できないと最高裁により判示されました（三共自動車整備工場事件　最高裁　昭52.12.25判決　労働判例300号41頁）。

　その後、労働者災害補償保険法64条では以下のように改正されています。

　事業主が有責者である場合において、障害（補償）年金または遺族（補償）年金の受給権者（前払一時金を請求することができる者に限る）が、同一の事由について事業主からこれらの年金給付に相当する民事損害賠償を受けることができるときは、事業主は、年金給付の受給権が消滅するまでの間は前払一時金の最高限度額の範囲内で、履行を請求されたと

— 381 —

しても損害賠償の履行をしないことができる（履行猶予）。そして履行
猶予された場合において受給権者に労災保険から年金または一時金が支
給されたときは、事業主はその支給額の範囲内で損害賠償の責めを免れ
る（免責）。

角森洋子（かくもりようこ） プロフィール

資　格：特定社会保険労務士、労働衛生コンサルタント
役職等：兵庫産業保健総合支援センター法令担当相談員
職　歴：1977年に労働基準監督官として労働省（当時）入省、
　　　　東京、兵庫、石川、富山の労働基準監督署勤務。
　　　　2000年に社会保険労務士として開業、現在は兵庫県神戸市で社労士
　　　　事務所「神戸元町労務管理サポート」を運営
著　書　「改訂　労働基準監督署への対応と職場改善」労働調査会
　　　　「監督署は怖くない！労務管理の要点」労働調査会
　　　　「わかりやすい労働安全衛生管理」経営書院
　　　　「逐条解説労働基準法」経営書院
　　　　分担執筆「新・労働法実務相談　第3版」労務行政研究所

参考文献

「安衛法便覧　令和2年度版　Ⅰ、Ⅱ、Ⅲ」労働調査会　2020年
「労働衛生のしおり　令和2年度」中央労働災害防止協会　2020年
「令和2年度版　労働衛生のハンドブック」東京産業保健総合支援センター
　2020年
「産業歯科保健マニュアル」兵庫県歯科医師会
「職域健康診断　問診・診察マニュアル　改訂第2版」産業医科大学産業医
　実務研修センター
「安全衛生委員会の進め方、活かし方」中央労働災害防止協会　2014年
「リフレッシュ安全衛生委員会　事例にみるキーポイント」」中央労働災害
　防止協会　2008年
土田道夫「労働契約法　第2版」有斐閣　2016年
安西愈「裁判例に見る安全配慮義務の実務」中央労働災害防止協会　2003年
「労働判例」産労総合研究所

参考サイト（主なもの）

安全衛生情報センター　法令改正一覧
　https://www.jaish.gr.jp/information/horei.html

安全衛生情報センター　通達一覧

https://www.jaish.gr.jp/user/anzen/hor/tsutatsu_s40.html

厚生労働省法令等データベースサービス―通知検索―

https://www.mhlw.go.jp/hourei/html/tsuchi/contents.html

厚生労働省　職場のあんぜんサイト

https://anzeninfo.mhlw.go.jp/

厚生労働省HP　リスクアセスメント等関連資料・教材一覧

http://www.mhlw.go.jp/bunya/roudoukijun/anzeneisei14/index.html

個人情報の保護に関する法律についてのガイドライン（通則編）

https://www.ppc.go.jp/personalinfo/legal/2009_guidelines_tsusoku/

明るい職場応援団……ハラスメント裁判事例、他社の取組などハラスメント
対策の総合情報サイト

https://www.no-harassment.mhlw.go.jp/

本書は2015年３月に発行した「わかりやすい労働安全衛生管理」
を大幅に加筆・修正したものです。

改訂版 わかりやすい労働衛生管理

2015年３月29日　　第１版第１刷発行
2021年９月16日　　第２版第１刷発行
2022年９月23日　　第２版第２刷発行

著　者　角　森　洋　子
発行者　平　　　盛　之

㈱産労総合研究所

発行所　出版部　経 営 書 院

〒100-0014
東京都千代田区永田町１-11-１　三宅坂ビル
電話 03(5860)9799　https://www.e-sanro.net

落丁・乱丁はお取替えいたします　　　　　　印刷・製本　勝美印刷
ISBN 978-4-86326-314-7